DANILO S. SAMOJLOVIC

DIE
PEST ZU MOSKAU
IM JAHRE
1771

DANILO S. SAMOJLOVIC

DIE

PEST ZU MOSKAU

IM JAHRE

1771

Originaltitel:

D. Samoilowitz, Assessors der Russischen medicinischen Kollegien,
Oberwundarztes des Senats zu Moskau,
Mitglieds der Kommission wider die Pest in dieser Stadt,
und vieler gelehrten Gesellschaften,
Abhandlung über die Pest, welche 1771. das Russische Reich, besonders aber
Moskau, die Hauptstadt, verheerte.
Nebst denen dagegen gebrauchten Mitteln.
Aus dem Französischen.
Leipzig 1785.

Impressum:
© 2020 Conrad Thiess (Hrsg. u. Bearb.)
Herstellung und Verlag: BoD – Books on Demand, Norderstedt.
ISBN: 978-3-75190-184-0

Abhandlung
über die Pest in Moskau
im Jahre 1771.

Erster Teil.

Von dem Ursprung und Übergang der Pest in das Russische Reich: daß sie nicht durch die Luft anstecke, sondern bloß allein durch das Berühren: daß sie niemals wie die mephitische Luft töte: daß die Pest, welche uns anzustecken vermögend ist, niemals andere Tiere anstecke, und so umgekehrt. Endlich von allen Anordnungen, die wider diese Krankheit, durch den Senat, durch Ihro Hoheit, den Prinz Orlow, durch die niedergesetzte Pestkommission sind gemacht wurden.

§. 1. So viel man hat Beweise ausfindig machen können, verheerte die Pest das Russische Reich in diesem achtzehnten Jahrhundert zum drittenmale. Sie verwüstete zum erstenmal dasselbe in dem vorhergehenden Jahrhundert, und dazumal wütete diese grausame Krankheit auf das schrecklichste, sowohl in der Hauptstadt Moskau, als auch in vielen andern Städten und Dörfern. In den Jahren 1738 und 1759 brach sie wiederum aus, da Rußland mit den Türken in einem Krieg verwickelt war; doch drang sie damals nicht weiter, als bis in Klein-Rußland, nach Ukraine und in die Gegend bei Poltawa. Wir haben die dritte Epidemie davon erlebt, wo sie ihre Verheerungen erneuerte, dies geschah im Jahr 1771.

§. 2. Unterdessen sind ihre Verwüstungen niemals abscheulicher, als im siebzehnten Jahrhundert gewesen. Einen Beweis davon gibt uns ein Brief, welchen die vornehmsten Herren (Boiarins) der Hauptstadt an den Zar Alexis Michailowitz geschrieben haben, da derselbe 1654 die Stadt Smolensk belagerte. Der Brief, welcher ihm von dem Prinz Petrowitz Pronsky und andern überschickt wurde, ist in folgenden Worten abgefaßt:

Wir haben bereits sowohl im Monat Julius, als auch im Monat August des vergangenen Jahres die Gnade gehabt Ihro Majestät zu berichten, daß das Volk, um unserer Sünde willen, plötzlich und in großer Menge, sowohl in der

Haupt-stadt, als auch in den nahen Gegenden dahinstirbt: Ein gleiches Schicksal begegnet uns in unsern Häusern, weswegen wir dieselben verlassen haben, und in die Hauptstadt geflüchtet sind. Und in diesem Jahre hat die Pest von dem Tage des heiligen Simeons an täglich zugenommen, und noch grausamer zu wüten ange-fangen, so daß sowohl in der Stadt, als in den Vorstädten nur eine kleine Anzahl Christen übrig geblieben sind. Alle Strelitzen von allen 6 Regimentern sind gestorben, und es ist kein einziger davon übrig geblieben — folglich ist niemand vorhanden, der auf die Schloßwache ziehen könnte. Die Kommandeure der Regi-menter von den Strelitzen, die Herren von Kakowinsky und von Goropkin sind gestorben, so wie auch fast alle übrige Offiziere dieser Regimenter. Weder in den Hauptkirchen, noch in den eingepfarrten Kirchen wird der Gottesdienst gehalten, weil fast alle Priester gestorben sind. Unterdessen hat man doch noch täglich, obgleich mit vieler Beschwerlichkeit, das Kirchengebet in der großen Hauptkirche verlesen — Alle Christen sterben auf die Art, ohne zu beichten, oder das Abend-mahl zu erhalten. Sie werden ohne Priester und ohne ein christliches Leichen-begängnis begraben. Sowohl in der Stadt, als in den Vorstädten liegt eine große Menge toter Körper unbegraben, welche eine Speise der Hunde werden, weil niemand vorhanden ist, der die Gräber machen und sie begraben könnte; denn alle diejenigen, welche dazu angestellt waren, sind selbst gestorben; und das übrig gebliebene Volk, das noch lebt, wagt es nicht, wenn es diese göttlichen Strafgerichte sieht, den toten Körpern zu nahe zu kommen — Alle unsre Häuser stehen leer; fast alle unsre Bedienten sind gestorben, und wir erwarten alle Augenblicke ein gleiches Schicksal.

In dem nämlichen Jahre, da dieser Brief geschrieben war, nach dem Feste des heil. Spiritons, das ist einige Zelt vor Ostern, wurde in der Stadt, in den Vorstädten und in den nahen Gegenden die Pest gelinder. Ihro Majestät der Zar kam nach der Eroberung von Smolensk 1654 in die Gegend von Moskau zurück, und wählte dieselbe zu seinem Aufenthalt; obgleich die Zarin Marie Illininitschna bereits in die Stadt zurückgekehrt war, wo sich noch wenig Volk befand, da sie sich vorher, aus Furcht vor der Pest, auf das Land begeben hatte. Ihro Heiligkeit, der Patriarch, war gleichfalls in sein Kloster zurückgekehrt, und alle übrigen folgten seinem Beispiel. Dieser Patriarch hatte bei seiner Ankunft in die Stadt befohlen, daß man alle Hunde töten sollte, weil sie tote Menschen gefressen hatten, die an der Pest gestorben waren.

Endlich näherten sich Ihre Majestät der Hauptstadt; sie hielten es aber für zuträglich, so lange in dem Lustschloß auf dem Berge Worobiewis-Goris zu bleiben, bis die Hauptstadt gänzlich gereinigt worden wäre, und den ersten Februar bezog er seinen Palast im Mittelpunkt der vier Viertel der Hauptstadt, in der Begleitung des Patriarchen und der übrigen Geistlichkeit, siegprangend mit allem möglichen bürgerlichen und militärischen Pomp.

§. 3. Diese Verheerungen hatten doch noch nicht überall aufgehört. Die Pest hatte sich in dem Reich auf der einen Seite bis nach Astrakan, und auf der andern bis Kiew verbreitet; und 1655 nahm sie sowohl diese beiden Städte, als auch die benachbarten Gegenden am ärgsten mit. Nur ein einziger Teil von Rußland blieb in diesen beiden letzteren Zeiten verschont, nämlich die Gegenden, welche nahe bei Nowogord-Veliky liegen, sowie auch alle Städte und Dörfer an dem Meere.

Zu allem demjenigen, was ich von dieser grausamen Epidemie des vorigen Jahrhunderts gesagt habe, kann ich nichts mehr hinzufügen. Es ist uns gänzlich unbekannt, woher sie entstanden war: Ferner kennen wir die Vorsichten nicht, welche man genommen, um der weiteren Wut der Pest Einhalt zu tun, oder ob man wohl einige vorgeschlagen; denn wir haben in allen Archiven keine deutlichere Beschreibung, als im beigebrachten Brief finden können. Am genauesten drückt er die Verheerungen aus, welche in den Städten, Flecken und Dörfern geschahen, wo sich diese Krankheit zeigte. Verwüstungen, die weit größer als in der Pest von diesem Jahrhunderte waren, die bald auf die gebrauchte Vorsicht verschwanden, welche Katharina die Große, die wohltätige Mutter aller ihrer Völker, anordnete.

§. 4. Jetzt wird jedermann aus den Beobachtungen der Schriftsteller bekannt sein, daß die Pest allezeit ihren Ursprung aus heißen Gegenden hernimmt, und daß sie fast die meiste Zeit hindurch in Asien, und fast ohne Aufhören in Ägypten und in den daran liegenden Ländern herrscht. Es ist uns gleichfalls vollkommen bekannt, das Pestgift könne sowohl in heiße als kalte Gegenden, nicht so leicht durch einen angesteckten Menschen, als vielmehr durch Waren und Kleidungsstücke herüber gebracht werden; weil ein solcher Mensch wegen seiner Krankheit keine lange Reise aushalten kann, wohingegen die Waren oder andere Gegenstände in die entferntesten Gegenden überführt werden können, sie mögen nun unter einem kalten Himmelsstriche, wie unsere nördlichen Gegenden, oder unter einem überaus heißen Himmelsstriche liegen, sie werden alsdenn die grausamsten Verheerungen daselbst hervorbringen können.

Außer einer großen Menge anderer Körper, welche dieses Gift durchdringt, kann man behaupten, daß es besonders das Rauchwerk, die wollenen Waren, die Kattune, die seidenen Zeuge, die Leinwand, das Papier usw. ansteckt. Schließt man diese Waren in einem Orte ein, der wenig durchlüftet wird, als in eine Kammer, in einen Koffer, ja unter die Erde selbst, oder werden sie in Ballen eingepackt; so kann alsdenn das ansteckende Pestgift lange Zeit und viele Jahre verborgen bleiben, nachdem es in die entferntesten Gegenden verführt worden ist, ohne daß es aufhört für das menschliche Geschlecht tödlich zu sein, und durch die bloße Berührung anzustecken; und ohne jemals ein anderes Tier anzugreifen, in welche Gegend auch immer es gebracht worden sein mag.

Dies ist die Quelle, welche so häufig Konstantinopel und die ganze europäische Türkei ansteckt. Die Türken unterhalten mit Asien, Ägypten usw. einen beständigen Handel mit Waren, von welchen wir geredet haben: da sie aber nicht die geringste Vorsicht brauchen, die Waren zu reinigen, welche aus angesteckten Orten herkommen, so werden sie fast alle Jahre von dieser verheerenden Strafrute gezüchtigt, welche ihnen viele Menschen weggrafft. Dies würde keineswegs geschehen, wenn sie diese Waren einige Zeit der Luft aussetzen, oder dieselben durch andere in Europa bereits bekannte Mittel reinigten. Es ist hinreichend, daß ein Mensch dieselben berührt, so wird sowohl in der Türkei, als auch in anderen Gegenden Europas die Pest entstehen, deren Verwüstungen man sehr schwer Einhalt tun kann.

§. 5. Wird wohl die Pest bloß durch das Berühren einiger angesteckten Körper fortgepflanzt, und trägt die Luft etwas zu dem Anstecken mit bei? Den ersten Satz kann ich leicht durch verschiedene Bemerkungen von Augenzeugen, als auch durch die meinigen beweisen, welche ich machte, da ich mich in Polen, in der Moldau, in der Walachei, und besonders zu Moskau, der Hauptstadt meines Vaterlandes, aufhielt, da die Pest daselbst herrschte. In diesen unglücklichen Zelten befand ich mich in drei Ländern, welche ich eben genannt habe, wahrend dem letzten Kriege wider die Türken, mit dem Regiment Kaporsky, als Oberwundarzt; und bei meiner Zurückkunft nach Rußland ließ ich mich zu Moskau in drei verschiedene Pestspitäler einschließen, um meine unglücklichen Mitbürger besorgen zu können. Da ich das Glück gehabt, eine große Menge derselben zu retten, und da ich diese grausame Krankheit selbst dreimal überstanden standen habe, hoffe ich, man werde meinen Betrachtung dasjenige Zutrauen schenken, welches sie verdienen.

§. 6. Die Geschichte des Übergangs der Pest bis nach Moskau ist bereits ein Beweis von demjenigen, was ich behauptet habe. Im Jahr 1769 bekam der General von Schtoffel Befehl von dem Feldmarschall Grafen von Roumiantzow-Sadounaisky, mit seinen Truppen die Stadt Jourgea anzugreifen, welches die letztere in der Walachei an der Donau ist. Dies geschah zur Zeit der Messe, da eine große Anzahl Türken und andere Kaufleute dieser Gegenden Waren dahin geführt hatten. Diese Stadt und die Festung wurden eingenommen, und der Plünderung preisgegeben. Herr von Schtoffel wußte nicht, daß die Pest darinnen herrschte; er bekam aber bald zu Bukarest, der Hauptstadt in der Walachei, Gelegenheit sich davon zu überzeugen, da er die gefangenen Türken und die Kaufmannswaren von der Messe dahin führte. Sie verbreiteten die Pest unter unseren Truppen, und die Einwohner des Landes wurden die Schlachtopfer dieser Eroberung.

Der Graf Roumiantzow-Sadounaisky gab dem General Schtoffel, um ein größeres Übel zu verhüten, den Befehl, sogleich mit seinen Truppen nach Yassy, der Hauptstadt in der Moldau, zu gehen, daselbst die strengste Quarantäne zu halten, und die Pestkranken in ein besonderes Lazarett bringen zu lassen, welches dazu von der Stadt ausdrücklich errichtet worden war. Zu gleicher Zeit wurde auch Herr Orreus, ein geschickter Arzt, abgesandt, der die Aufsicht über ihre Gesundheit übernehmen, und diesen Unglücklichen allen möglichen Beistand leisten sollte. Aller gebrauchten strengen Vorsicht ungeachtet, bekam der General die Pest selbst, und starb daran im Monat Mai 1770. Von nun an, ohne sich in den Grenzen einschränken zu lassen, die man ihr zu Yassy vorschreiben und bestimmen wollte, verbreitete sich die Pest in dem nämlichen Jahre bis nach Chotzim, einer Grenzstadt der Moldau mit Polen. Sie liegt an den Ufern des Niesters. Von hier aus ging sie nach Polen über; von Polen, im Monat August, nach Kiew in Klein-Rußland, und im Monat September nach Sewsk, der ersten Stadt von Groß-Rußland, und steckte die Hauptstadt Moskau im Monat Dezember an. Dies war zum Teil der Marsch unserer Truppen, und besonders der Waren, welche diese Plage in so verschiedenen Gegenden verbreiteten.

§. 7. Um den Leser mehr und mehr von der Wahrheit meines angenommenen Systems zu überzeugen, wollen wir dasjenige untersuchen, was sich an denjenigen Orten ereignet, wo die Pest beständig herrscht.

Nach dem Sieg, welchen der Graf Roumiantzow-Sadounaisky über den Großwesir nahe bei der See Kagul in Bessarabien davontrug, folgte ich mit unserm Regimente dem Generalmajor von Kheraskow, welcher den Befehl hatte, Brailow, eine türkische Stadt in der Walachei an der Donau, anzugreifen. Nachdem wir über den Prouth gesetzt und verschiedene Gegenden in der Moldau durchstrichen hatten, näherten wir uns der Festung. Ich begab mich mit den Offizieren in ein Dorf, wo ich von weitem, nahe bei einer Hütte, eine Person gewahr wurde, welche vor den Abwechslungen der Witterung nicht sehr gesichert war, und die mir krank zu sein schien. Da sich mein Geist beständig mit der Pest beschäftigte, näherte ich mich dieser Hütte, und fand wirklich einen kranken Knaben, der an der Pest darniederlag.

Da ich ihn in der Moldauischen Sprache über seinen Zustand befragte, sagte mir seine Mutter, welche herausging, er habe wirklich die Pest. Ich fragte sie sogleich, ob sie mir an dem Körper ihres Sohns die Stelle zeigen könnte, welche

die Pest einnähme; sie antwortete mir aber, sie habe nicht das Herz ihn anzurühren, aus Furcht, sich selbst anzustecken, Der Knabe, welcher noch Kräfte
genug hatte, zeigte mir eine Pestbeule (Bubon), welcher in dem linken Schoß
saß: er war bereits seit 12 Tagen krank. Wie könnt ihr euch aber, sagte ich zu der
Mutter, euer Mann und eure übrigen Kinder so lange Zeit vor der Pest verwahren? Dies geschieht dadurch, daß wir den Kranken, alles was er anhat, und
dasjenige, was er angegriffen, niemals berühren. Hierauf erklärte sie mir in
folgenden Worten alle übrigen Umstände, worüber ich sie befragte.

Sobald sich die Pest in unsrer Gegend merken läßt, fuhr sie fort, so werden
alle Einwohner durch den Pestaufseher davon benachrichtigt. Sowohl in der
Moldau, als auch in der Walachei werden alle Städte und Flecken in Quartiere
eingeteilt; in jedem solchem Quartier befindet sich ein Mann, welchen man
den Pestaufseher nennt; seine Verrichtungen bestehen darin, die Pestkranken
anstatt der Ärzte und Wundärzte zu besuchen, und zwar um so mehr, da
dieselben in diesen Ländern so selten sind. Sobald jemand krank geworden ist,
muß man ein Zeichen an die Tür machen, und dem Pestaufseher seines
Quartiers Nachricht davon geben, welcher den Kranken sogleich besucht, und
wenn er findet, daß er die Pest hat, so läßt er den Kranken mit allen seinen
Kleidern aus dem Hause bringen und ihn außerhalb demselben ernähren, wenn
es Sommer ist, so wie es gegenwärtig geschah. Sollte aber jemand im Winter die
Pest bekommen, so nimmt man ihn in demjenigen Orte auf, der für die Pestkranken bestimmt ist; und wenn jemand daran stirbt, so wird er von dazu
bestimmten Personen weggetragen und begraben. Diese Leute sind meistenteils Menschen aus der niedrigsten Klasse, und größtenteils Trunkenbolde. Sie
stehen unter den Pestaufsehern, und ihr ganzer Körper und Kleidung ist mit
Harz überzogen, verschiedene tragen, außer Amuletten oder Mitteln, die sie
vor der Pest verwahren sollen, in ihrem Turban eine getrocknete und zer-
schnittene Pestbeule eingenäht.

Sie verkaufen bisweilen um einen sehr hohen Preis, aber sehr heimlich, dem
gemeinen Volke dieses Landes ihre Amulette von einer solchen Pestbeule.

Wenn ein Kranker gesund wird, wäscht man ihn verschiedene Male in einem
Fluß, so wie auch seine Sachen, und schickt ihn zu seiner Familie zurück.

Wenn mein Sohn wiederum gesund wird, wie ich hoffe, fügte sie hinzu, weil
er eine gutartige Pest hat, werde ich ihn selbst an den Fluß führen, und ihm
zeigen, wie er sich und seine Sachen, die noch gut sind, waschen muß;
diejenigen aber, welche nicht viel taugen, lasse ich verbrennen.

Obgleich ich mit diesem Gespräche sehr zufrieden war, das mich in meiner
Meinung, wegen der Fortpflanzung der Pest durch das bloße Berühren,
bestärkte; so war ich doch noch sehr begierig, mit dem Pestaufseher selbst zu
sprechen. Ich bat also diese Frau, mich zu ihm zu führen. Da ich zu ihm kam,

benachrichtigte ich ihn von dem Gespräch, das ich mit dieser Frau gehalten hatte; da aber dieser Mann die Pest weit besser kannte, so beschrieb er mir alles viel deutlicher, obgleich ich schon bereits einige Kenntnisse von dieser Krankheit sowohl aus Schriften, als auch aus den Unterredungen, die ich mit dem Herrn Baron von Asch über diesen Gegenstand geführt, erlangt hatte. Hier bekam ich zuerst einen deutlichen Begriff von dem Ursprung, der Art der Fortpflanzung, den innerlichen und äußerlichen Symptomen, und den Mitteln sich vor der Pest zu bewahren. Ich zweifelte endlich gar nicht mehr daran, daß das Berühren an allen Orten der einzige Weg sei, wodurch die Pest fortgepflanzt werde.

§. 8. Da die Türken sahen, daß wir uns Brailow näherten, und glaubten, der Graf Roumiantzow-Sadounaisky führe die Truppen in Person an, verließen sie die Stadt und die Festung in der größten Unordnung. In der Absicht, mich noch besser über meinen Gegenstand zu unterrichten, durchstrich ich beide, um jemand anzutreffen, mit welchem ich von der Pest reden könnte; ich verzweifelte bereits daran, denn es war kein Einwohner in der Stadt geblieben, als ich zufällig in der Festung noch jemand antraf. Es war ein konföderierter Pole: er erzählte mir, er habe die Pest, und diese Krankheit wüte stark unter den Türken und Polen, und es würde eine große Menge Menschen davon weggerafft. Er zeigte mir eine Pestbeule in dem Schoß, und erklärte mir die Krankheitszeichen, die er vom Anfange an dabei gehabt hatte. Aus der langen übrigen Unterredung wurde ich überzeugt, das Pestgift stecke unsern Körper bloß durch das Berühren an.

§. 9. Ich suchte alle Gelegenheit, sobald als möglich nach dem Hauptquartiere zurück zu kommen, wegen einer Unpäßlichkeit, die ich seit achtzehn Monaten gehabt hatte, aber eben diese Truppen bekamen den Befehl, gegen Bukarest, die Hauptstadt der Walachei, vorzurücken.
Auf diesem Marsche gingen wir durch verschiedene Flecken in der Moldau, die an dem Ufer des Flusses Seret, so wie auch in der Walachei über die Olche; und ich ging vor keinem solchen Flecken vorbei, ohne den Pestaufseher oder den Priester über die Pest befragt zu haben. Den 6. Dezember 1770 langte dieses Korps bei Bukarest an, und nahm es ein. Alle Regimenter wurden hier einquartiert. Ich hielte es für nötig, mich sogleich mit dem Pestaufseher bekannt zu machen, und zu erkundigen, ob die Pest hier herrsche. Da er mir dieses bejahte, und ich die Kenntnisse dieses Menschen zu nutzen suchte, machte ich ihm einige kleine Geschenke, damit er mir die Pestkranken in seinem Viertel zeigen, und ich die Pest näher, ohne mich zu betrügen, kennenlernen möchte. Mein System von der Fortpflanzung der Pest ließ ich niemals

aus den Augen. In verschiedenen Unterredungen, die ich mit ihm hatte, machte er mir verschiedene Begriffe deutlich, wodurch ich diese Krankheit immer mehr und mehr näher kennenlernte. Wenn jemand in meinem Viertel von der Pest angesteckt wurde, zeigte er mir ihn jedesmal, oder wenn jemand von unseren Soldaten krank war, und das Übel mir zweifelhaft zu sein schien, suchte ich sogleich diesen Mann auf, um mir anzugeben, ob es nicht vielleicht die Pest sei. Hiervon hatte ich einen doppelten Vorteil; erstlich die Pest bei Erblickung des geringsten Anzeichens, den ein Pestkranker litt, sogleich zu erkennen, und zweitens die anderen zu schützen, indem ich ihnen alles Berühren dessen, was den Pestkranken gehörte, verbot.

Ich wurde sehr bald auf eine in die Augen fallende Art überzeugt, wie nötig eine solche Vorsicht sei. Nachdem ich einige Zeit zu Bukarest gewesen, kam an einem Morgen eine alte Böhmin mit einem jungen Mädchen zu mir, welche sie zu meinen Diensten anbot. Da sie sah, daß mit mir nichts zu machen war, entdeckte sie einen Offizier von unserm Regiment beim Herausgehen aus meinem Hause, der sie und ihre Gesellschafterin zu sich bat. Dieser Offizier unterredete sich mit diesen bei den Kreaturen, so viel es ihm in ihrer Sprache möglich war; die jüngste aber schien ihm zu hübsch zu sein, um sich mit dem bloßen Gespräche begnügen zu wollen. Den andern Morgen, da er mich sah, erzählte er mir die ganze Geschichte, und fügte hinzu, er glaube, dieses Mädchen habe die Franzosen gehabt. Da ich aus der Unterredung mit dem Pestaufseher wußte, wie sehr ein solcher Umgang das Anstecken und Fortpflanzen des Pestgifts erleichtere und beschleunige, war ich um ihn besorgt, und sagte ihm, man müsse sehr behutsam sein, weil man in diesem Lande leicht eine andere Krankheit bekommen könnte. Ich hatte nur allzuwahr geredet; denn nach vier oder fünf Tagen wurde er krank, und sobald er mir Nachricht davon hatte geben lassen, war ich auch fast völlig überzeugt, er habe die Pest. Da ich seine Krankheitsanzeichen, welche er empfand, untersucht hatte, sagte ich ihm, er sollte ohne Furcht sein, obgleich er die Pest von dem Mädchen bekommen, das er bei sich gehabt hätte, weil er ganz wohl wiederum hergestellt werden könnte. Er war vor Schrecken fast tot. Aus Furcht nicht selbst angesteckt zu werden, oder unser Regiment anzustecken, wurde er dem Wundarzt anvertraut, der damals die Aufsicht über das Pestlazarett hatte. Dieser öffnete ihm zwei Pestbeulen in der Dünne, nachdem sie vorher völlig reif geworden, und rettete ihm mit denjenigen Mitteln, womit man die Pest zu heilen pflegt, das Leben.

§. 10. Die Generale selbst waren auf das äußerste besorgt, diese grausame Krankheit zu hemmen. Da der Herr von Olitz, erster Befehlshaber, nach Yassi, dem damaligen Hauptquartier kam, und zu Bukarest das Kommando über unser detaschirtes Korps übernahm, so ging seine erste Sorge bei seiner Ankunft dahin, außerhalb der Stadt, in einem griechischen Kloster, welches von den Türken verheert worden war, ein Spital anzulegen, wohin man die Pestkranken von jedem Regiment schicken könnte. Herr Krasowsky bekam die Aufsicht darüber, ich hatte den Herrn Wischatitsky bei mir, der in dem Pestlazarett zu Yassi gewesen war, mit dem Herrn Orreus, einen Apotheker aus der Stadt, und einige ziemlich gelehrte griechische Mönche, welche alle ganz genau die Ursachen und die Symptome der Pest kannten. Aus der Unterredung mit diesen Personen zog ich, so oft es mir möglich war, Nutzen, und ich hatte das Vergnügen, nach ihren eigenen Erfahrungen zu sehen, daß ich mich weder in Rücksicht der inneren Krankheitsmerkmale, noch der äußern Kennzeichen und der wahren Quelle des Ansteckens des Pestgifts betrogen hatte. Ich entschloß mich deswegen bei meiner Zurückkunft von der Armee nach Moskau dem Vaterland nützlich zu werden, da diese grausame Krankheit in der größten Wut herrschte, und dies geschah aus eigenem Antrieb, bloß aus Liebe zu meinen Mitbürgern. Ich begab mich nach und nach in die drei Pestspitäler, um ihnen alle die Hilfe zu leisten, welche nur in meinen Kräften stand.

§. 11. Man wird mir aber einwenden und sagen, dasjenige, was ich behauptet habe, schließe keineswegs die Luft von den Ursachen der Pestkontagion aus; es beweise wirklich, daß die Berührung eines Körpers oder einiger Waren, welche von der Pestmaterie durchdrungen worden sind, die Pest fortpflanze, nur sei dadurch noch nicht erwiesen, daß die Luft niemals anstecke. Um nun dieses noch bestimmter darzutun, wollen wir unsere Beweisgründe nochmals vornehmen und neue hinzufügen.

Wir haben gesehen, daß in der Moldau und in der Walachei die Einwohner ihre Pestpatienten aus dem Hause heraus schaffen, und sie außerhalb demselben ernähren, bis sie entweder gesund geworden oder gestorben sind. Wäre die Luft verpestet, so müßten sie alle angesteckt werden, so wie ich bereits gesagt habe; da aber das bloße Berühren sie ansteckt, so fürchten sie sich nicht, den Pestpatienten gewöhnliche Dienste zu leisten, ohne sie anzurühren. Diese unmittelbare Berührung findet auch allemal bei demjenigen statt, der zuerst angesteckt worden ist, in welcher Gegend auch immer er sich befindet. Die Pest geht von Ort zu Ort, und von einer Gegend in die andere durch die angesteckten Waren und Möbel über.

Ein Unglück für denjenigen, der sie zuerst berührt. Er wird von der Krankheit ergriffen, und pflanzt sie alsdenn auf alle diejenigen fort, welche sie berühren.

Die Kinder stecken sich selbst an, so wie es bei demjenigen geschah, von welchem ich oben geredet habe, obgleich weder Vater, noch Mutter, noch eine andre Person aus der Familie die geringste Empfindung der Krankheit an sich merken. Wenn sich das Gift bei einer großen oder kleinen Person in den Körper hineingeschlichen hat, so tötet es niemals plötzlich, wie man behauptet, sondern es kann in den Säften zwei, vier, sechs, zehn, zwölf bis fünfzehn Tage verborgen bleiben, ehe es äußerlich schwere Krankheitsmerkmale hervorbringt, aus welchen man die Ansteckung erkennen könnte. Diese Wahrheit werde ich in dem zweiten Teile dieses Werks ausführlicher erweisen. Was entsteht aber daraus? Obschon man kränklich und etwas schwächlich ist, woraus man keineswegs die Natur des Übels erkennen kann, so geht doch jedes an seine gewöhnliche Verrichtungen: die Weiber beschäftigen sich mit ihren Hausarbeiten, die Kinder springen mit andern Kindern herum und spielen, in den Gerichtsstuben geht alles seinen gewöhnlichen Gang usw. Diejenigen, welche mit bereits verpesteten Personen zu tun haben, die sich bei ihnen niedersetzen, die sie anrühren, die in ihren Betten schlafen, die tote Körper begraben, die nach ihrem Tode Geld, Möbel oder andere Dinge aus ihren Häusern bekommen, welche solche Personen, während ihrer Krankheit, gebraucht haben, die Kinder, welche mit anderen angesteckten Kindern sich belustigen, selbst diejenigen, welche mit bloßen Füßen in die Fußstapfen der Pestpatienten getreten, können angesteckt werden; und unter allen diesen und tausend andern Umständen darf man nicht zweifeln, daß sie das Pestgift in sich gezogen haben, ohne daß sie es selbst wissen. Es ist wahr, das Gift kam nicht von einem Körper her, der unter schweren Krankheitsmerkmalen der Pest unterlag, es wird also auch bei ihnen nicht plötzlich ausbrechen; es ist aber ein schlafender Keim, der sich schließlich entwickelt. Überdies ist es bekannt, daß die Pest beim Anfange ihres Eintritts und am Ende ihrer Verwüstungen, an welchem Orte auch immer sie ausbrechen mag, niemals so gefährlich, noch so häufig, als in der Mitte der Epidemie selbst ist. In der Türkei herrscht sie fast beständig, ohne Rücksicht auf die Abänderung der Luft; welches allemal einen Beweis für das Berühren abgibt. Diese Völker, Sklaven des Vorurteils eines bestimmten Schicksals, glauben, die Pest sei eine Plage, wider welche man keine Hilfe suchen darf. Sie kennen also weder die Quarantänen, noch eine Menge Vorsichten, die uns sehr wirksam wider das Anstecken der Pest schützen; und der Beistand, welchen sie einander leisten, pflanzt sie fort und unterhält sie. Deswegen stirbt auch in der europäischen Türkei eine weit größere Menge, als anderswo daran, denn in der Moldau und in der Walachei findet man das Gegenteil. Die Völker dieser Länder sind Christen von der griechischen Religion. Sie glauben keineswegs an eine Bestimmung, wie die Türken; sie suchen deswegen dieser ansteckenden Krankheit auszuweichen, und jedesmal, wenn die Pest in einer Stadt oder in einem Flecken herrscht, begeben sich die Vornehmen und Reichen auf ihre Landhäuser, oder schließen sich in den

Klöstern mit den Mönchen ihrer Religion ein. Da aber der Pöbel überall Pöbel ist, und entweder aus Unwissenheit, oder Nachlässigkeit nicht sorgfältig genug die Städte oder Dörfer reinigen läßt, in welchen diese grausame Krankheit ausgebrochen ist, so geschieht es fast allemal, daß sie einige Jahre nacheinander fortdauert, so wie dies zu Bukarest und in den benachbarten Gegenden geschah, wo sie drei Jahre nacheinander fort wütete, ohne daß man die Verwüstungen davon gänzlich hemmen konnte.

§. 12. Ja, man muß unumgänglich nichts berühren, was von der Pest angesteckt worden ist, wenn man von der Pest nicht angegriffen werden will; dies ist das ganze Geheimnis. Man untersuche nur, warum die Pest niemals in einer Stadt oder Flecken des russischen Reichs wiederum zum Vorschein gekommen ist, welche in der letzten Epidemie das Unglück gehabt, von dieser grausamen Krankheit angegriffen zu werden, warum im Gegenteil dies nämliche Reich zu den Zeiten des Zars Alexis Michailowitz so grausam verheert wurde, wie wir aus dem Briefe gesehen, welchen die vornehmsten Befehlshaber an den Zar geschrieben, der damals Smolensk belagerte? Warum ferner Kleinrußland, während dem Kriege wider die Türken 1738 und 1739 so grausam dadurch in der Gegend bei Poltawa verheert wurde? Dies geschah in diesen ersten Zeiten aus Mangel der nötigen und untrüglichen Vorsicht, wodurch man diese Plage mildern, oder sich davor verwahren kann. Diese mütterliche Vorsicht war für unsere erlauchte Herrscherin Katharina die Zweite vorbehalten, welche weder Kosten noch Mühe sparte, und ihren Untertanen ein für allemal die angemessensten und strengsten Gesetze vorschrieb, um entweder die Verwüstungen dieser grausamen Krankheit zu hemmen, oder um die Rückkunft zu verhüten. Man errichtete damals Quarantänen; man ließ alle angesteckten Häuser und anderen Orte durch bestimmte Leute in den Städten und Flecken des Reichs reinigen, so daß Kiew die einzige Stadt war, welche das Unglück hatte, zum zweitenmale angesteckt zu werden. Ein Unglück, welches bald gehemmt wurde; denn da man bereits die Gesetze der Kaiserin Katharina der Großen hatte, so wurde ein einziges Haus das Schlachtopfer dieser zweiten Ansteckung. Sobald diejenigen gestorben waren, welche es bewohnt hatten, opferte man die Möbel, die Sachen, das Haus, kurz alles dem Feuer auf, diejenigen, welche den Verstorbenen gedient hatten, wurden an bequeme Orte gebracht, um die von den Gesetzen vorgeschriebene Quarantäne auszuhalten; auf diese Art wurde das Übel in der Geburt erstickt. Kann man wohl annehmen, der Einfluß der Luft sei auch zugleich zerstört und verändert worden?

§. 13. Daß in dem unglücklichen Zeitpunkte der letzteren Pest in dem russischen Reiche, Moskau am grausamsten unter allen Städten mitgenommen wurde, davon läßt sich nach meinem System der Grund leicht angeben.

Erstlich ist diese Hauptstadt in dem ganzen Reiche am meisten bevölkert: zweitens glaubte das Volk im Anfange des Eintritts nicht an eine Epidemie, und selbst einige Ärzte wollten es nicht glauben, daß in unserem nördlichen Klima die Pest entstehen könnte, weil es so kalt und von der Türkei so weit entfernt ist. Es war durchaus unbekannt, daß man nichts von verpesteten Dingen berühren müßte, wenn man sich vor dem Anstecken schützen wollte, und aus diesem Irrtum geschah es, daß die Pest unter dem gemeinen Volke einen so hohen Grad erreichte. Der Adel, die Kaufleute, die Reichen, welchen bekannt war, daß man sich vor der Pest verwahren könnte, wenn man große Versammlungen vermied, keine Gemeinschaft mit einer angehäuften Menge Menschen hätte, und allem Berühren auswich, wurden weder in der Hauptstadt, noch in den benachbarten Städten und Orten angesteckt. Alle atmeten unterdessen eine gleiche Luft ein. Ein Beweis, das bloße Ausweichen der Berührung habe sie vor der Pest geschützt; und auf diese Art stellte sich endlich auch das gemeine Volk in Sicherheit, indem es in ihre Fußstapfen trat, und sich vor dem Berühren hütete. Hierauf ließ die Wut der Pest, sowohl in den Städten und Dörfern, als auch in der Hauptstadt nach. Es ist wahr, es fällt dem gemeinen Volk sehr schwer, sich vor dem Berühren zu verwahren, weil es sich täglich mit dem Einkauf zur Befriedigung der häuslichen Bedürfnisse beschäftigen muß. Da man aber einmal die angeratenen Vorsichten anzuwenden anfing, nahm man bald in Moskau und in anderen angesteckten Städten und Dörfern wahr, daß weit weniger Menschen starben.

Man sieht daraus, das Berühren teile uns allein die Pest mit; die Luft sei aber keineswegs das Vehikulum davon. Wer sich hütet, angesteckte Personen anzurühren, darf sich niemals fürchten, wenn er sich aus Pflicht oder aus anderen Bewegungsgründen an Orten aufhalten muß, welche von der Pest angesteckt worden sind, weil er niemals durch die Luft von dieser Krankheit angegriffen werden kann, an welchem Orte auch immer er sich befindet; nur muß er sich hüten, in eine große Versammlung von Menschen zu kommen, um alles Berühren zu vermeiden, welches wider seinen Willen geschehen könnte. Die Furcht, das Schrecken und andere furchtsame Begriffe von dieser grausamen Krankheit wirken alsdenn gar sehr in unsere Seele, weil man uns selbst von der Wiege an ein grausames Schrecken vor der Pest eingejagt hat. Dieses muß man sorgfältig vermeiden, denn die geringste Unbequemlichkeit kann augenblicklich eine wahre Krankheit, und vielleicht die Pest selbst hervorbringen; wie ich an den Unterwundärzten wahrgenommen habe, die sich zu meiner Unterstützung mit mir in den Pestspitälern aufhielten.

§. 14. Daß sich die Pest nicht in der Luft befindet und uns durch die Luft nicht ansteckt, habe ich selbst, bei meiner Ankunft zu Moskau, gesehen. Der General Yeropkin hatte in der Hauptstadt die Aufsicht, über die von unsrer Herrscherin vorgeschriebenen Gesetze, zur Vorsicht wider diese Plage, zu wachen; er besuchte verschiedene male in der Woche die zur Quarantäne bestimmten Orte und die Pestspitäler; er empfing täglich die Berichte von Personen, die unter seinen Befehlen standen, um die Verordnungen in Erfüllung zu bringen usw. Demungeachtet schützte er sich vor der Gefahr, welche er nicht fürchtete, weil er alles Berühren vermied. Noch mehr; einer seiner Bedienten wurde in seinem eigenen Hause angesteckt, und nach der Untersuchung in das Pestspital geschickt. Die Pest, welche sich seines Hauses bemächtigt zu haben schien, verschwand gänzlich nach den gebrauchten Vorsichten, und weder seine Person, noch jemand von den Seinigen wurden in dem ganzen Hause davon angegriffen.

Ein gleiches Beispiel haben wir an dem Prinzen Orlow. Sobald derselbe in Moskau angekommen, besuchte er verschiedene male die Quarantänen und die Pestspitäler in der Begleitung aller Generale in seinem Gefolge, um das Volk durch seine Gegenwart aufzumuntern, und die Hoffnung der Kranken zu bestärken: sie atmeten alle ohne Zweifel einerlei Luft ein; die Sorgfalt aber, die sie anwendeten, nichts zu berühren: was den Pestkranken angehörte, noch was verdächtig war, setzte sie in Sicherheit, obgleich sie sehr nahe mit den Pestkranken redeten. Noch mehr; in dem Palast selbst, wo sich der Fürst aufhielt, wurde ein Soldat von seiner Garde angesteckt, da man ihn aber in das Pestspital schickte, und alle vorgeschriebenen Vorsichten anwendete, wurde die Pest auf immer von seinem Palast entfernt, und keiner von seiner Garde, noch jemand aus seinem Gefolge wurden von dieser grausamen Krankheit jemals angegriffen.

Ich könnte über diesen Gegenstand noch weitläufiger sein, wenn es nötig wäre, und fragen, warum Herr Yaguelsky der Arzt, und Herr Grave der Oberwundarzt, die sich bei dem General Yeropkin befanden, um täglich die Quarantänen und die Pestspitäler zu untersuchen, sowie auch verschiedene andere Ärzte und Wundärzte aus den verschiedenen Vierteln der Stadt, welche täglich die Kranken besuchten, damit die Pestpatienten durch die Polizeiaufseher in die Spitäler geschickt werden möchten, demungeachtet von dem Pestgifte nicht angesteckt wurden, obschon sie sich sehr nahe bei den Pestpatienten befanden, und eine Luft einatmeten, welche diese Personen umgab?

Dies geschah deswegen, weil sie nicht nötig hatten, einen Kranken, oder Dinge, die demselben gehörten, anzurühren. Hierdurch vermieden sie alles Berühren, und folglich die Pest selbst. Warum wurde ich nicht, ich wage es von mir selbst zu reden, bei dem Herrn Yaguelsky, von welchem ich geredet habe, und bei welchem ich wohnte, angesteckt, nachdem ich aus den Spitälern heraus gegangen war, und die gehörige Quarantäne gehalten hatte? Warum wurde dieser Arzt nicht selbst von dieser Krankheit angegriffen, da doch sein Kutscher und seine Köchin dieselbe bekamen? Dies geschah deswegen, weil wir beide in das Spital schickten, alle nötige Vorsicht brauchten, die Türen ihrer Stuben zuschließen, die Fenster davon öffnen ließen, und indem die andern sich waschen, ihre Kleider und Wäsche aber verändern mußten. Warum breitete sich wohl in dem Hause des Prinzen von Wolgonsky die Pest nicht aus, worinnen ein Bedienter plötzlich, wie an dieser Krankheit starb, welche Katastrophe viel Schrecken erregt hatte, und doch wurde weder der Prinz, noch eine Person von der Familie, noch jemand von seinen Bedienten, und auch ich selbst nicht angesteckt, der ich jederzeit gegenwärtig war, um nötige Hilfe als Oberwundarzt des Senats zu leisten? Es geschah deswegen, weil ich die nötige Vorsicht brauchte, nachdem man den Kadaver, durch bestimmte Leute von der Regierung, hatte begraben lassen. Ein Beweis, daß man keineswegs der Gefahr ausgesetzt ist, von dem Pestgift angesteckt zu werden, wenn man eine Luft einatmet, worinnen sich Pestkranke befinden.

Außer diesen sehr auffallenden Beobachtungen, die ich gemacht habe, könnte ich noch dartun, die Pest greife uns durch die Luft in den Spitälern selbst nicht an; und hier sind meine Beweise, auf die ich mich gründe. Da der Prinz Orlow nach Moskau kam, verordnete er, alle Ärzte und Wundärzte der Stadt zusammenrufen zu lassen, damit ein jeder auf vier Fragen gehörig antworten könnte, worunter die zweite war, ob das Volk durch die Luft, oder bloß durch das Berühren einiger verpesteten Körper und Möbel angesteckt würde? worauf alle Ärzte und Wundärzte einmütig antworteten: die Pest stecke niemals durch die Luft an, sondern jedes Individuum vergifte sich durch das Berühren.

Einige Mitglieder von der Versammlung wendeten ein, es könnten Umstände gefunden werden, wo die Luft ansteckte. Zum Beispiel, wenn jemand in ein Haus, oder in ein Spital ging, in welchem lange Zeit Pestkranke gelegen, ohne daß der Ort gereinigt oder die Luft erneuert worden wäre, so könnte man von dem Pestgifte angesteckt werden. Dies sei leicht möglich, antwortete ich, doch dürfe man in diesem Falle noch immer nicht die Luft als das Vehikel der Seuche ansehen, weil sich dieser Vorfall bloß von dem Berühren eines Körpers herschreiben müßte, der in diesem Orte eingeschlossen gewesen, oder weil man daselbst lebendige oder tote Pestkranke, oder einige Möbel, die sie gebraucht, aufbewahret hätte, oder, weil man den Fußboden, oder endlich selbst die Mauern berührt hatte, die von den Pestkranken durch das Berühren angesteckt worden waren, und die folglich dazu geeignet waren, jeden anzustecken, der sie nur berührte. Ein jeder, der in ein solches Haus kommt, streicht leicht an solche verpestete Dinge an, muß folglich zuerst angesteckt werden, wie es auch leider die traurige Erfahrung beweist. Sollte man wohl hieraus nicht den Schluß ziehen können, er sei durch das Berühren, keineswegs aber durch die Luft angesteckt worden?

Wenn uns die Luft auf diese Art vergiften könnte, warum wären wohl nicht die Herren Blutrichter in eine solche traurige Lage gekommen, welche die Verbrecher bei dem Aufruhr in einer besonderen Kammer abhören mußten, worunter sich viele von der Pest angesteckte Personen befanden, und von welchen sie nicht weit entfernt waren; sie atmeten ganz gewiß eben die Luft ein, bekamen aber nicht den geringsten Anfall von der Krankheit. Dies geschah deswegen, weil sie keinen Kranken, noch was ihnen zugehörte, berührten, obgleich sie eine gemeinschaftliche Luft einatmeten. Die Luft steckt also nicht an; eine solche Luft kann also nicht anstecken.

Warum blieb ferner Herr Oreus der Arzt demungeachtet von der Anstekkung frei, obgleich er alle Tage durch die Zimmer der Pestkranken in dem Spitale zu Yassi gehen mußte? Warum wurde der Rat Lerche, besoldeter Stadtarzt zu Petersburg, keineswegs angesteckt, da er von unsrer erlauchten Herrscherin zu beiden Armeen abgeschickt worden war, um eine genaue Beschreibung von der Pest zu fertigen, die dazumal unsere Soldaten überall wegraffte, ob er gleich die Luft in den Orten und Spitälern, worinnen sich Pestkranke befanden, einatmete? Warum entgingen Herr Grave, Oberwundarzt der Pestkontagion in dem Pestspital zu Chotzim, ferner zu Moskau, da er mit dem Herrn Arzte Jakelsky die Kranken häufig in dieser Hauptstadt, sowohl in den Spitälern als in den Quarantänen besuchte? Warum wurde endlich eine große Anzahl Ärzte und Wundärzte sowohl zu Moskau, als auch in andern Städten, worinnen die Pest herrschte, nicht angesteckt, obgleich sie täglich solche Kranke in ihren Vierteln der Stadt besuchen mußten, und zwar oft in niedrigen, engen, wenig durchlüfteten Stuben? Dies geschah gleichfalls deswegen, weil sie nichts berührten, was den Pestkranken zugehörte. Diese Beweise wider die schädlichen Eindrücke der Luft scheinen mir unumstößlich zu sein. Ich könnte noch andere Bemerkungen von eben der Stärke beibringen, wenn ich nicht glaubte, den Leser durch eine allzulange Erzählung zu ermüden.

Denn da die Kaiserin vorschlug, neue Versuche an den Pestkranken mit dem Reiben des Eises anzustellen, Versuche, welche ich in zwei Spitälern gemacht habe, warum wurde Herr Grave, der mit den Pestkarbunkeln (Charbon) Versuche anstellte, bei einigen spanische Fliegen, bei andern aber unter der Asche gebratene Zwiebeln auflegte, nicht verpestet? Versuche, welche dazumal der Prinz Orlow vorgeschlagen, und er mußte täglich in das Spital des Klosters Danylowsky gehen, um die Kranken zu untersuchen und die Wirkung der Hilfsmittel zu beobachten, folglich befand er sich in einer geringen Entfernung von solchen Personen, atmete mit den Pestkranken eine gleiche Luft ein;

er hütete sich aber sehr sorgfältig vor dem Berühren, so wie auch der Unterwundarzt, welcher solche Pestkranken verbinden mußte. Sollte ich mir nach so vielen Bemerkungen nicht schmeicheln können, meinen Lesern dargetan zu haben, die Luft stecke keineswegs an, und das Pestgift pflanze sich durch die Luft nicht fort, sondern werde uns einzig durch das Berühren mitgeteilt?

Geschähe dieses nicht durch das Berühren, warum wären alle Wundärzte und Unterwundärzte, welche die Pestkranken in verschiedenen Spitälern besorgen mußten; warum so viele unserer Priester, die wegen ihrem Amte die Pestkranken sowohl bei der Armee, als auch in den Spitälern, besonders zu Moskau besuchten; warum wären endlich alle diejenigen, welche die Pestkranken bedienten, nicht angesteckt worden, und hätten die Pest ausstehen müssen? Daß der Grund in dem Berühren gelegen, fällt sogleich von einer so traurigen Begebenheit in die Augen, und alle, welche nicht Kräfte genug hatten, die Anfälle auszuhalten, starben daran. Man kann also unter allen den Umständen und Vorfällen, die man mir eingewandt hat, bloß durch das Berühren angesteckt werden.

Wann ist aber wohl dieses Gift am flüchtigsten und subtilsten, und wann greift es uns am geschwindsten und am grausamsten, sowohl in den Pestspitälern, als anderswo an, und wann geschieht dies bei dem geringsten Berühren? Dies geschieht allemal in der Mitte der Epidemie. Denn im Anfange und am Ende derselben ist das Gift nicht so flüchtig und subtil: die inneren Symptome sind nicht so bedenklich, die äußeren Kennzeichen nicht so verwickelt, als in der Mitte der Epidemie. Aus diesem Grunde habe ich dieselbe in drei Grade abgeteilt.

Wenn uns die Pest auf gleiche Art, mit ebenso bedenklichen Krankheitsmerkmalen und gleichen verwickelten äußerlichen Kennzeichen, in jedem Grade ihres Laufes, wie in der Mitte angriff; warum wäre wohl mein Vorgänger mit drei Unterwundärzten von der Pest völlig verschont geblieben, da sie von dem Monat April bis zu dem Monat Junius im Pestspital die Kranken besorgten?

Es geschah deswegen, weil sie sich der Gefahr nur zu einer Zeit aussetzten, da sich die Pest erst anfing auszubreiten. Ein gleiches Glück begegnete dem Herrn Pogoretsky. Er hatte einen Wundarzt und einige Unterwundärzte bei sich, um die Pestkranken im Spital des Palasts des Le-Forts zu besorgen, welcher jetzt der Regierung gehört. Sie setzten ihre Bemühungen von dem Monate November bis zu dem Zeitpunkte, da die Pest völlig aufgehört hatte, fort. Dies geschah also nur in dem letzten Grade, oder am Ende des Laufs der Krankheit. In dem Spital des Klosters Pokrowsky besorgten Herr Meltzer und Herr Kirdan die Kranken mit einigen Gehilfen. Die Pest verschonte sie gleichfalls, so wie auch den Oberwundarzt und die Unterwundärzte, welche das

Spital in dem Kloster Symonowsky versahen; unterdessen verstrich eine geraume Zeit von dem Monat November bis zur völligen Tilgung der Pest, und obgleich in diesen Spitälern viele andere Personen zur Wartung der Kranken, als auch zum Wegschaffen der Toten befindlich waren, so wurde doch kaum jemand angesteckt, und auch diejenigen, welche angesteckt wurden, bekamen sehr leichte Krankheitszeichen, weil sich dies zu einem Zeitpunkt ereignete, da die Pest anfing schwach zu werden, und das ansteckende Gift seine große schädliche Wirkung fast gänzlich verloren hatte.

Ein Unterwundarzt, der mit meinem Vorgänger in dem Spital des Klosters Ougreschinsky gewesen, ging aus demselben unangesteckt heraus, wie ich bereits erinnert habe, da ich mich in dasselbe begab. Dieser nämliche Unterwundarzt mußte bloß in der Mitte des Laufs der Krankheit die Kranken in einem Viertel der Stadt besehen; am Ende der Pest aber begab er sich zum zweitenmale in das Spital des Palastes des Le-Forts, und besorgte mit dem Arzt die Kranken, bis die Pest völlig aufgehört hatte. Dieser Wundarzt war zu zwei verschiedenen Malen und in zwei verschiedenen Spitälern gewesen; dies geschah aber keineswegs in der Mitte des Laufs der Krankheit, und er wurde auch keineswegs angesteckt. Ein deutlicher Beweis, daß uns die Pest in diesen beiden Perioden nicht so geschwind, noch so heftig angreift.

Auf diese Art verhielt es sich keineswegs von dem Monat August bis zu dem Monat November, da die Pest ihren höchsten Grad erreicht hatte, und in der Mitte befindlich war. Ich blieb der Reihe nach diese ganze Zeit hindurch in den drei Pestspitälern, und dreimal wurde ich angesteckt. Von allen Unterwundärzten, die sich daselbst befanden, um mich bei dem Verbinden zu unterstützen usw.; von allen denjenigen, die sich mit mir hatten einschließen lassen, um die Kranken zu besorgen, von allen diesen blieb keiner von dieser grausamen Krankheit verschont. Ich wendete alles zu ihrer Rettung an, setzte denjenigen, welche stark genug waren, zwei bis drei Fontanelle, ließ sie die gehörigen Mittel zur Vorbauung brauchen, sie mußten jedesmal ihre Überröcke und ihre Handschuhe von Wachsleinewand ablegen, ferner vermahnte ich sie, sich nicht von der Furcht niederschlagen zu lassen, indem ich ihnen zur Aufmunterung die äußerlichen Kennzeichen der Pest an meiner Leiste zeigte, mit einem Worte, ich tat alles zur Erhaltung ihres Lebens, und doch konnte ich von fünfzehn Unterwundärzten nur drei retten. Alle diejenigen im Gegenteile, welche sich vor oder nach mir in diesen Spitälern befanden, bekamen keineswegs die Pest, wie ich bereits erinnert habe. Ein deutlicher Beweis, daß sich die Pest damals in ihrer mittleren Periode befand, oder wenn sie am bösartigsten ist, und wenn ihr Gift den höchsten Grad der Flüchtigkeit besitzt, daß es sich schnell in unsern Körper bei dem geringsten Berühren hineinschleicht, welches man fast gar nicht verhüten kann, ist man zu der Zeit unvermögend, den grausamen Verheerungen dieses Giftes Schranken zu setzen.

§. 15. Was werden wohl jene Fabeln gelten, die man in verschiedenen Werken ausbreitet, wodurch man behauptet, die Pestkontagion pflanze sich durch die Luft fort? Aus diesem Grunde hat man angenommen, die Pest stecke das Vieh und auch sogar andere Tiere an, welche Ungereimtheit? Wie wäre dies aber wohl möglich? Wir hatten zu Moskau eine Menge Pferde, welche bestimmt waren, die Kranken in das Spital zu bringen, und die Toten sowohl aus der Stadt, als aus den Spitälern zu den Begräbnisstellen hinzufahren; diese Pferde standen selbst an letzteren Orten, und doch wurde keins von der Epidemie angesteckt, von welcher ich rede. Diese Schriftsteller nehmen selbst die Vögel nicht aus, und doch fand man eine Menge Vögel und Tiere in den Städten und Dörfern der Walachei, der Moldau, in Polen und in Rußland. Wir wollen bloß bei Moskau stehen bleiben.

Diese Hauptstadt enthielt eine Menge dieser Tiere, und doch hat man bei der genauesten und strengsten Untersuchung nicht entdecken können, daß ein einziges Tier das Schlachtopfer einer solchen Pestkontagion gewesen wäre.

Ich selbst habe eine große Menge Vögel von verschiedenen Gattungen herum fliegen, und in die Türme und Gebäude der drei Spitäler, worinnen ich mich nach und nach befand, nisten gesehen; und hiervon bin ich Augenzeuge. Was wird man wohl ferner sagen, wenn man hört, man sähe niemals einen Vogel herumfliegen, wo die Pest grassierte, weil sie die Luft dieser Orte plötzlich tötete? Dergleichen Ungereimtheiten sollte man auf immer aus den Büchern der Ärzte verbannen. Es ist wahr, wir haben einen Fall gehabt, daß Menschen und Tiere gestorben sind. Da die Kaiserin meinen vorläufigen Bericht von dieser Schrift gelesen, und darinnen gefunden, die Pest, welche uns ansteckt, schade keineswegs den Tieren, und umgekehrt, stellte sie Betrachtungen darüber an, und ließ mir durch ihren Minister folgende Geschichte mitteilen, die sich in dem Gouvernement von Wiburg in Finnland 1763 ereignet hatte. Daselbst waren vier Pferde und sechs Kühe gefallen, die man in einem Wald eingescharrt hatte; einige Zeit darauf kam ein Bär an diesen Ort, scharrte einige Stücke von einem solchen Aase aus, und sättigte sich davon. Nicht lange darauf lief das Tier fort, und starb ungefähr eine Meile von Schweden, woselbst ihm ein Bauer derselben Gegend das Fell abzog, und es an den Prediger des dortigen Orts verkaufte. Dieser gab es einem Gerber zum Zubereiten, woraus eine ansteckende Krankheit in dem Monat Dezember entstand, welche den Bauer, den Prediger und den Gerber wegraffte, die alle fast ähnliche, äußerliche Kennzeichen der Pest an sich trugen. Der Gerber, welcher keine Gefahr vermutete, hatte die Reste bei der Zubereitung der Haut nachlässig liegen lassen, alle Tiere, welche davon fraßen, verreckten, selbst diejenigen, welche aus dem Fasse soffen, worinnen diese Haut zubereitet worden war. Eine Tatsache, welche meinen Satz zu widerlegen scheint; da ich aber die Beschreibung nicht habe, welche der Arzt, Herr Lerche, damals an die Kaiserin davon eingesandt hatte, um diese Krankheit in der Geburt zu ersticken, und da ich keine getreue Beschreibung davon angeben kann, so bin ich nicht vermögend anzugeben, durch welche Gattung von einer Kontagion diese Epidemie die Menschen selbst anstecken konnte. War dieses wohl die wahre Pest, oder eine andere Gattung einer ansteckenden Krankheit? Aus den Gründen, die ich bereits angegeben habe, läßt sich schließen, diese Epidemie sei keineswegs die Pest, sondern eine andere Krankheit, aus der Klasse der Faulfieber gewesen.

Daraus, daß die Tiere verreckt sind, weil sie die Reste bei der Zubereitung der Haut gefressen, und aus dem Fasse gesoffen haben, kann man keineswegs einen Beweis hernehmen, woraus man schließen könnte, diese Epidemie sei die Pest gewesen. Wenn diese Tiere verreckt sind, so war es just ihre Pest, wenn ich sie anders so nennen darf; zweitens war dies der eigentliche Weg, wodurch sich alle Tiere verpesten, denn wir werden bloß durch das Berühren von der Pest angesteckt, die Tiere im Gegenteil erhalten das Gift durch den Mund, niemals aber durch das Berühren, wie uns dies die Versuche lehren, die man mit den Tieren in Frankreich angestellt hat.

Was die Menschen anbelangt, welche krank wurden, so weiß man, daß durch das Berühren eines durch die Fäulnis verdorbenen Körpers eine Krankheit hervorgebracht werden kann, deren Kontagion sich nach dem Grade der Fäulnis des verdorbenen Körpers verbreiten wird. Ich gebe zu, eine solche Epidemie kann einige äußerliche, der Pest ähnliche Kennzeichen an sich haben; ich behaupte aber, eine solche Epidemie nähere sich keineswegs der Pest, welche aus der Türkei nach Europa übergeht, und daselbst grausame Verheerungen anrichtet.

Man hat in ganz Sibirien eine pestartige Kontagion, sagt man, die sich nach der Beschreibung des gemeinen Volks durch Karbunkel zu erkennen gibt. Ich urteile ganz anders davon, denn wäre diese Krankheit, obgleich sie ansteckend ist, die Pest, wovon ich in dieser Abhandlung rede, so müßte Sibirien bereits ganz entvölkert sein. Diejenigen, welche seit kurzem in diesem Lande gewesen, haben mir diese Gattung von Karbunkeln (Charbon) beschrieben, und die Heilart des gemeinen Mannes bekannt gemacht. Sie brauchen anstatt der Umschläge ein Tobacksblatt, welches sie in warmen Wasser eintauchen, woraus ich schließe, es sei bloß eine Gattung von dem *Anthrace maligno*; denn sie haben mir diesen Karbunkel als einen Blutschwär (furunculus) beschrieben, der bisweilen so groß wie eine flache Hand wird, und sich sehr erhöht. In der Folge werden wir sehen, der Pestkarbunkel erhebe sich keineswegs auf diese Art; sie fügen noch hinzu, wenn diese Geschwulst erhaben genug sei, öffne sie sich in verschiedenen Stellen, und es schwitze alsdenn eine gauchichte Materie heraus, welches man keineswegs bei den Pestbeulen findet. Aus diesen Beobachtungen kann man schließen, obgleich diese Krankheit ansteckend, und äußerlich der Pest ähnliche Kennzeichen an sich habe, sei sie doch keine solche Pest, wie diejenige, welche in unserem achtzehnten Jahrhunderte Marseille und Moskau verheerte; denn diese Pest, welche aus der Türkei kommt, pflanzt sich bloß durch das Berühren fort; jene Krankheit aber, welche in Sibirien herrscht, hat einen ganz anderen Charakter.

Wenn man durch das Berühren verpestet werden soll, ist es wohl nötig, daß eine gesunde Person von dem Gift an bloßen Teilen des Körpers berührt werde, oder ist es hinreichend, daß es nur einige Kleidungsstücke berühre? Da wir bis jetzt keinen deutlichen Begriff von der Natur des Pestgifts haben, so läßt sich diese Frage sehr schwer beantworten. Wenn man behauptet, die Luft sei damit beschwängert, und die Pest teile uns durch den Mund ihre ansteckenden Teile mit, so glaube ich davon das Gegenteil dargetan zu haben; nimmt man an, die verschiedenen Abänderungen der Witterung pflanzten leichter oder schwerer die Kontagion fort; so werde ich anderswo beweisen, die Pest nehme weder auf das Klima, noch auf die Jahreszeit, noch auf die Abänderung der Witterung die geringste Rücksicht: und der strengste Winter und die größte Sommerhitze habe in dieser Absicht einen gleichen Einfluß.

Aus diesen Beobachtungen schließe ich, um angesteckt zu werden, sei es hinreichend, daß eine gesunde Person an einigen Stellen seiner Kleidungen von einem bereits angesteckten Körper berührt werde; durch die Kleider pflanzt sich das Gift in seinem Hause in verschiedenen Stellen fort, von welchen es alsdenn in sehr kurzer Zeit in einen entblößten Teil des Körpers dringen kann. Denn wenn wir erwägen, wie viel tausend Personen durch die beiden Pesten dieses achtzehnten Jahrhunderts hinweggerafft worden sind, wovon die eine zu Marseille, die andere aber nur kürzlich im Russischen Reich, und besonders in Moskau gewütet haben, sollte es wohl möglich sein, daß alle diese Menschen gleich Anfangs durch das Berühren eines entblößten Teils ihres Körpers angesteckt worden wären? Nein, das ist eine unmögliche Sache. Es ist also hinreichend, unter einer Menge Volks zu sein, und einige Kleider oder andere feste, von dem Pestgifte bereits angesteckte Körper zu berühren. Aus diesem Grunde starben zu Moskau, wie unter tausend andern ähnlichen Vorfällen, so viele Priester, welche nicht wußten, daß man alle Volksversammlungen fliehen müßte, und die oft Prozessionen mit Bildern anstellten.

Hierdurch gaben sie Gelegenheit, daß eine große Menge Personen einander berührten, welche bereits den Keim des Giftes in sich trugen, und ihn anderen auf die Art mitteilten, ohne daß man glaubte, man könne auf diese Art angesteckt werden; sie kehrten in ihre Häuser zurück, und berührten mit diesen angesteckten Teilen verschiedene Stellen des Hauses. Diese Stellen mußten ganz gewiß, nach einem solchen Berühren, gleichfalls vergiftet werden, und wenn jemand dieselben mit einem entblößten Teile des Körpers berührte, mußte dieser ganz gewiß auch angesteckt werden, daher schlich sich die Kontagion durch die Schweißlöcher in unsere Säfte, teilte ihnen eine solche Fäulnis mit, welche so schnell den Tod hervorbrachte. So glaube ich, ist es geschehen, daß eine so große Menge Menschen verloren gingen.

Ich habe bereits oben gesagt, die Pest töte uns niemals so plötzlich, wie man sich dies sonst eingebildet hat. Wäre die Luft das Vehikel zu unserer Vergiftung, welche Menge Menschen müßten alsdenn nicht täglich in jeder Stadt dahin sterben, in welcher die Pest wütet, weil man die Luft beständig einatmen muß? Unterdessen geschehen ihre Verheerungen nur nach und nach, und wenn man genauer Acht gibt, so wird man ohne Zweifel finden, daß alle Personen, welche von der Pest angesteckt werden, von einem verpesteten Körper berührt worden sind. Da aber ein solches Berühren gemeiniglich erfolgt, ohne daß man es gewahr wird, so kann sich nicht jede Person leicht erinnern, wenn, und auf was für eine Art dies Berühren erfolgt sei.

Sobald eine Person von einem verpesteten Körper an einem Teile seiner Kleidung berührt worden ist, so umgibt ihn das Pestgift, sozusagen, fast auf eben die Art, wie die elektrische Luft einen Körper umfaßt, und man könnte dieses den pestilenzialischen Dunstkreis (Tourbillon) nennen. Diese vergiftete, verdickte, ansteckende Luft, wenn sie uns so umgibt, muß sich notwendig mit der Ausdünstung vermischen, und wenn sie sich vermischt, durch die einsaugenden Gefäße in die Säfte dringen, und diese grausame Krankheit hervorbringen, mit welcher sich gleich beim Ausbruche Schrecken, Verzweiflung und andere schreckliche Bilder vereinigen, die man uns von der Pest, selbst von der Wiege an, eingeflößt hat. Diejenigen, welche nicht Kräfte, noch Mut genug haben, diese Krankheit auszuhalten, werden gewiß verloren gehen, so wie auch diejenigen, in deren Körper sich bereits eine fremde Materie befindet, welche zur geschwinderen Entwicklung des Pestgifts etwas beitragen kann. Auf diese Art, glaube ich, wirkt das Berühren bei dem Anstecken eines jeden Individuums, welches das Unglück hat, an einem solchen angesteckten Körper vorbeizustreichen. Auf gleiche Art wurde wohl der Arzt Herr Bochoretsky angesteckt, wenn man dieses System annehmen kann, der einige Zeit von dem Verband einer Pestwunde etwas an den Absätzen seiner Schuhe an sich trug; es müßte denn sein, daß er eine andere Gelegenheit gehabt hätte, verschiedene Stellen in seinem Zimmer mit diesem Verband zu berühren, welche er hernach mit seinen Händen angegriffen, oder mit einem andern entblößten Teile seines Körpers berührt hätte. Wenn sich dieses so verhält, so würde man leichter zugeben müssen, dieser Weg sei geschickter, das Gift durch die Ausdünstung fortzupflanzen, welche seinen Körper umgab, und es habe sich auf die Art die Pest in seine Säfte schleichen können, die er glücklich überstand.

Daß jeder Körper vergiftet werden und die Kontagion fortpflanzen könne, davon will ich einige Bemerkungen anführen, welche sehr geschickt sind, diesen Satz zu beweisen. Ein Handwerksmann aus einem Flecken nahe bei Moskau sah, daß viele Menschen in der Hauptstadt, wo er arbeitete, und in eben dem Hause, worinnen er sich befand, starben, faßte deswegen den Schluß, zu seiner Frau zurückzukehren. Ehe er dies bewerkstelligte, kaufte er nebenher einen Kopfputz, um ihr ein Geschenk damit zu machen. Dieser Kopfputz hatte einer Person gehört, welche an einer Krankheit gestorben war, die man damals nicht für die Pest hielt. Dies war zum Unglück der fatale Keim, welcher sie hervorbringen sollte. Dieser Unglückliche, seine Frau, seine Kinder, fast der ganze Ort wurden Schlachtopfer seines guten Herzens, und es kam fast kein einziger Bewohner des Fleckens davon.

Ein ähnlicher Fall ereignete sich in einem Hause zu Kiew, während der Zeit, da die Pest diese Stadt verheerte. Eine Katze war aus einem Hause, in welchem alle Menschen an der Pest gestorben waren, in ein anderes Haus geflüchtet, hatte dasselbe angesteckt, und die ganze Familie war ein Raub der Pest worden. Dieser verdrießliche Vorfall ist in ganz Kiew bekannt. Ein Beweis, daß die Tiere niemals von dieser Pest selbst angesteckt werden, die eine Geißel für das menschliche Geschlecht ist, und daß sie niemals daran sterben, sondern daß sich das Gift bloß an ihre Haare hängt, und daß sie auf diese Art viele Menschen anstecken können. Dieses beweist, es gebe verschiedene Wege, durch welche sich jeder insbesondere anstecken könne, ohne daß er es gewahr werde. Diese Bemerkungen können ein auffallendes Beispiel abgeben, woraus man schließen muß, man werde bloß durch das Berühren angesteckt.

§. 16. Ich habe weiter oben gesagt, ein Bedienter sei gleichsam an der Pest gestorben. Ich selbst sah verschiedene andere niederfallen und sterben; man starb aber keineswegs an dem ersten Anfalle der Pest, wie man wohl behauptet hat. Diese plötzlichen Todesfälle sind gleichfalls ein Irrtum, welchen man dem Publikum nehmen muß. Ein angesteckter Mensch, der wider die Krankheit gekämpft hat, ohne daß sich innerliche oder äußerliche Kennzeichen offenbart haben, die er doch empfinden muß, stirbt er wohl unter der Heftigkeit derselben?

Nein. Ein gemeiner Mann sieht einen Pestkranken darnieder fallen und plötzlich sterben, er zieht den Schluß daraus, die Pest töte plötzlich, wie ein Flintenschuß. Er wird selbst überall bekannt machen, er habe viele Menschen niederfallen und plötzlich sterben gesehen. Die Erzählung geht aus einem

Munde in den andern, erhält Glauben, so daß sie endlich eine unumstößliche und erwiesene Tatsache wird. Von daher haben sich diese Fabeln in der ganzen Welt ausgebreitet, und es scheint, als ob die Tagebücher der Medizin selbst das Siegel der Wahrheit aufgedrückt haben.

Nichts ist indessen falscher, als eine solche Behauptung, wovon auch die geringste Spur bei der Fackel der Beobachtung verschwindet. Ich selbst habe verschiedene male die Kadaver derjenigen untersucht, von welchen man vorgab, sie wären plötzlich an der Pest gestorben, und ich fand jederzeit äußerliche Kennzeichen, die mich lehrten, solche Personen wären seit 10, 12 oder 15 Tagen von der Krankheit angegriffen gewesen, woran sie gestorben waren. Die Pest tötet uns also nicht als eine mephitische Luft, oder als eine solche, die ihrer Schnellkraft beraubt worden ist.

Sie ist eine Krankheit, die eben sowohl wie alle anderen Krankheiten geheilt werden kann. Sie ist ein Fieber, das seinen ordentlichen Lauf hat, wenn es die gewöhnlichen Perioden durchstreicht, und welches, wenn es sich davon entfernt, bisweilen wie die einfachsten Fieber ganz unerwartete Begebenheiten hervorbringt, welchen man den Namen plötzlicher Todesfälle beilegt, um die Unachtsamkeit zu bemänteln. Sie greift nur diejenigen an, welche angesteckte Körper oder Möbel berührt haben, sonst wird niemand davon angegriffen.

§. 17. Ich habe bereits oben in dem 14. §. sehr auffallende Bemerkungen beigebracht, welche beweisen, die Pest habe ihre drei Grade, und sie greife uns am heftigsten und bei der geringsten Berührung, in der mittelsten Periode an. Hier kann ich noch leichter und weitläufiger die Wahrheit dartun, daß die Pest allezeit an jedem Orte, in der Mitte ihres Laufs durch ihr Anstecken am gefährlichsten sei. Deswegen wurde keiner meiner Vorgänger, noch ein anderer von der Pest angesteckt, weil sie entweder im Anfange oder am Ende die Pestkranken besorgten.

Um diese Wahrheit noch mehr zu bestätigen, darf man nur mit einem Blicke die Anzahl der toten Personen untersuchen, welche zu Moskau während der Zeit gestorben sind, da diese Geißel die Stadt entvölkerte. Man findet die Summe von einem jeden Monate des Jahrs, während des Laufs der ganzen Epidemie, in dem 31. §. eben dieses Teils, und sie beweist, daß wenn die Pest in der mittleren Periode kein flüchtigeres, ansteckenderes und subtileres Gift bei sich führte, so wären nicht so viele Menschen in den Monaten August, September, Oktober und in dem Anfange des Novembers gestorben, da im Gegenteil in den Monaten April, May, Junius, und im Anfange des Julius, so wie auch in den vier letzteren Monaten, nämlich: in dem Dezember, Januar, Februar und März diese Krankheit nicht so tödlich war. Die Kranken hatten auch bei dem Eintritte der Epidemie und am Ende derselben nur Pestbeulen

(Bubons), da sie im Gegenteile in der Mitte selten angetroffen wurden, und die Kadaver mit Karbunkeln (Charbons) und Flecken (Petechies) bedeckt waren, worunter man weniger kleine, aber weit mehrere große fand. Gleiche Beobachtungen hat man auch zu Nieszin und zu Kiew gemacht.

Aus diesen Bemerkungen wage ich es den Schluß zu machen, die Pestkontagion pflanze sich nicht nach der Disposition des Körpers, sondern vielmehr nach der Verschiedenheit der Grade ihres Anfalls fort, und breite sich immer mehr und mehr aus. Ein gesunder Mensch besorge die Pestkranken, wenn die Pest ihre höchste Periode erreicht hat, und verwahre sich nicht vor der Berührung der angesteckten Körper oder Möbel; er mag alsdenn die Gesundheit selbst sein, er wird der Kontagion nicht entgehen, und wenn das Gift kaum in seinen Körper hineingeschlichen, wird es in der ganzen tierischen Ökonomie die grausamsten Unordnungen anrichten, und äußerlich die gefährlichsten Kennzeichen hervorbringen; da im Gegenteil die Unordnungen weit geringer sein werden, wenn man die nämliche Vorsicht in jeder anderen Epoche der Krankheit aus den Augen gesetzt hat. Unterdessen findet man doch jederzeit eine gleiche Anlage des Körpers, und ich habe bereits dargetan und bewiesen, die Luft stecke uns niemals, auch in den gefährlichsten Zeiten nicht, an.

Man behaupte keineswegs, man habe Personen gefunden, die sich an die Seite eines Pestkranken niedergesetzt, mit demselben in ein Bett gelegt haben usw. und die dem ungeachtet nicht angesteckt worden wären; diese Fabeln, welche in der Entfernung Glauben finden, verschwinden bei der Fackel der Beobachtung. Die Pest dringt jederzeit durch den Weg des Ansteckens in unseren Körper, und zwar in jeder Periode, sowohl im Anfange als am Ende der Epidemie. Es ist wahr, man darf alsdenn keine so strenge Vorsicht brauchen, aus Furcht die anderen gesunden Personen mutlos zu machen, welche vielleicht aus bloßer Furcht krank werden, und selbst sterben könnten. Deswegen muß man sehr sorgfältig jederzeit auf die Periode der Pest aufmerksam sein, wenn sich ein solcher Fall ereignet; denn sollte er in der Mitte vorfallen, so muß man, ohne anzustehen, behaupten, eine solche Person sei ganz gewiß angesteckt, und man muß alle mögliche Vorsicht brauchen, um andere Personen zu verwahren.

Ich rede aus Erfahrung, und glaube das Zutrauen zu verdienen, welches die Liebe zur Wahrheit einflößt, nachdem ich den Gang, die inneren und äußeren Symptome und Kennzeichen dieser Krankheit erforscht habe.

§. 18. Diese Liebe hat mich in Rücksicht der Pest von einem Irrtum zum andern geleitet, um sie bestreiten zu können. Diese Krankheit, versichert man, könne bei ihrer Dauer an jedem Orte eben dieselbe Person verschiedene male angreifen. Auch wage ich es mit denjenigen, welche ein gleiches System mit mir behaupten, das Gegenteil versichern zu können. Eine gleiche Meinung nimmt Herr Timone in den philosophischen Transaktionen No. 364. an, und behauptet, die Pest greife eine Person nicht verschiedene male an. Ich glaube die Wahrheit dieses Satzes durch meine Bemerkungen bestätigen zu können; hier sind sie:

Könnte uns die Pest verschiedene male in ihrem Laufe von eben demselben Jahre angreifen, wie wären wohl achtzig Personen frei geblieben, die ich zu meiner Unterstützung in das Kloster Symonowsky kommen ließ, da ich äußerst schwach war, indem ich die Pestkranken besorgte, und da alle, die mich unterstützen sollten, an der Pest gestorben waren. Sie hatten bereits in dem Kloster Ougreschinsky die Krankheit überstanden, das ist wahr; sie kamen aber in mein Spital in dem Augenblicke, da die Pest am grausamsten wütete. Die Kontagion breitete sich mit der äußersten Geschwindigkeit aus, und die Natur unterlag von allen Seiten. Man kann sich nicht genug vorstellen, welche gefährlichen und beschwerlichen Arbeiten diese rechtschaffenen Gehilfen, welche menschliche Liebe herbeigeführt hatte, bei einer so großen Menge Kranken übernehmen mußten. Unterdessen wurde keiner von ihnen zum zweitenmale angesteckt, weder in diesem noch in den andern Spitälern, worein sie sich aus eigenem Antriebe in der Folge begaben, um die Kranken während der ganzen Zeit, als die Pest zu Moskau wütete, zu bedienen.

Dieses Phänomen ist auffallend genug, um daraus den Schluß ziehen zu können, wenn man einmal die Pest gänzlich überstanden habe, stelle sie sich nicht in der nämlichen Epidemie eben dieses Jahrs wiederum ein.

Eine neue, ebenso entscheidende Beobachtung. Da ich mich noch zu Bukarest mit dem Regiment Kaporsky befand, bekam ein Wundarzt die Pest. Er wurde in das Pestspital geschickt, und daselbst geheilt. Da er wiederhergestellt war, bekam er von seinen Oberen den Befehl, so lange als die Pest in der Stadt herrschte, hierzubleiben. Er blieb wirklich darinnen, und unterstützte die anderen Wundärzte bei der Heilung der Pestkranken, welche beständig dahin gebracht wurden, solange man das Spital unterhielt. Kaum hatte er seinen Abschied erhalten, so kam er nach Moskau, um mich zu besuchen, wo er, nach seiner Garnison zu kommen, durchging. Unter andern erzählte er mir den Tod von verschiedenen seiner Mitbrüder, von welchen man über die Pest sehr schöne Beobachtungen hätte erhalten können. Zu gleicher Zeit ließ er mir die Bemerkung machen, daß er bei dem übrigen Aufenthalte in dem Spital zu Bukarest keineswegs zum zweitenmale angesteckt worden wäre, obgleich er diese lange Zeit hindurch viele Strapazen ausgestanden, und vieler Gefahr ausgesetzt gewesen wäre.

Sind diese Erscheinungen nicht auffallend genug, um daraus schließen zu können, wenn man die Pest einmal gänzlich überstanden habe, sei man in dem Laufe dieser Epidemie völlig frei davon. Doch wir wollen weitergehen; wenn die Pest verschiedene male in einer Epidemie diejenigen angriffe, welche dieselbe völlig überstanden hätten; so würden wir wenigstens einige solche traurige Schlachtopfer, während der ganzen Zeit, als die Pest zu Moskau herrschte, gefunden haben, die zweimal wären angesteckt worden; allen Untersuchungen aber ungeachtet hat man keins gefunden, ja, wir haben auch nicht einmal von einem in dieser Stadt, als auch in den anderen Städten, wo sich diese Plage ausgebreitet hatte, reden gehört.

§. 19. Um nicht zweimal in eben dem Laufe der Krankheit angesteckt zu werden, sind wohl alsdenn einige nötige Bedingungen bei denjenigen erforderlich, welche zum erstenmale die Krankheit überstanden haben? Ja ein jeder, der einmal an der Pest darnieder gelegen, muß sich notwendig der Bedingung unterwerfen, dieselbe ganz auszustehen und völlig davon geheilt zu werden. Ich will mich darüber weiter erklären.

Wenn jemand in einer gewissen Gegend des Körpers eine Pestbeule gehabt, ist es unumgänglich nötig, daß sie, nach der völligen Reife, durch einen Einschnitt geöffnet worden sei, damit der Eiter völlig herausgehen, und die Wunde gänzlich habe heilen können. Eben dieses ist bei den Karbunkeln nötig, die sich notwendig von dem gesunden Fleische gänzlich trennen müssen, damit eine vollkommene und gesunde Narbe entstehen könne. Nur nach der völligen Hebung und Heilung der äußerlichen Kennzeichen darf man mit Gewißheit den Schluß machen, eine solche Person habe völlig die Pest überstanden; denn wenn die äußerlichen Wunden gänzlich geheilt sind, ist dies ein gewisser Beweis, das Fieber und die anderen innerlichen Symptome sein zum voraus verschwunden; und sollte man auch noch zufällig, welches ich doch keineswegs vermute, eine kleine Unpäßlichkeit empfinden, so wird sie doch nicht tödlich sein. Wer also auf diese Art die Pest ausgestanden hat, wird keine Gefahr laufen, und darf nicht fürchten, er werde die Pest noch einmal bekommen.

§. 20. Vielleicht wird man mir einwenden, in der Moldau, in der Walachei, und besonders in der Türkei finde man Personen, die verschiedene male von der Pestkontagion angesteckt worden sind; andere, die nach dem zweiten, dem vierten, ja vielleicht selbst nach dem zehnten Anfall endlich unter der Heftigkeit der Krankheit untergelegen sind. Ich habe selbst davon in diesen Ländern reden gehört, dem ungeachtet aber wird mein System durch einen solchen Einwurf nicht untergraben. Wirklich habe ich keinen solchen Fall während der Pest in Moskau gefunden, obgleich sie daselbst ganze zwölf Monate hindurch große Verwüstungen unter dem Volk anrichtete.

Untersucht man die Fälle genauer, in welchen Zeiten diese Personen zu verschiedenen malen angegriffen worden sind, so wird man finden, daß es nicht in einerlei Jahre noch in eben dem Laufe der Krankheit, noch ihren drei Perioden geschehen sei. Ich suche keineswegs zu beweisen, eine Person könne die ganze Zeit ihres Lebens hindurch nur ein einziges mal von der Pest angegriffen werden, ich behaupte nur, dies müsse in verschiedenen Jahren und in verschiedenen Epidemien geschehen, und ich suche darzutun, diese Krankheit verpeste niemand zweimal in ihren drei Perioden.

Wir wollen zum Beispiel annehmen, die Pest habe an einem gewissen Orte länger als ein Jahr, oder wie diejenige zu Moskau, 12 Monate hintereinander gedauert, und nach einem solchen Zeitraum habe man ihren Keim gänzlich unterdrückt, nachdem man alle mögliche Vorsichten gebraucht hatte, so, daß keine Gefahr des Ansteckens mehr vorhanden ist. In diesem ganzen Zeitraum darf man nur einen einzigen Gang des Anfalls der Krankheit annehmen. Doch muß man dabei nicht die Epoche ihrer drei Grade, das ist, den Anfang, die Mitte und das Ende vergessen. Hier behaupte ich nun, daß ein jeder, welcher in diesem Zeitraum angesteckt worden war, und die Pest gänzlich überstanden hatte, nicht weiter während dem ganzen Lauf des Anfalls dieser Krankheit angesteckt werde

Wir wollen im Gegenteil zum voraussetzen, nach drei, vier, sechs, zehn Jahren, oder noch länger hinaus, käme die Pest an eben diesem Orte, oder selbst zu Moskau, wiederum zum Vorschein, so muß man diesen zweiten Eintritt als einen zweiten Gang eines Anfalls dieser Krankheit betrachten, der seine drei Grade hat, und alle diejenigen Personen, welche aus Pflicht um die Pestkranken herum sein müssen, um sie zu heilen, um sie zu bedienen, oder zu unterstützen; mit einem Wort alle diejenigen, welche das Berühren nicht vermeiden können, schweben in der Gefahr zum zweitenmale angesteckt zu werden, zu sterben, oder die Krankheit zu überstehen, obgleich sie dieselbe in der ersten Epidemie gehabt haben. Unterdessen behaupte ich, wie ich bereits getan, daß dies keineswegs in eben demselben Jahre, noch in eben derselben Epidemie geschehen werde; folglich wenn jemand zweimal angesteckt wird, so muß man sich schlechterdings dieses Unterschieds erinnern, woran man erkennen kann, er sei nur in verschiedenen Gängen des Anfalls von der Pest angesteckt worden. Welches ist aber wohl der Grund, warum man nicht zweimal hintereinander in einerlei Epidemie angesteckt wird, und warum es in den darauf folgenden geschieht, daß man alsdenn bisweilen daran sterben kann? Ich gestehe es ganz gerne, daß ich von dieser Erscheinung keinen Grund angeben kann. Unterdessen betrachte ich dieselbe wie die Anfälle von allen übrigen Krankheiten, die uns ähnliche Vorfälle darbieten, wie wir täglich sehen, und die bisweilen in sehr voneinander entfernten Zeiten zum Vorschein kommen. Dieses Phänomen in der Pest ereignet sich aber wirklich, und ich kann davon Beweise geben.

1) Zu der Zeit, da Herr Orreus, Arzt, und Herr Wischatitsky, Wundarzt, zusammen die Kranken in dem Spitale zu Yassy besorgten, wurde letzterer angesteckt, und hatte das Glück den grausamen Kennzeichen zu entgehen, welche er diesmal ausstehen mußte. Sein Regiment mußte darauf nach Bukarest gehen, wo wir einander antrafen; wir blieben aber hier nicht lange Zeit beisammen. Das Schicksal wollte, daß dieser Wundarzt die Stelle eines unsrer Mitbrüder ersetzte, der an der Pest in dem Spital gestorben war, wo er die Pestkranken besorgte. Hier geschah es, daß Herr Wischatitsky selbst das Schlachtopfer dieser traurigen Krankheit wurde.

Dieser geschickte Wundarzt hatte die Pest ausgestanden, da er sich in dem Spital zu Yassy befand, und er wurde nicht weiter davon angesteckt, obgleich er in diesem Spitale blieb, bis die Pest völlig getilgt war. Da er aber zu Bukarest in das Spital ging, wurde er 1772 von neuem angegriffen, und starb darinnen als ein Schlachtopfer seiner Dienste, indem er unsere tapferen Soldaten erhielt.

2) Während meinem Aufenthalt zu Bukarest hatte ich eine Magd, deren Vater und Mutter gleichfalls an der Pest gestorben waren, und sie bekam die Krankheit selbst zum erstenmale, da sie sich aber in ihrer zarten Jugend befand, überstand sie diese grausame Krankheit diesesmal sehr glücklich. Bei meiner Zurückkunft nach Moskau erfuhr ich, dieses unglückliche Mädchen sei zum zweitenmale angesteckt worden und gestorben, es waren aber drei Jahre zwischen diesen beiden Anfällen verstrichen, wovon der letzte tödlich gewesen. Dies geschah also nicht in eben dem Laufe des Anfalls der Pest.

3) Ein gleiches Unglück begegnete dem sehr geschickten Arzte, Herrn Mitrovano, der sich selbst nicht retten konnte. Zuerst wurde er nach Kiew geschickt, um den Einwohnern zu der Zeit Hilfe zu leisten, als diese Stadt auf das grausamste mitgenommen wurde. Er bekam die Krankheit selbst und überstand sie glücklich; aber zwei Jahre darauf mußte er sich zu der ersten Armee begeben, welche sich damals zu Bukarest befand, gerade zu der Zeit, als die Pest diese Stadt verheerte. Er wurde hier zum zweitenmale angegriffen, und da er nicht Kräfte genug hatte, wurde er das traurige Schlachtopfer davon, so wie viele andere.

Ich könnte noch andere Beobachtungen über diesen Gegenstand beibringen, die angeführten aber scheinen mir hinreichend zu sein, meinen Satz zu beweisen. Es war nötig, auswärts her Beispiele auszusuchen, daß uns die Pest nur einmal in eben dem Laufe und in eben dem Jahre angreift, weil sie zu Moskau nur ein einziges Jahr gedauert hat. Es war mir nicht möglich ausfindig zu machen, daß eben die Person völlig zweimal angegriffen worden sei, und keine Gelegenheit hat einen Beweis davon gegeben, weil die Pest nur einen einzigen Gang machte; die angeführten Bemerkungen aber beweisen, eben die Pest greife uns nach einigen Jahren und in einem andern Gange ihres Anfalls zum zweitenmale an, und könne uns bisweilen töten.

§. 21. Man könnte sagen, ich hätte in meinen Schriften angemerkt, daß ich selbst dreimal in eben dem Jahre angesteckt worden sei. Gibt man auf die Erklärung der Worte Achtung, man müsse die Pest gänzlich überstehen, so wird der Widerspruch bald wegfallen.

Ich will die Geschichte selbst erzählen, und angeben, was sich mit mir zugetragen:

In dem Monat Julius befand ich mich in dem Pestspitale des Klosters Ougreschinsky, da mich die Pest zuerst angriff. Die Krankheitsanzeichen waren sehr schwer, doch verschwanden sie, eine Pestbeule ausgenommen, die ich im Schoß hatte, und die den folgenden Tag weit stärker war. Da aber alle anderen Krankheitsanzeichen gelinder waren, konnte ich bereits zu diesem Zeitpunkte aufstehen und in dem Zimmer herumgehen. Den andern Morgen hatten meine Symptome noch mehr abgenommen, so daß ich bereits aus dem Hause ging, um frische Luft zu schöpfen, obgleich der Schmerz von meiner Pestbeule nicht wich, ohne jedoch zuzunehmen. Den folgenden Tag konnte ich meine Kranken wiederum besuchen, nur meine Pestbeule blieb in einerlei Zustand, ohne daß sich Kennzeichen der Eiterung einstellten. Nach einigen Tagen zerteilte sich diese Geschwulst, anstatt in Eiterung überzugehen, welches ein Kennzeichen war, das Pestgift sei in die Blutmasse zurück gegangen, und ich merkte bald, der Sieg über diese Krankheit sei unvollkommen gewesen. Wirklich waren kaum einige Wochen verstrichen, da ich wiederum die nämlichen Symptome, als das vorigemal empfand, nur mit dem Unterschied, daß die Pestbeule auf der linken Seite befindlich war. Die Anzeichen verschwanden, wie das vorigemal, und das fürchterliche Kennzeichen spürte man nach einigen Tagen gleichfalls nicht mehr, ohne daß sich eine Eiterung eingestellt hätte. Auch diesesmal konnte ich nicht sagen, ich habe die Pest völlig überstanden, denn es ist allemal nötig, daß das Gift entweder durch die Eiterung der Pestbeule, oder durch eine gänzliche Trennung des Karbunkels von dem gesunden Fleische geschehe, wenn man sicher sein will, das Gift werde die Säfte nicht ferner anstecken. Um so mehr mußte ich einen dritten Anfall erwarten, der auch nicht lange ausblieb, weil das Gift in meinem Körper zurückgeblieben war.

Ich hatte mich bereits in das Spital des Klosters Symonowsky begeben, worinnen sich diese dritte Szene ereignete. Die Krankheitszeichen waren die schrecklichsten. Kleine Petechien bedeckten meinen ganzen Körper, und ich mußte eine ganze Woche das Bette hüten, unterdessen hatte ich doch das Glück, diese schweren Symptome zu überstehen, und mein Leben zum drittenmale zu retten. In diesem Zeitpunkte nahm mich der General Meropkin aus dem Spitale, damit ich nicht länger den grausamen Strapazen ausgesetzt sein möchte, die mich noch erwarteten.

Ich war also dreimal von der Pestkontagion angegriffen worden, doch kann ich nicht sagen, daß ich sie ein einzigesmal überstanden habe, und wenn ich noch ferner in dem Spitale geblieben, so wäre es möglich gewesen, daß ich einen vierten Anfall bekommen, den ich vielleicht nicht überlebt hätte, und wie die übrigen gestorben wäre, denn ich war noch nicht mit der Art zufrieden, wie ich hergestellt worden war.

Diese achtzig Personen, von welchen ich oben geredet, die meine mir anvertrauten Pestpatienten bedienten, durften nicht eine gleiche Furcht haben, weil alle Kennzeichen der Pest nach einer vollkommenen Ausleerung des Pestgifts durch die Eiterung der Pestbeule, und bei den Karbunkeln durch die völlige Trennung des toten Fleisches von dem lebendigen gänzlich verschwunden waren. Deswegen bedienten sie auch die Pestpatienten mit dem größten Mute und der größten Zuversicht, indem sie sicher waren, sie würden keineswegs zum zweitenmale angesteckt werden.

Ich verlange keineswegs vermittelst dieser Beobachtungen, die mir eigen gehören, die ganze Welt verwegen zu überreden und zu vermahnen, es sei hinreichend sich nicht vor der Pest zu fürchten, wenn man nicht das Schlachtopfer davon werden will. Gott bewahre mich vor einem solchen Glauben! Ich habe keine andere Absicht gehabt, als die eitle Furcht derjenigen zu vertreiben, welche, nachdem sie angesteckt worden sind, alle Merkmale des Übels völlig überstanden haben, und sich jetzt noch vergeblich fürchten; und durch diese Personen selbst wollte ich den Pestkranken Hilfe verschaffen, die man ihnen sonst nur mit Zittern leistet. Welches Glück wäre es nicht, in diesen unglücklichen Zeiten Personen zu finden, die freiwillig einer angesteckten Stadt, besonders aber einem angesteckten Spital Hilfe leisten wollten; wie sehr wünschte ich, daß ein glücklicher Erfolg meine Erwartung krönte, und daß ich allen großen Genien, welche Europas Bewunderung sind, diese nützliche Wahrheit möchte erwiesen haben. Dies wäre für mich der schmeichelhafteste Ersatz von meinen Arbeiten.

§. 22. Noch will ich von meiner Zurückkunft von der Armee nach Moskau, der Hauptstadt meines Vaterlandes, reden, von der ich so weit entfernt war. Ich werde gleichfalls die Bemerkungen erzählen, die ich in Rücksicht der Pest gemacht, da ich durch die Walachei, Moldau, Polen und Klein-Rußland ging:

Endlich werde ich die Gründe anführen, die mich bewogen haben, die Besorgung der Pestkranken in drei Spitälern zu übernehmen: Ich werde genau die Zahl von denjenigen angeben, die an der Pest sowohl in den Pestspitälern, als auch in dieser großen Stadt und an andern Orten, während dem unglücklichen Zeitraume gestorben sind, da die Pest das russische Reich verheerte, damit ganz Europa die Zahl der Toten erfahre, und fernerhin jenen Fabeln keinen Glauben beimesse, welche man in Rücksicht dieser Pest hier und da ausgebreitet hat.

Da ich mich bei der Hauptarmee in Bessarabien, nahe bei Kagul befand, bat ich das medizinische Kollegium, mich von den Strapazen zu befreien, die mir eine Krankheit von achtzehn Monaten zugezogen, welche meine Gesundheit sehr zugrunde gerichtet hatte. Da ich mich zu Bukarest befand, erhielt ich von diesem Kollegium die Erlaubnis, die Armee zu verlassen, und mich nach Oorenburg zu begeben. Da ich durch die Walachei ging, um nach Yassy zu kommen, hatte ich diese Krankheit in verschiedenen Dörfern untersucht, wo sie damals herrschte, und bei meiner Ankunft in dieser Hauptstadt mich mit dem Herrn Baron von Asch, erstem Arzte der ganzen Armee, davon unterhalten. Ich hatte gleichfalls davon mit dem Herrn Timkowsky, Arzt des Hauptlazaretts eben dieser Armee, gesprochen, da ich durch Polen ging; ferner mit dem Herrn Mitrofanow, einem sehr geschickten Arzt, der sich zu Kiew aufhielt, so lange diese grausame Krankheit daselbst wütete, und der in dieser Stadt viel Gutes stiftete; zu Nieszin mit dem Herrn Martinowitz, einem sehr geschickten und leutseligen Wundarzt, der unter gleichen Umständen daselbst verblieben war; endlich zu Moskau mit dem Herrn Yaguelsky, einem ganz vortrefflichen Arzt, wahren Patrioten, wirklichem tugendhaften Bürger, und welcher der einzige war, der sich allen versammelten Ärzten der Hauptstadt widersetzte, die da behaupteten, die Pest könne nicht bis hierher dringen.

Vielleicht werden alle Gelehrte von Europa erstaunen, daß zu Moskau unter den Kunstverständigen ein Streit entstand, ob die Pest hier wirklich zugegen sein könnte, und Herr Yaguelsky mußte gar sehr streiten, um darzutun, die Epidemie, welche die Stadt verheerte, sei die wahre Pest. Obgleich seine Begriffe und seine Vorhersagungen sich auf die besten Grundsätze stützten, mußte er doch viel Ungemach ausstehen, ehe er durchdringen konnte.

Sobald diese vorgegebene Epidemie ausbrach, wollte man das Übel bestimmen, und dazumal entstand ein großer Streit über die Natur desselben. Der eine behauptete, es sei nur eine einfache herrschende Krankheit; der andere gab vor, es sei bloß ein Faulfieber usw.

Diese Widersprüche machten, daß das Volk wirklich glaubte, die Pest könne nicht in dem Reiche, noch weniger aber zu Moskau herrschen, weil die Kälte viel zu streng wäre, wie alle diese Ärzte öffentlich versicherten.

Um diese Meinungen zu bestätigen, berief sich der eine auf seine lange Erfahrung, die ihn gelehrt hatte, die Pest könne nicht bis zu unserm Klima dringen; andere waren mit einer solchen mündlichen Versicherung nicht zufrieden, sondern suchten auch in Schriften darzutun, diese Epidemie sei keineswegs die Pest. Nur Herr Yaguelsky und einige andere behaupteten das Gegenteil, und endlich überredete er sie, es sei nötig, die gehörige Vorsicht zu brauchen, um dieser Plage Einhalt zu tun, welche das ganze Reich verwüsten könnte.

§. 23. Gleich anfangs waren einige Kranke in dem Hauptlazarett der Stadt angegriffen worden; Herr Schafonsky, erster Arzt dieses Lazaretts, hatte sich darüber mit dem Herrn Yaguelsky unterredet, und alsbald einen Bericht an das Kollegium der Ärzte abgestattet.

Auf diesen Bericht müßte das Kollegium den Graf Soltikow, ersten Gouverneur zu Moskau, wie auch den Senat davon benachrichtigen. Der Senat beschloß sogleich, es sollten die Ärzte der Stadt zusammengerufen werden, um zu bestimmen, ob die Krankheit, welche damals herrschte, wirklich die Pest sei, und in diesem Falle die sichersten Vorsichten bestimmen, die man zum Wohl der Nation ergreifen müßte. Dazumal entstand ein großer Streit unter den Ärzten, welchen weder unsere Gesetze noch unsere Sprache bekannt waren, und sie stritten untereinander sehr hitzig über einen Gegenstand, der für die Regierung und die Nation sehr wichtig war. Herr Yaguelsky fing alsdenn an, ihre Meinungen zu bestreiten, und der Regierung vorzutragen, ein jeder, der eine andere Meinung hege, habe Unrecht, und er wolle seinen Kopf zum Pfande setzen, die gegenwärtige Krankheit sei die wahre Pest, weswegen es im Anfange nötig wäre, der Fortpflanzung ihrer Ansteckung geschwind Einhalt zu tun.

§. 24. Man erlaube mir gleich beim Anfange dieser Erzählung eine kleine Ausschweifung in Rücksicht eines der zusammengerufenen Ärzte, der damals zu Moskau in einem großen Rufe war, obgleich er die Sprache des Landes nicht verstand, und der sich hernach, da er Rußland verlassen, in Europa als ein berühmter Schriftsteller bekannt gemacht, indem er ein Werk über die Pest herausgegeben, welche 1771 das Russische Reich und besonders Moskau verwüstete. Dieser zu jener Zeit sehr berühmte Arzt sagte, da ihm der Senat die Frage vorgelegt hatte: ob die jetzige herrschende Epidemie die wirkliche Pest sei; er habe die Pest niemals gesehen, weder die innerlichen noch die äußerlichen Kennzeichen wären ihm bekannt, folglich könne er auf die vorgelegte Frage nicht antworten. Der Senat war mit dieser aufrichtigen Antwort sehr zufrieden, und überhäufte ihn mit Lobeserhebungen. Ich selbst, der ich Oberwundarzt bei dem Senat war, hörte diesen Schriftsteller von den Ratspersonen sehr oft loben. Es tut mir leid, daß ich ihm nicht ein Lob, so wie auch seinem Werke, erteilen kann!

Doch ich muß die Wahrheit reden, und ich glaube nicht, daß es auf Beobachtungen gegründet ist. Ich hatte die Ehre, ein Mitglied von der Kommission wider die Pest zu sein, und ich kann versichern, unser Schriftsteller hat nicht dreimal Gelegenheit gehabt, diese grausame Krankheit zu sehen; auch geschah dies nur im Anfange des Anfalls der Pest, zu einer Zeit, da es unmöglich war, die innerlichen Merkmale und die äußerlichen Kennzeichen genau zu erforschen. Noch mehr, er hat sich niemals zu der Zeit in der Versammlung eingefunden, da die Kontagion am stärksten wütete; er hat niemals ein Viertel der Stadt gehabt, um die Pestkranken, wie die anderen, zu untersuchen, die folglich Gelegenheit hatten, eine genaue und bestimmte Kenntnis von dieser Krankheit zu erhalten. Welches Vertrauen kann man wohl auf die Art in ein Werk setzen, das zwar schön genug geschrieben ist, um den Beifall der Gelehrten zu verdienen, welches sich aber auf unbestimmte Unterredungen gründet, welche dieser Schriftsteller mit denjenigen gehabt hatte, die sich in den Pestspitälern befanden. Er eignet sich die Beobachtungen anderer wider alle Gesetze der Ehre zu, die da verbieten, uns dasjenige zuzueignen, was uns doch nicht gehört. Welchen Glauben verdient wohl überdies dieser Schriftsteller, wenn er Gott zum Zeugen anruft, *Deum testor,* sagt er, ich war der erste, welcher den Senat versicherte, die herrschende Krankheit zu Moskau wäre die wahre Pest.

Moskau, die Hauptstadt des Russischen Reichs, wurde in zwölf Viertel beim Anfange des Anfalls der Pest eingeteilt, da aber ihre Ansteckung fürchterlicher wurde und eine größere Menge Untertanen angriff, teilte man sie in vierzehn Viertel. In jedem Viertel befand sich ein Aufseher und ein Arzt oder Wundarzt. Diese Aufseher waren meistenteils Offiziere von den Regimentern der Garde, welche Ihro Majestät von Petersburg geschickt; andere waren bürgerliche Personen. Sobald der Aufseher des Viertels von seinen Untergebenen erfahren hatte, es befinde sich ein Kranker in einem Hause, ging er sogleich mit seinem Arzt oder Wundarzt dahin, und wenn dieser fand, der Kranke sei von der Pest angesteckt worden, wurde er sogleich von dazu bestimmten Leuten nach dem Spitale gebracht, fand man aber einen an der Pest Verstorbenen, so wurde er nach dem Begräbnisorte seines Viertels geschafft.

Dieser Schriftsteller erlaube mir, nochmals auf ihn zurückzukommen, und einige seiner Sätze anzuführen, worinnen die Wahrheit so sehr hervorleuchtet. Er sagt, bei der Ankunft des Prinzen Orlow in der Hauptstadt habe derselbe ihm, so wie auch den anderen Ärzten und Wundärzten, befohlen, ihre Beobachtungen über die Pest besonders und schriftlich aufzusetzen. Es ist wahr, der Prinz gab einen solchen Befehl, aber unser Schriftsteller befand sich dazumal nicht mehr in der Stadt. Der Beweis davon liegt am Tage, denn die Namen aller derjenigen, welche dergleichen eingereicht haben, und welche der Versammlung beiwohnten, sind gedruckt worden. Er sagt ferner, den zehnten Oktober habe er die erste Kälte beobachtet; die beiden letzteren Monate des Jahrs sei die Kälte auf den höchsten Grad gestiegen, denn sein Reaumürsches Thermometer sei beständig zwischen dem 16. und 22. Grad unter dem Gefrierpunkte stehen geblieben.

Diese strenge Kälte habe die inneren und die äußerlichen Kennzeichen der Pest gelinder gemacht, und ihre Verwüstungen gemildert. Diese Beobachtung hat unser Schriftsteller vermutlich in sein Werk eingerückt, um ihm mehr Ansehen zu schaffen, man kann aber die Scharlatanerie und den Ungrund davon leicht entdecken. Wenn die Pest wirklich die größten Verwüstungen im Sommer ausübte, warum finge sie wohl in verschiedenen Städten und Dörfern der Walachei, der Moldau und in Polen im Winter an, und hörte bisweilen in der ärgsten Sommerhitze auf? Zu Kiew brach sie in dem Monate August aus, ihre ärgste Wut äußerte sich aber im Oktober und November, zu einer Zeit, da die größte Kälte herrscht, und in dem darauf folgenden Februar hörte sie völlig auf. Nach solchen ausgemachten Tatsachen wird man vielmehr ganz natürlich den Schluß machen können, sobald sich die Pest dem Ende des Laufs ihres Anfalls nähere, nehme ihre Wut ab, zu welcher Zeit und an welchem Orte auch immer dies geschehe; Kälte und Wärme habe darauf gar keinen Einfluß. Dies könnte man auch noch durch die Summe der Toten zu Moskau, in den Monaten Oktober, November und Dezember, bestätigen. In diesen drei Monaten herrschte die größte Kälte, dem ungeachtet wurde noch eine große Menge Menschen weggerafft, und erst am Ende des Novembers fing die Pest an abzunehmen.

Um sein System zu beweisen, fügt unser Schriftsteller hinzu, man müsse sich wundern, daß die Pest in Asien und in Afrika gemeiniglich gegen die Sonnenwende des Sommers abnehme. Ich finde hierinnen nichts, worüber man sich verwundern darf, wohl aber, daß man einen solchen Satz sehr einschränken müsse. Wir finden beständig, wenn die Pest den Lauf ihres Anfalls vollendet, und ihren Typum geendigt hat, wie ich bereits dargetan, hängt sie nicht von der Witterung ab. Er schmeichelt sich auch, er habe das Kaiserliche Findlingshaus gerettet, da ich doch die Art davon nicht einsehen kann, es müßte denn durch die guten Wünsche geschehen sein, die er für dasselbe getan. Wir wollen die Verordnung anführen, welche die Kommission wider die Pest zu Moskau in Rücksicht dieses Hauses gegeben. „Das Kaiserliche Findlingshaus bietet uns ein auffallendes Beispiel an, welches für uns jederzeit eine wichtige Lehre sein wird. Dieses Haus war die ganze Zeit hindurch, als die Pest

Moskau verheerte, von allen Seiten gänzlich verschlossen, hatte nicht die geringste Gemeinschaft mit der Stadt, und es war niemand erlaubt, hinein oder herauszugehen. Es befanden sich zwar in demselben mehr als tausend Personen, sowohl Kinder als Bediente, und doch wurde von einer so großen Anzahl niemand angesteckt. Da dieses Haus gänzlich gesperrt war, und da man darinnen weiter keine Findlinge aufnahm, so öffnete Herr Douenowo, wirklicher Staatsrat, und einer der ersten Beschützer dieses Hauses, seinen eigenen Palast, verschaffte diesen Unglücklichen eine Freistätte, die man nicht mehr in dem Kaiserlichen Findlingshause aufnehmen konnte, und verachtete alle Gefahr. Durch diese edle Handlung erhielt dieser Menschenfreund das Leben von allen den Unglücklichen, welche ganz gewiß ein Schlachtopfer der Pest geworden wären; und da dieses Haus geöffnet wurde, brachte man siebenundzwanzig Kinder dahin, die er aufgenommen hatte." Nun frage ich einen jeden, wie dieser Schriftsteller versichern kann, er habe dieses Haus erhalten. Denn er war entweder darinnen eingeschlossen, oder befand sich nicht darinnen: war er darinnen mit versperrt, wie konnte er wohl die Symptome und die Kennzeichen der Pest so ergründen und erforschen, um davon ein so vollkommenes Werk zu schreiben? Befand er sich nicht darinnen eingeschlossen, so konnte er nicht hinein kommen, folglich ist seine Behauptung falsch, wenn er vorgibt; er habe das Kaiserliche Findlingshaus erhalten.

Wenn man unterdessen andere Behauptungen unseres Schriftstellers liest, so sollte man versucht werden, seinen Worten zu glauben. Er sagt, wenn wir die Pestkranken besuchten, befanden wir uns jederzeit sehr nahe bei denselben. Vermutlich will er in dieser Stelle beweisen, man müsse sich niemals vor der Pest fürchten, aber allezeit sehr sorgfältig das Berühren vermeiden. In diesem Punkte lasse ich ihm Gerechtigkeit wiederfahren, und glaube, er habe sehr sorgfältig dasselbe vermieden, indem er nicht drei Pestkranke gesehen, und auch dies geschah im Anfange des Anfalls der Krankheit. Was urteilt man nun wohl von der Richtigkeit der Beschreibung unsers Schriftstellers: man beschreibe die Pest nach den inneren Symptomen und äußerlichen Kennzeichen, die er angegeben, man entscheide über die Wirksamkeit der Hilfsmittel, die er vorgeschlagen, aber niemals gebraucht hat. Kann man sich wohl bei den bloßen Unterredungen beruhigen, die er mit andern gehalten und nach seiner Phantasie eingekleidet hat: was wird man endlich von der größeren oder geringeren Gefahr einer Krankheit denken, wovon er uns die Geschichte nach seiner Einbildung liefert, und die er im Anfange nicht kannte. Dies scheint mir genug zu sein, um darzutun, ein solches Werk sei nur eine Sammlung von Unterredungen mit denjenigen, die sich in den Pestspitälern befanden. Ist dies wohl ein Gemälde nach der Natur?

Was mich anbelangt, kann ich versichern, die Pest sei eine sehr gefährliche Krankheit für alle, welche ihre Kennzeichen genau erforschen wollen.

§. 25. Man behauptet, die Pest sei zuerst durch einen Ballen türkische Wolle nach Moskau gebracht worden, und habe sogleich eine Tuchfabrik angesteckt, worinnen diese Wolle verarbeitet worden wäre; und die Leute in dieser Fabrik, welche sie zuerst bekommen, ohne daß sie gewußt hätten, es sei die Pest, sollen sie in der ganzen Stadt ausgebreitet haben. Es ist wahr, die Arbeiter in der Tuchfabrik waren zuerst angesteckt, und bei der ersten Versammlung der Ärzte behauptete Herr Yaguelsky, wie ich bereits oben erinnert habe, obgleich sich die andern widersetzten, es sei die wahre Pest. Unterdessen ist es doch fast unmöglich zu bestimmen, ob dieselbe nicht bereits unter den Einwohnern vor dieser Versammlung gewesen sei. Dem sei nun wie ihm wolle, sie mag unter den Tuchmachern angefangen, oder bereits unter den Einwohnern der Stadt geherrscht haben, so bleibt es doch ausgemacht, sie sei nicht durch die Luft, sondern durch angesteckte Sachen zu uns gebracht worden, und habe sich unter den Einwohnern der Stadt nicht durch die Luft, sondern durch das bloße Berühren fortgepflanzt. Sobald der Senat durch den Bericht der Ärzte überzeugt war, die Pest herrsche in der Stadt, und es sei nötig, alle mögliche Vorsicht, derselben Einhalt zu tun, zu brauchen, wurden überall Quarantänen, und außerhalb der Stadt ein Pestspital für die Angesteckten in dem Kloster Ougreschinsky errichtet, um die Kranken dahin zu schicken, alsdenn wurde zur Besorgung derselben ein Wundarzt ernannt. Derselbe war von dem Monat April bis zu dem Monat Junius darinnen geblieben, zu welcher Zeit ich 1771 in Moskau angekommen war. Da zu dieser Zeit die Pest anfing, am grausamsten unter den Einwohnern zu wüten, verlangte er seinen Abschied, und bat den Senat unaufhörlich, seinen Nachfolger zu bestimmen.

Zu dieser Zeit hätten rechtschaffene Bürger sich hervortun und ihren Eifer für das Vaterland an den Tag legen können, wenn sie sich von freien Stücken dieser offenen Stelle unterzogen. Man sah aber mit größter Betrübnis, daß alle diese Stelle ausschlugen, denen man sie antrug. Der eine sagte, ich habe mein eigen Haus; der andere, ich habe Kinder; der dritte entschuldigte sich mit seiner ausgebreiteten Praxis in der Stadt; anstatt daß sie aus Schuldigkeit und Pflicht diese Unglücklichen hätten unterstützen sollen, brauchten sie tausend Ausflüchte, um sich davon loszumachen, obschon sie alle im Solde standen. Unter diesen traurigen Umständen wollte sich die Kaiserin den Gefahren des Ansteckens selbst aussetzen und in ihre Hauptstadt begeben, um die Mittel zu beschleunigen, wodurch man einer so grausamen Plage Einhalt tun könnte.

Obgleich man ein solches aufmunterndes Beispiel hatte, fand sich doch kein einheimischer Wundarzt, der sich der Gefahr aussetzen wollte; muß man deswegen wohl nicht erstaunen, daß sich kein einziger Patriot hervortrat, so wie es zur Zeit der Pest in Frankreich geschah, da sich eine Menge dergleichen Personen aufwarfen, von welchen Herr Paris in seiner Abhandlung von der Pest redet, welche von der medizinischen Fakultät zu Paris gekrönt worden ist, und worüber er sich in folgenden Worten ausdrückt:

„Durch meinen Stand verbunden, die Plagen meiner Mitmenschen zu studieren, die Vorbauungsmittel, oder die Hilfsmittel darwider zu erforschen, indem ich mich in einem Lande befand, worinnen die Pest fast beständig herrschte, war ich wohl nicht verbunden, etwas zu einem solchen erhabenen Gegenstande beizutragen? Ein solches Unternehmen war edel, aber keineswegs ohne Gefahr.

Das Beispiel von so viel erhabenen Personen belebte mich; meine Vorfahren waren während der letzten Pest in der Provence das Schlachtopfer dieser Geißel geworden. Die Stadt Arles belohnte noch meine Familie für den Eifer, mit welchem mein Urgroßvater in diesen unglücklichen Zeiten seine Mitbürger besorgt hatte. Vaterlandsliebe flößte diesem tugendhaften Mitbürger den Heldenmut ein, daß er sich in den Spitälern einschließen ließ, worinnen man die Kranken aufbewahrte, und durch ein freiwilliges Opfer, taub bei dem Geschrei seiner trostlosen Familie, wurde dieser verehrungswürdige Wundarzt ein Märtyrer aus Vaterlandsliebe, und gab der Nachkommenschaft ein wohltätiges Beispiel, wovon die bloße Erzählung jederzeit Bewunderung erregen muß."

Ein gleiches Opfer für die Stadt Foix verewigte den Herrn Doktor Duvexy, wovon uns die Umstände in dem Journal von Paris No. 297. unter dem 24sten Oktober 1782 folgendermaßen erzählt werden:

„Der Englische Schweiß, Suette Miliaire, Sodor Anglicus, sive, Hydronosos et Hydropyretos, diese epidemische Krankheit, welche so viele Verwüstungen und so vielen Lärm in Languedoc anrichtete, hatte sich gleichfalls in der Stadt Foix ausgebreitet, wo sie den zehnten Mai in dem angeführten Jahre ausbrach. Die Verwüstungen, welche sie in den nahen Gegenden hervorgebracht, mußten alle Einwohner dieser Stadt in Furcht und Schrecken setzen. Ihre Furcht vermehrte sich, da sie sahen, daß die besoldeten Ärzte der Stadt selbst von dieser grausamen Krankheit angegriffen wurden."

„Herr Duvexy, Erbherr von Benac, der Arzneiwissenschaft Doktor und Mitglied des Conseils der Stadt, welcher seit langer Zeit die Ausübung der Arzneiwissenschaft aufgegeben, worinnen er einen sehr großen Ruf erworben hatte, fing unter diesen betrübten Umständen wiederum an, seinen leidenden Mitbürgern beizustehen.

Wohltätigkeit und Menschenliebe trieben ihn an, das Elend seiner Mitbürger zu mildern. Seine Erfahrung, seine Gelehrsamkeit machten, daß er die geschickten Mittel erfand, welche zu einer schnellen Heilung nötig waren, und man hatte es seiner geschickten Methode zu verdanken, daß von sechshundert Kranken, die er besorgte, nicht ein einziger starb."

„Der Stadtvoigt, der Unterstadtvoigt, das Conseil und der Bürgermeister der Stadt Foix versammelten sich deswegen den 14. Julius, und beschlossen, diesem edlen Mitbürger ihre Erkenntlichkeit an den Tag zu legen. Die Rede, welche der Stadtvoigt bei dieser Gelegenheit hielt, ist sehr denkwürdig und sehr rednerisch abgefaßt. Die alten Römer unterschieden einen Bürger, der einem andern das Leben gerettet, durch besondere Ehrenzeichen, welches Beispiel ganz natürlich die Stadt Foix gleichfalls zu einer ähnlichen Tat antreiben mußte. Es wurde deswegen beschlossen, daß die ganze Stadt, unter der Begleitung aller obrigkeitlichen Personen, an eben dem Tage, nach der geendigten Versammlung, zu dem Herrn Duvexy gehen, und ihm eine bürgerliche Krone überbringen sollten, die man über die Tür seines Hauses mit allen in dergleichen Fällen üblichen Zeremonien befestigen sollte.

Ferner wurde beschlossen, daß vor der Begleitung die Truppen der Provinz unter den Waffen mit militärischer Musik vorher gingen; ehe diese Krone befestigt würde, sollten die Soldaten eine dreifache Salve mit ihren Flinten geben, und die Kanonen auf dem Schlosse in dem Augenblick gelöst werden, wenn man die Krone befestigte. Den Herrn Duvexy bat man, diese Kennzeichen der Achtung und der Verbindlichkeit, welche ihm die Obrigkeit der Stadt und die Einwohner schuldig wären, nebst einer Abschrift von dem Entschluß der Ratsversammlung anzunehmen. Diese rührende Szene, welche aus Erkenntlichkeit hervorgebracht wurde, macht den Urhebern derselben eben so viel Ehre, als dem Herrn Duvexy."

In der Tat waren es bloß die einheimischen Ärzte und Wundärzte, welche sich durch ihren Eifer in den Pestspitälern, sowohl bei der Armee während dem Kriege wider die Türken, als auch in andern Orten des Reichs hervortaten, und die eine ähnliche Vergeltung verdient hätten.

§. 26. Sobald ich in Moskau angekommen war, begab ich mich zu dem Herrn Yaguelsky, um ihm einen Besuch abzustatten. Wir unterredeten uns lange Zeit über die Epidemie, welche von Tag zu Tag immer mehrere Verwüstungen anrichtete, und es gefielen ihm meine Bemerkungen und meine Gedanken, die ich von der Pest hegte. Er bat mich, ihn in verschiedene Viertel zu begleiten, um einige Pestkranke zu sehen, und alsdenn mit dem Herrn General Yeropkin darüber zu sprechen, welchem er von allen Pestkranken Bericht abstatten mußte. Da mich dieser General über die unglücklichen Folgen befragte, welche diese Kontagion bei unserer Armee angerichtet hatte, und über die Art, wie sie sich zu erkennen gäbe, erzählte er mir mit Betrübnis, wie sehr man in Rücksicht der wirklichen Gegenwart der Pest zu Moskau verblendet sei, und bat mich, mit dem Herrn Yaguelsky einige Kranke zu besuchen. Ich hatte es bereits getan, und unter denjenigen, die ich gesehen, Kranke mit Pestbeulen, andere mit Karbunkeln und Petechien angetroffen: deswegen versicherte ich diesen Herrn, alle hätten eben die Pest, welche unter gleichen innerlichen und äußerlichen Kennzeichen die Walachei und Moldau verheert hätte, und es sei sehr wichtig, dem Volk bekannt zu machen, sich sorgfältig vor dem Berühren der Kranken und der Sachen, welche sie umgäben, zu hüten.

Wie ich schon vorher erinnert habe, daß niemand den Wundarzt ablösen wollte, der beständig um seinen Abschied anhielt, den er auch erhalten, so hatte das Kollegium der Ärzte den Herrn Pomaransky, einen einheimischen Wundarzt, zu Ersetzung dieser Stelle ernannt. Ich fand ihn bei dem Yaguelsky in der äußersten Unruhe. Da er eine schwächliche Leibesbeschaffenheit hatte, war er sehr um sein Leben besorgt. Die vielen Arbeiten und die Gefahren der Kontagion erschreckten ihn. Da ich aus meinen Bemerkungen wußte, daß fast alle diejenigen darauf gingen, welche furchtsam wären, schlug ich ihm vor, ich wollte ihn von der Gefahr befreien, und seine Stelle annehmen. Ich bat den Herrn Yaguelsky, davon an den Herrn General Yeropkin Bericht abzustatten, und ihm zu melden, daß ich freiwillig die Besorgung des Pestspitals auf mich nehmen wollte, vor welcher sich jedermann so sehr scheute. Dieser General, sehr vergnügt über meine freiwillige Entschließung, ließ mich sofort zu sich bitten, und stellte mich dem Senat und dem Gouverneur der Stadt selbst vor. Dieser Herr nahm mich mit vieler Güte auf, und versicherte mich, die Kaiserin werde mich ganz gewiß für ein solches freiwilliges Opfer belohnen. Auf die Art wurde ich gegen das Ende des Monats Junius in das Pestspital gebracht, das noch in dem Kloster Ougreschinsky befindlich war, wo ich mich mit den Kranken einschloß. Ich fand darinnen nur zwanzig Pestpatienten; die Anzahl nahm aber täglich zu, und einen Monat darauf hatten wir mehr als zweihundert dergleichen Kranke, von welchen ich mehr als die Hälfte rettete.

Unterdessen fing die Pest an, die Stadt immer mehr und mehr zu verheeren; weil aber dieses Spital zu weit davon entfernt war, hielt es der Senat für nötig, ein näheres zu errichten, und erwählte zu diesem Endzwecke das Kloster Symonovsky. Da ein Wundarzt in diesem neuen Spital nötig war, so schrieb der Herr General Yeropkin in dieser Rücksicht an mich, und meldete mir, alle Unterwundärzte, die man dahin geschickt hätte, wären gestorben, und die Kranken fänden auf die Art keine Hilfe.

Der Brief dieses Herrn war sehr schmeichelhaft abgefaßt, und obgleich er mir unter diesen unglücklichen Umständen hätte anbefehlen können, diese neuere und weit gefährlichere Stelle anzunehmen, so bat er mich doch vielmehr darum. „Weil Sie so großmütig", sagte er, „die Gefahren verachtet haben, um dem Vaterlande unter allen Umständen nützlich zu werden, so verlange ich keineswegs ein neues Opfer von Ihnen; wollten Sie aber wohl nochmals diese weit gefährlicheren und beschwerlicheren Arbeiten auf sich nehmen, so würden Sie mir eine ganz überaus große Gefälligkeit erzeigen." Da ich auf die Art sah, daß dieser würdige Herr so rechtschaffen mit mir umging, und mir die Freiheit ließ, ob ich ein solches Opfer auf mich nehmen wollte, oder nicht, und zu gleicher Zeit die Plagen erwog, welche meine Mitbürger ertragen mußten, entschloß ich mich abermals, diese Gefahren auf mich zu nehmen. Auf die Art begab ich mich am Ende des Monats Julius in das neue Spital, und ließ mich darinnen mit meinen Pestkranken zum zweitenmale einschließen.

Hier befanden sich bereits über tausend Kranke, und zu ihrer Bedienung nur ein einziger Mensch, der bereits alle Stadien der Krankheit gehabt, und sie völlig überstanden hatte. Was konnte ich wohl, von aller Hilfe entblößt, mit so vielen Kranken anfangen? Ich schrieb deswegen sogleich an den Herrn General Yeropkin, und bat ihn, mir ohne Verzug achtzig Personen von denjenigen zu schicken, welche ich in dem ersten Spitale geheilt hatte, damit sie mir in einer so dringenden Not beiständen, den Verband zum Verbinden zurecht machten und die Kranken bedienten: dies ließ der General sogleich bewerkstelligen.

Ich blieb in diesem zweiten Spital bis in den Monat September, zu welcher Zeit ich das drittemal krank wurde. Hierauf ließ mich der Herr General herausgehen, und in das Spital des Klosters Danylowsky bringen, um daselbst unter einem Zelte nahe bei dem Kloster die Quarantäne zu halten, wo man ein drittes Spital für diejenigen Kranken errichtet hatte, welche alle innerliche Symptome und die äußerlichen Kennzeichen der Pest völlig überstanden hatten, deren Wunden aber noch nicht völlig geheilt waren. Dieses war unumgänglich nötig, weil sich in dem Spitale Symonovsky so viele Kranke befanden, daß man niemand mehr aufnehmen konnte, als bis welche herausgegangen waren. Auf diese Art hatte ich unter meiner Aufsicht wiederum sechzehnhundert Personen, welchen ich vorher das Leben gerettet hatte. Hier blieb ich bis den sechzehnten September, einen Tag, der für mich weit gefährlicher war, als die ganze Zeit, die ich während der Kontagion durchlebt hatte. Der Pöbel empörte sich wider alle Ärzte und Wundärzte, und ich fiel zuerst in ihre Hände. Sie ergriffen mich, und nachdem sie mich geschlagen hatten, fragten sie mich, ob ich der Wundarzt wäre, der die Aufsicht über die Kranken dieses Spitals hätte? Aus Furcht, eines so grausamen Todes zu sterben, versicherte ich sie, ich wäre nur ein Unterwundarzt aus einem ganz andern Spitale, wo ich in Besoldung stünde. Da dieser wütende Pöbel glaubte, ich habe ihm die Wahrheit gesagt, wurde er ruhig, und ließ mich in das Spital hineingehen: durch dieses Mittel entwischte ich diesen Undankbaren, welche mein Verderben suchten.

§. 27. Die Reise der Kaiserin in ihre Hauptstadt war indessen auf den Monat September festgesetzt, um daselbst die Mittel, diese grausame Plage zu hemmen, zu erleichtern, und um das Volk durch ihre hohe Gegenwart aufzumuntern. Diese wohltätige Mutter ihres Volks hatte bereits verschiedene Befehle an dasselbe ergehen lassen, um es vor dem Anstecken einer so grausamen Krankheit zu bewahren, und alles Nötige zu ihrer Abreise angeordnet; da aber das Reich dazumal mit den Türken in Krieg verwickelt war, so wurde die Abreise der Kaiserin dadurch verhindert. In diesem kritischen Zeitpunkte schien Petersburg zu weit von Moskau entfernt zu sein, in welcher ersteren Stadt alle Staatsgeschäfte entschieden wurden, und wo die Gegenwart der Kaiserin unumgänglich nötig war.

Da die Kaiserin mit Betrübnis diese traurigen Abhaltungen sah, entschloß sie sich, einen ihrer ersten Minister, den Prinz Orlow, nebst verschiedenen andern Staatspersonen, sowohl von bürgerlichem als militärischem Stande, dahin zu schicken, und gab diesem erlauchten Patrioten völlige Freiheit, alles dasjenige zu verordnen, was er zu dem Wohle des Vaterlandes nötig finden würde.

Dieser Prinz kam den 26sten September zu Moskau an, und machte durch ein Manifest sogleich bekannt, er sei von Seiten der Kaiserin abgeschickt worden; dieselbe hätte in Erfahrung gebracht, die Krankheit, welche so grausam ihre Hauptstadt und die nahen Gegenden verheerte, sei die Pest, eine entgegengesetzte Meinung müßte aber verworfen, und als ein gefährlicher Irrtum angesehen werden; aus diesem Grunde sei es nötig, daß sich alle Einwohner ohne Verzug nach den ausgegangenen Kaiserlichen Befehlen des Senats und des Konseils der Ärzte, so wie auch nach denjenigen richtete, welche in Zukunft herauskommen könnten. Nach der Publikation dieses Manifestes verordnete der Prinz sogleich, alle Ärzte und Wundärzte der Stadt möchten zusammengerufen werden, damit jeder auf folgende Fragen antworten könnte.

1) Ist wohl diese Epidemie, welche so grausame Verwüstungen in dieser Hauptstadt anrichtet, die wahre Pest?

2) Wird wohl das Volk durch die Luft, oder durch das bloße Berühren einiger verpesteten Körper oder Kleider angesteckt?

3) Welches sind wohl die sichersten Mittel, um nicht angesteckt zu werden?

4) Gibt es wohl einige Mittel zur Heilung der Pestkranken, und worinnen bestehen sie?

Die Versammlung wurde in dem Palast des Herrn Generals Yeropkin gehalten, und die Ratsherren von Wolkow und von Yeropkin, die von Petersburg mit dem Prinzen gekommen waren, hatten mit dem Herrn von Baskakow und Orreus den Vorsitz.

Auf die an die Ärzte und Wundärzte von der Versammlung vorgelegten Fragen antworteten alle einstimmig:

Auf die erste, die Pest, welche die Stadt und die benachbarten Gegenden verheerte, sei die wahre Pest.

Auf die zweite, die Pest befinde sich niemals in der Luft, und die Luft stecke niemals an, sondern jedermann verpeste sich selbst durch das Berühren der angesteckten Körper oder Gegenstände.

Auf die dritte Frage gab ich meinerseits eine ähnliche Antwort, wie ich bereits bei der zweiten getan hatte. Ich bestimmte die Vorsichten, die man brauchen muß, um sich vor dem Berühren der Pestpatienten zu verwahren, indem man niemals in eine Versammlung von einer Menge Volks geht, keine Gemeinschaft mit demselben hat, keine Waren oder andere bewegliche Güter annimmt, bis man sicher ist, daß sie keineswegs durch die Hände angesteckter Personen gegangen sind.

Ferner, man müsse die Häuser, worinnen man wohnt, sehr reinlich halten, und so viel als möglich die freie Luft durchstreichen lassen. Das öftere Waschen mit reinem frischem Wasser sah ich gleichfalls für sehr notwendig an, und glaubte, es sei gut, wenn man mit solchem Wasser etwas Weinessig vermischte. Die dienlichsten Speisen wären zu solchen Zeiten Gartenfrüchte, Wurzelwerk, und alle Gattungen von Küchenkräutern oder Früchten, worunter besonders die säuerlichen den Vorzug verdienten, und man müsse in einem solchen kritischen Zeitpunkte weder frisches noch eingesalzenes Fleisch essen.

In der Memoire ou la Description de la Peste, qui a régné dans l'Empire de Russie, et surtout à Moscou, etc. page 330. suiv. findet man noch andere Hilfsmittel, welche von jedem Arzt und Wundarzt in dieser Versammlung vorgeschlagen worden sind. Ich glaube nicht, daß es hier nötig sei, alle Hülsenfrüchte, alles Wurzelwerk und alle Küchenkräuter anzugeben, die man brauchen kann, so wie man sie gemeiniglich für jeden Kranken in den medicinischen Büchern bestimmt; denn zu den Zeiten der Pest muß man essen und trinken, was man kann, und was man hat; doch muß man jederzeit mäßig leben, um keine Unverdaulichkeit oder andere schlimmen Unpäßlichkeiten zu erzeugen und hervorzubringen. Denn in diesen Zeiten gerät man bei der geringsten Unpäßlichkeit, besonders aber, wenn man die Speisen nicht gehörig verdaut, in die größte Furcht und in das größte Schrecken, weil man insgemein das Brechen als den ersten Vorfall der Pest angesehen, und man glaubt sogleich, man sei angesteckt. Müssen nicht daraus viele Unordnungen in der Familie und in dem ganzen Hause entstehen?

Was die vierte Frage anbelangt, so verordnete der Prinz, sie sollte in einer besonderen Versammlung entschieden werden, wozu man in der Heilung dieser grausamen Krankheit erfahrene Ärzte und Wundärzte zusammen zu berufen hätte, damit sie die allereinfachsten Mittel vorschrieben, die ein jeder für sich selbst brauchen könnte, sobald er nur merkte, er sei angesteckt worden. Um allen Verzug zu vermeiden, behielt sich der Prinz vor, das Resultat ihrer Entscheidungen drucken und öffentlich bekannt machen zu lassen, sobald es nur möglich sein würde.

Bei dieser darauf angestellten Versammlung waren zugegen die Herren Ärzte Joh. Jac. Lerche, Erasmus, Schasonsky, Yaguelsky, Orreus, Pogoretsky, und Sibelin, und die Herren Wundärzte Grave, Marggraf, und ich. Wir schlugen die Heilmittel vor, welche der Prinz sogleich durch den Druck öffentlich bekannt machen ließ, wovon ich hier einen Auszug mitteilen will.

„Wenn zum Unglück jemand in einem Hause die Pest bekommt, muß man ihn sogleich an einen besonderen Ort bringen, und alle diejenigen, welche um ihn waren, müssen sich in ein anderes Zimmer, oder noch besser, wenn es möglich ist, in ein anderes Haus begeben. Diejenigen besonders, welche sich ihm am nächsten genähert und ihn angerührt haben, müssen sogleich ihre Kleider völlig ausziehen, und sich mit frischem Wasser waschen, womit eine gewisse Menge Weinessig vermischt worden ist. Hierauf müssen sie noch die vorgeschriebenen schweißtreibenden Mittel nehmen, und sich ins Bett legen, um den Schweiß heraus zu locken. Nach der Wiederherstellung, oder nach dem Tode eines Pestkranken, muß man schlechterdings alle seine Kleider verbrennen.

„Weil die Pest jetzund jedermann erstaunlich geschwind anfällt, und sich mit einer erschrecklichen Schnelligkeit unter dem Volke ausbreitet, so wollen wir aus Furcht, diejenigen, welche so schnell angegriffen werden, möchten sich keinen Arzt oder Wundarzt verschaffen können, und damit sie in solchen Fällen nicht ohne Hilfe bleiben, die einfachsten Mittel angeben, die ein jeder leicht im Anfange der Krankheit selbst nehmen, oder die ihm einer von den Umstehenden ohne andere Beihilfe leisten kann.

„1) Sobald jemand das erste Kennzeichen von dieser Krankheit wahrnimmt, welches in Kopfschmerzen besteht, wenn sie sich anders nicht nach dem Essen einstellen, muß er sich sogleich in das Bette legen, gut zudecken, viel warmes, mit Weinessig säuerlich gemachtes Wasser, oder einen Trank von Kamillen, oder Staabwurz (Auronne, Abrotanum) trinken, um den Schweiß hervorzubringen. Man kann auch andere Säuren brauchen, um den Trank säuerlich zu machen. In dem Bette muß er bleiben, bis er hinlänglich geschwitzt hat. Um den Schweiß desto eher herauszulocken, wird es gleichfalls gut sein, wenn man Weinessig auf einen glühenden Ziegelstein, oder einen andern glühenden Stein gießt; der Kranke muß sich gut zudecken, die Dünste davon einatmen, bis er gehörig schwitzt.

„2) Sollte jemand Kopfschmerzen mit Übelkeiten, oder selbst mit Brechen bekommen, besonders wenn die Krankheit nach dem Essen ausbricht, alsdenn muß man ein reichliches Brechen durch ein Brechmittel hervorzubringen suchen, welches aus heißem Wasser bestehe, womit man Öl vermischt hat; hierauf muß er viel warmes Wasser nachtrinken, bis er sich häufig gebrochen hat, und um diese Operation zu erleichtern, ist es gut, wenn der Kranke den Finger in den Hals steckt, um sich darauf zu brechen; um den Schweiß herauszulocken, sobald er sich hinlänglich gebrochen hat, muß er sich in das Bette legen.

„3) Sollte jemand an dem ganzen Körper durchaus brennen und Hitze haben, womit eine außerordentliche Schwäche verbunden wäre, so macht man ihm alsbald auf die Stirne einen Umschlag von schwarzem Brot und Weinessig, oder von einer andern Säure, und er muß häufig kaltes Wasser trinken, das säuerlich gemacht worden ist, oder das unter dem russischen Volke gewöhnliche Getränke brauchen, welches man Kisloi Kwass nennt.

„4) Bricht eine Pestbeule bei einem solchen Kranken entweder in der Leiste, oder unter den Achseln, oder hinter den Ohren hervor, so muß man sich bemühen, sie sobald als möglich in Eiterung zu bringen. Um diese Eiterung zu befördern, legt man häufig einen Umschlag auf, der aus Teige von weißem Mehle, mit reinem Honig vermischt, besteht, oder man braucht an dessen Stelle Zwiebeln, die unter der Asche gebraten worden sind. Diese Umschläge muß man so lange wiederholen, bis die Pestbeule von selbst aufgegangen, und wenn dieselbe offen ist, legt man den Teig fort auf, nur keine Zwiebeln nicht, bis sich die Wunde völlig geschlossen hat.

„5) Sollten ein oder zwei Karbunkel an einem gewissen Orte des Körpers bei den Pestkranken zum Vorscheine kommen, so muß man sogleich flüssiges, helles, reines Harz mit Semmelkrumen vermischt, oder gestoßenen Knoblauch auf ein Stückchen Leinwand verbreitet, oder Dickmilch, welche von Kühen genommen, und wobei die Sahne gelassen wird (Fromage à la Crème) auf gleiche Art auflegen, und jeden Tag einigemal damit verbinden, bis sich der Karbunkel gänzlich getrennt. Ist er abgefallen, so verbindet man die Wunde mit bloßem Honig auf ein Stück Leinwand gestrichen, und fährt damit fort, bis dieselbe völlig geheilt ist.

„Auch könnte man eine Salbe von gleichen Teilen Fette, Wachse und Baumöle zubereiten, alles untereinander schmelzen lassen, wovon man Pflaster verfertiget und dieselbige auf die Wunde legt, bis sie völlig geheilt ist.

„6) Es ist bereits oben erinnert worden, daß die Kranken notwendig an einen bestimmten besonderen Ort gebracht werden müssen, wohin niemand gehen darf. Menschenliebe und Religion verstatten uns aber keineswegs, einen Kranken zu verlassen, oder ihm die gehörige Hilfe zu versagen, deswegen muß jemand gegenwärtig sein, der ihm die gehörige Hilfe und Beistand, besonders in den Zeiten leistet, wenn die Kranken nicht gehen, und sich folglich nicht selbst helfen können. Wir wollen für diejenigen, welche in einer solchen äußersten Not Hilfe leisten, gleichfalls die gehörigen Vorsichten angeben, damit sie sich nicht selbst verpesten. Zuerst müssen sie sich hüten, mit bloßen Händen weder den Kranken noch seine Habseligkeiten anzugreifen, die um ihn herum sind. Ferner müssen sie einige Paare Handschuhe, und einige Überröcke von grober Leinwand haben, die sie anziehen, wenn sie die Kranken bedienen müssen; und sobald dies geschehen, müssen sie sich ausziehen, und auf einige Zeit den Überrock und die Handschuhe in heißes Wasser werfen, das sehr gesalzen ist, oder in kaltes Wasser, womit man viel Weinessig vermischt hat. Den Überrock müssen sie eher als die Handschuhe ausziehen, und ihn in das vorgeschriebene Wasser eintauchen, wobei sie zu gleicher Zeit einige Augenblicke die Handschuhe mit den Händen unter dem Wasser halten, alsdenn ziehen sie dieselben erst aus, und legen sie in eben das Wasser. Dies muß allemal geschehen, wenn sie sich den Pestkranken nähern. Da ferner alle diejenigen, welche die Pestkranken bedienen, keine Gemeinschaft mit andern haben dürfen, so ist es nötig, daß diejenigen, die noch völlig gesund sind, ihnen alles Nötige zutragen, und es an einen bestimmten Ort vor dem Zimmer setzen und legen.“

Gegeben in dem Senat zu Moskau, den 7ten Oktober 1771.

§. 28. Nachdem man in einer neuen allgemeinen Versammlung das Resultat von unserer Zusammenkunft vorgelesen hatte, legte der Prinz noch folgende vier Fragen vor.

1) Sind hinreichende Quarantänen vorhanden?

2) Werden die Befehle und Anordnungen in den Quarantänen genau genug in Ausführung gebraucht?

3) Hat man hinreichende Spitäler für die Pestkranken?

4.) Ist nicht in den Anordnungen oder Einrichtungen der Pestspitäler viel zu verändern?

Auf diese vier Fragen antworteten alle Ärzte und Wundärzte der Stadt: die Quarantänen müßten notwendig vermehrt werden usw. Die Anordnungen und die Einrichtungen der Quarantänen wären hinreichend, und würden gehörig in Ausübung gebracht. Was die Pestspitäler anbelangte, müßte man notwendig ihre Anzahl bis auf viere vermehren, und an jeder Ecke der Stadt eins einrichten. In Ansehung der Ordnung und Einrichtung der Spitäler wäre nichts hinzuzufügen, was die Aufnahme der Kranken anbelangte. In Ansehung des Arztes oder Wundarztes aber sollte man der Anordnung folgen, die ich in den Spitälern der Klöster Ougreschinsky, Symonowsky und Danylowsky eingeführt habe. Nämlich der Arzt oder Wundarzt muß in seinem Spitale die Krankenzimmer auf folgende Art verteilen und einrichten:

1) Die Kranken, welche bei ihrem Eintritte so grausam von der Pest angegriffen worden sind, daß man aus den innerlichen Kennzeichen nicht sogleich bestimmen kann, ob es möglich ist, dieselben wiederum herzustellen, oder ob sie wohl sterben werden, muß man besonders in bestimmte Kammern bringen.

2) Diejenigen, welche bereits alle diese gefährlichen Symptome überstanden, und die keine Wunde haben, werden gleichfalls alle auf eine andere Seite in besondere Kammern oder Zimmer gebracht.

3) Diejenigen, welche bereits die Krankheit überstanden, aber noch offene Wunden von Pestbeulen oder Karbunkeln an sich tragen, müssen auf die dritte Seite in besonders dazu bestimmte Zimmer gebracht werden.

4) Endlich muß bei dem Eingange des Spitals ein großes Zimmer befindlich sein, wohin man die hineingebrachten Kranken bringt, um sie untersuchen und aus den inneren Symptomen und äußerlichen Kennzeichen beistimmen zu können, in welche Klasse von Kammern sie gebracht werden müssen.

Diese letztere Einrichtung war um so nötiger, damit jeder Arzt und Wundarzt desto leichter, sobald er einen Kranken in das Spital bringen sah, bestimmen konnte, wohin er gelegt werden mußte, und damit er zu gleicher Zeit die Kranken bei dem täglichen Besuch zuerst untersuchte, die es am nötigsten hatten. Ferner werden sich diejenigen nicht der Verzweiflung überlassen, welche sich bereits ein wenig erholt haben, wenn sie sehen, daß viele sterben, fast indem sie hineingehen, oder wenige Stunden darauf. Diese Bemerkung habe ich sehr oft in dem Spital des Klosters Symonowsky gemacht, wohin man täglich mehr denn hundert Personen brachte, die bereits von so grausamen Krankheitsmerkmalen angegriffen worden waren, daß die meisten bei dem

Eintritte oder Stunden darauf starben. Ein so erschrecklicher Anblick, sollte der wohl nicht bei andern Kranken eine tödliche Furcht erregen?

Sobald die Pest in Moskau ausbrach, machte der Senat zuerst das Kloster Ougreschinsky zu einem Pestspitale; und da sich die Pest beträchtlich in der Stadt ausgebreitet hatte, erwählte man hierzu das Kloster Symonowsky. Aus diesen beiden Klöstern, so wie auch aus denjenigen, welche in der Folge zu einem ähnlichen Gebrauche bestimmt wurden, brachte man alle Mönche in andere Klöster. Ich hatte also die Freiheit, alle Scheidewände herausnehmen zu lassen, woraus die verschiedenen Zellen dieser Mönche bestanden, daß nur ein einziger Saal daraus würde, damit man desto bequemer eine weit größere Menge Betten stellen könnte. Besonders war dies in dem Kloster Symonowsky möglich, worinnen ich mehr als zweihundert solche kleine Zellen antraf, und ich konnte alsdenn sehr bequem über zweitausend Bettstellen anbringen. In allen diesen Spitälern befanden sich fünf bis zehn Pferde mit den gehörigen Wagen, um die Verstorbenen nach dem Begräbnisorte hinzuschaffen.

Von allen diesen Pferden ist kein einziges gefallen, so wie auch keiner der Vögel starb, die sich in den Türmen der Gebäude dieser Klöster aufhielten.

§. 29. Nachdem der Prinz selbst die Meinungen der Ärzte und Wundärzte untersucht hatte, hielt er, nach der Gesinnung der Kaiserin, es für nötig, zum Wohl der Untertanen, außer dem Senate von Moskau, noch zwei Kommissionen niederzusetzen, wovon die eine die Kommission wider die Pest, die andere aber die Kommission zur Ausführung genannt wurden, und dies geschah den zwölften Oktober 1772.

Bei der Kommission wider die Pest hatte die Aufsicht der Herr geheime Rat von Peropkin, Beisitzer aber waren der Herr Staatsrat von Baskakow, der Herr Erzpriester von der großen Hauptkirche, Alexander Lewschin, Herr Schafonsky, Rat und Arzt bei dem großen Soldatenlazarette, Herr Yaguelsky, Arzt von eben diesem Lazarette und Professor daselbst, Herr Orreus, Rat und Arzt bei der Stadt, Herr Grave, Oberwundarzt und Beisitzer der Kollegien der medizinischen Anstalten, Herr Samoilowitz, Wundarzt bei dem Hauptspitale, Besitzer bei den medizinischen Kollegien, und endlich der Herr Dolgow, Rat und Kaufmann.

Bei der Kommission zur Ausführung der Befehle präsidierte der geheime Rat, Herr von Wolkow, Beisitzer aber waren der Generalmajor, Herr von Archaro, und der Staatsrat, Herr von Borissow.

Die Kommission wider die Pest erhielt täglich die Berichte aller Ärzte, Wundärzte und Polizeiaufseher von jedem Viertel der Stadt; sie mußten für die Pestkranken so viele Spitäler und Quarantänen errichten, als nötig waren, und darinnen so viel Ärzte und Wundärzte unterhalten, als erfordert wurden, indem sie diejenigen sehr reichlich bezahlten, welche sich aus eigenem Antriebe dergleichen Arbeiten unterziehen wollten. Mit einem Wort, die Kommission mußte dahin sehen, alle mögliche Mittel anzuwenden, damit die Pest gänzlich ausgerottet, und das Russische Reich auf immer vor derselben verwahrt werden möchte.

Es könnte jemand fragen, warum wohl die Kommission wider die Pest aus so vielen Standespersonen, besonders aber aus einem Erzpriester und einem Kaufmann bestand, da doch hierzu vielmehr Ärzte und Wundärzte allein nötig zu sein scheinen. Diesem antworte ich aber, daß zu der Zeit, als die Pest Moskau verheerte, ein Gerücht entstand, und das gemeine Volk mutmaßte, die Ärzte und Wundärzte ließen in den Spitälern und in den Quarantänen die Kranken mutwillig umkommen, hieraus entstand eine so große Unordnung, die bis zu einem Aufruhr und bis zum Morden ging. Damit nun das Volk seinen Irrtum erkennen möchte, wollte die Kaiserin, diese Kommission solle aus verschiedenen Gliedern des Staats bestehen, um es zu beruhigen, weil diese verschiedenen Mitglieder hier nur als Augenzeugen von demjenigen, was man zum Wohl des Vaterlandes unternahm, zugegen waren.

§. 30. Wir haben bereits oben erinnert, das Spital des Klosters Ougreschinsky sei auf den Bericht, wegen der allzugroßen Entfernung, aufgegeben worden, und bloß für einen Zufluchtsort der Armen bestimmt gewesen, die damals auf Kosten der Krone erhalten wurden. Für die Pestkranken blieben auf die Art nur noch zwei Pestspitäler übrig; da sie aber nicht geräumig genug waren, um alle Kranken aufzunehmen, so verordnete der Prinz, daß ein drittes in dem Palast Le-Fort, und ein viertes in dem Kloster Pokrowsky errichtet würde; schließlich öffnete er sein Haus dem Adel, wenn jemand von der Pest angegriffen werden sollte. Die Größe seiner Seele rührte alle Personen, und man errichtete deswegen bei seinem Einzuge nach Petersburg einen Triumphbogen von dem schönsten Marmor, mit einer Inschrift, welche das Andenken davon der Nachkommenschaft erhalten soll.

Es gaben sich bald geschickte Personen an, welche diese neuen Spitäler übernahmen, weil man denjenigen, die sich einer solchen Besorgung unterziehen wollten, eine beträchtliche Summe versprochen hatte. Herr Pogoretsky, ein sehr geschickter Arzt, war der erste, der zum Beispiel diente. Er erklärte, er wolle freiwillig das erste Spital übernehmen, obgleich er eine Frau, Kinder und ein eigenes Haus hatte. Herr Melzer, ein junger Arzt, und ein Ausländer, der vor kurzer Zeit nach Rußland gekommen war, und noch nicht die Erlaubnis hatte, seine Kunst auszuüben, der aber eine geraume Zeit daher das Hauptspital der Soldaten mit besucht hatte, nahm das zweite Lazarett mit tausend Rubeln Besoldung an, und mit ihm ging in dasselbe Herr Kirdan, einer unserer geschicktesten inländischen Wundärzte, der ebenfalls freiwillig eine solche Besorgung auf sich nahm. Herr Lerche erbot sich, die Aufsicht über die Kranken zu nehmen, welche vielleicht in das Haus des Prinzen gebracht werden könnten. Herr Rombowsky, Oberwundarzt, bestimmte sich für das Spital in dem Kloster Symonowsky. Der Unterwundarzt, Herr Trochimowsky, befand sich bereits in dem Spitale des Klosters Danylowsky, blieb darinnen unter meiner Aufsicht, sowie alle übrige Wundärzte und Unterwundärzte von allen Spitälern und Quarantänen.

Als das Volk die mütterliche Sorgfalt und die Größe der Seele von unsrer großen Kaiserin sah, die allezeit das Wohl ihrer Untertanen suchte, faßte es bei der Ankunft des Prinzen Orlow zu Moskau wiederum Mut, und alle diejenigen, welche sich jeden Augenblick zu dem Tode vorbereitet hatten, ergriffen die nötigen Vorsichten, um ihm zu entfliehen, indem sie der Ansteckung auszuweichen suchten. Sie gaben alsbald ihre Kranken bei dem Aufseher des Viertels an, und bemühten sich, dieselben von den gesunden Personen abzusondern, schafften zu gleicher Zeit alle Sachen nach der gegebenen Vorschrift weg, welche solche angesteckten Personen um sich herum gehabt hatten. Die Kranken auf ihrer Seite, von der süßen Hoffnung geheilt zu werden angetrieben, wünschten nichts mehr, als sehr bald in das Spital gebracht zu werden, weil sie viele Beispiele sahen, daß Personen gesund und wiederum hergestellt aus dem Spitale herausgegangen waren. Auf die Art nahm auch das Übel täglich ab, so daß im Anfange des Dezembers nicht mehr als zwanzig bis dreißig Personen, sowohl in der Stadt als auch in den Spitälern, starben. Dieser großmütige Prinz brachte es endlich dahin, daß durch seine Güte und durch seinen Mut die Unruhe unter dem Volke gestillt, und der Mut belebt wurde, indem er alles zu seiner Wohlfahrt beitrug, und er rettete eine volkreiche Stadt, die ihrem Verderben ganz nahe war.

Der oben angeführte Schriftsteller behauptet, das Sterben sei so groß gewesen, daß von dem fünfzehnten Dezember an täglich zwölfhundert Personen gestorben wären. Dieses erschreckliche Sterben leitet er davon her, weil das wütende und aufrührerische Volk die vorgeschriebenen Vorsichtsregeln nicht hätte brauchen wollen, weil es die Quarantänen und Pestspitäler geöffnet hätte. Diejenigen, welche in der Stadt gestorben wären, hätte man bei den Kirchen begraben, alle Leichenbegängnisse und andere alte Gewohnheiten wiederum vorgenommen. So hätte man, zum Beispiel, die Toten aus der Familie, Freunde und Anverwandte, nebst seinen Bekannten vor dem Begräbnisse umarmt und geküßt. „Man hätte, nach dem Berichte des Verfassers, gesagt, alle solche Vorsichten wären nicht nötig; diese öffentliche Plage sei eine Geißel des Himmels und eine Strafe, weil man die alten Gewohnheiten der Religion unterlassen hätte, alle diejenigen, welche bestimmt wären zu sterben, würden ihrem Schicksale nicht entgehen. Alle diese gebrauchten Vorsichten hasse der Allmächtige, und sie wären ihm unangenehm, man müsse folglich unumgänglich seinen Zorn durch die Gebräuche der Religion zu besänftigen suchen, keineswegs aber zu menschlichen Vorsichten seine Zuflucht nehmen.

Die Absicht unsers Schriftstellers läßt sich leicht einsehen – – Der Pöbel bleibt übrigens allezeit Pöbel – – Es ist wahr, den fünfzehnten September Abends gegen zehn Uhr fing der Pöbel an, einen Aufstand zu Moskau zu erregen, und den andern Morgen darauf gegen zehn Uhr kam eine Bande davon vor das Spital des Klosters Danylowsky, öffnete die Tore, um die Kranken herauszulassen; sie gingen aber keineswegs nach den übrigen Spitälern hin. Auf die Art gingen zwar einige Kranke aus dem Spitale heraus, welche bereits alle Übel der Pest überstanden hatten, und die sich für stark genug hielten; alle übrigen Kranken aber schlugen es aus.

Diejenigen, welche herausgegangen waren, kamen Abends an eben demselben Tage wiederum in das Spital hinein, weil ihre Wunden noch nicht völlig geheilt waren. Es ist also falsch, wenn der angeführte Schriftsteller behauptet, die Kontagion und das Sterben habe wegen den angeführten Gründen zugenommen. Ein Aufruhr, welcher den fünfzehnten September Abends um zehn Uhr anfing, und der durch die Sorgfalt und Tätigkeit des Generals Yeropkin den andern Morgen gegen Abend gestillt worden war, sollte der wohl einigen Kranken, die fast hergestellt waren, Zeit gelassen haben, die Kontagion dergestalt zu vermehren, daß man viele in der Stadt selbst hätte begraben, und daß die Lebendigen eine so große Anzahl der Verstorbenen hätte umarmen und küssen können, wie unser angeführter Schriftsteller versichert.

Diejenigen, welche sehr sorgfältige und genaue Beobachtungen angestellt, denken ganz anders, und sie glauben, die wahre Ursache des häufigen Sterbens müsse man keineswegs in dem Aufstande des Pöbels, noch in der vorgegebenen Vorherbestimmung eines Volks suchen, das niemals daran glaubt; sondern sie glauben, diese Vermehrung des häufigen Sterbens sei just zu der Zeit vorgefallen, da die Pest in ihrer mittleren Periode ihres Anfalls befindlich war, in einem Zeitpunkte, in welchem sie durchgängig die größten Verwüstungen anrichtet, wie sich ein jeder selbst leicht davon überzeugen kann, wenn er die Berechnung ansieht, die ich weiter unten von den Verstorbenen in den Monaten September und Oktober beibringen werde.

Wenn die eingebildeten Ursachen unseres Schriftstellers einigen Einfluß gehabt hätten, warum wären wohl nach der Ankunft des Prinzen Orlow, da die Anzahl der Spitäler vermehrt wurde, in dem Monate Oktober 2626 Personen in diesen Spitälern, folglich mehr als in dem Monat September gestorben? Dies geschah deswegen, weil das Volk auf die Versicherung des Prinzen häufig in den Spitälern Hilfe wider ein Übel zu erlangen suchte, welches so viele

Verheerungen anrichtete. Es verachtete folglich keineswegs die Heilmittel, welche man vorgeschlagen hatte.

Wenn ein vorübergehender Aufstand in Moskau entstanden war, so kam er vielleicht von den widersprechenden Meinungen der Ärzte in Rücksicht der gegenwärtigen Krankheit her, wodurch in den Gemütern des Pöbels ein solches Schrecken erregt wurde, der niemals geglaubt hatte, daß in Moskau die Pest herrsche, und der bei dem einzigen Worte Quarantäne erzitterte; konnten aber wohl von einem so vorübergehenden Aufruhr so traurige und anhaltende Folgen entstehen?

Ich würde vielleicht meine Leser ermüden, wenn ich der Länge nach die Gründe dieser widersprechenden Meinungen der Ärzte anführen wollte, so wie dieselben schriftlich in dem Komtoir des Kollegiums der Ärzte niedergelegt worden sind, und welche die Kommission wider die Pest in seinem Werke hat abdrucken lassen; ich will nur bloß den Anfang und das Ende eines Aufsatzes anführen, den ein gewisser Arzt übergeben hat:

„Ich hatte bereits in der Versammlung der Ärzte sehr deutlich und lebhaft dargetan, daß ich kein Kennzeichen der Pest bei der Krankheit finden könnte, die sich in der Tuchfabrik dieser Hauptstadt gezeigt hat, und daß es keineswegs die wahre Pest sei: Dieses hatte ich auch schriftlich den 26sten März 1771. mit mei-ner Unterschrift bestätigt. Da ich aber glaube, noch nicht alles deutlich dargetan zu haben, so will ich es durch einen umständlichen Beweis bestätigen, und ich behaupte öffentlich, daß ich mit meinem Gewissen diese Krankheit keineswegs für die Pest halten, noch sie also nennen kann —— " Wir wollen den Schluß von seiner Demonstration hören: *„Da man also das Unglück und den Schaden kennt, welchen das Publikum und selbst das ganze Reich leiden würde, wenn man, unter diesen Umständen nicht sorgfältig genug das Wort Pest verschwiege, oder wenn man, aus einer unvernünftigen und unverzeihlichen Übereilung, eine solche Meinung ausbreiten wollte; so habe ich, als ein treuer Untertan des Reichs, worinnen ich mich aufhalte, als ein wahrer Freund der Menschheit, und als ein ehrbarer und gewissenhafter Arzt niemals mit einem meiner Mitbürger, wer es auch gewesen ist, übereinstimmen können, daß dies die wahre Pest sei, weil ich mich selbst noch niemals davon habe überreden können."*

„Endlich", fügt er noch hinzu, *„bekenne ich mich nochmals zu dieser Meinung, die ich so oft in der Versammlung der Ärzte behauptet, und die ich jetzt schriftlich verteidiget habe. Gegeben zu Moskau, den 31. März 1771.*

Unterschrieben, Johann Christoph van Kuhlemann, Doktor der Arzneiwissenschaft."

Wenn eine solche Meinung unter dem gemeinen Volk einen Aufstand wider die Anhänger der entgegengesetzten Meinung erregte, so hatte es auch noch andere Gründe, warum es mißvergnügt sein konnte. Verschiedene Ärzte, Wundärzte und Apotheker hatten auf ihrer Seite zum Mißvergnügen Anlaß gegeben. Der Prinz Orlow half aber allen diesen Übeln ab; die einen wurden wegen dem Geist der Uneinigkeit, die anderen, weil sie die Kranken bei ihren Besuchen schlecht behandelt hatten, und die dritten endlich, wegen der betrügerischen Verteilung der Räucherpulver wider die Pest, in die Versammlung der Kommission wider die Pest vorgefordert, und bekamen einen Verweis oder wurden gestraft.

„Ehe die Pest in das Russische Reich drang, begrub man die Toten, wie fast in ganz Europa, in den Kirchen und in den herumliegenden Gottesäckern. Seit der Pest aber wurde verordnet, daß man die Toten außerhalb der Stadt begraben solle. Man fing also zuerst zu Moskau an, dieselben außerhalb der Stadt, in dazu bestimmten Orten zu begraben, und in Zukunft wird dieses in Rußland nicht ferner, weder in den Kirchen, noch in den herumliegenden Orten geschehen. Damit nun das Volk kein Mißvergnügen über eine solche Verordnung zeigen möchte, so befahl die Kaiserin überdies, es sollte auf jedem Begräbnisorte eine Kirche gebaut werden, wo man die gewöhnlichen Gebräuche bei dem Begraben der Toten verrichten könnte.

§. 31. Nachdem ich alle Anstalten erzählt habe, die in dieser Hauptstadt von dem Senat, dem Prinz Orlow, und von der Kommission wider die Pest gemacht worden sind, will ich von jedem Monate die Anzahl der Toten angeben, die sowohl in der Stadt, als in den Pestspitälern gestorben sind. Diese Berechnung ist aus den Registern des Senats von St. Petersburg herausgezogen, welche zu gleicher Zeit die Zahl der Toten enthalten, welche in andern Städten des Russischen Reichs gestorben sind.

Ich werde die Anzahl derjenigen hinzufügen, welche man heimlich in den Häusern oder Gärten begraben hat, die sich auf tausend Personen beläuft. Verschiedene unter dem gemeinen Volke erschraken über die erstaunliche Menge der Verstorbenen an dieser ganz besonderen Krankheit, und da sie befürchteten, man möchte sie entweder in die Quarantänen oder in die Pestspitäler schleppen, so begruben sie ihre Toten so heimlich in den angezeigten Orten, daß auch der nächste Nachbar nicht einmal etwas davon gewahr wurde. Die Kommission wider die Pest ließ aufs genaueste nachsuchen, um zu verhüten, daß nicht ein einziger an der Pest Verstorbene in der Stadt begraben blieb. Sie versprach eine große Belohnung für diejenigen, welche anzeigen würden, wo noch jemand begraben liege, wovon man noch kein Wissen hätte. Hierdurch erhielten sie ihren Endzweck, und man entdeckte alle solchen

Kadaver. Sie wurden hierauf ausgegraben und nach den Begräbnisplätzen, außerhalb der Mauern der Hauptstadt, von denjenigen gebracht, welche in den Spitälern die Toten begraben hatten. Es wurden zehn Orte außerhalb der Stadt zu Begräbnisplätzen bestimmt, und man wies den nächsten davon für ein jedes Viertel der Stadt an. Nachdem die Pest gänzlich aufgehört hatte, wurden diese Begräbnisplätze vier Fuß hoch mit frischer Erde überfahren, und jedermann verboten, diese Orte auf keine Art zu berühren. Sobald die Pest in Moskau ausgebrochen war, brauchte man zu der Bedienung der Kranken in den Spitälern, und zu dem Begraben der Toten die Arbeiter aus den Fabriken und die Verbrecher; als aber viele unter dem Volk die Pest gänzlich überstanden hatten, und da man sah, daß man nicht zum zweitenmale davon angegriffen werden könnte, boten sich diese Arbeiter aus den Fabriken von freien Stücken an, weil sie sehr gut bezahlt wurden.

Sobald man einen toten Körper ausgraben sollte, zogen sie ihre Überröcke von grober Leinwand und ihre ledernen Handschuhe an, die gewöhnlich mit Harz bestrichen waren, hielten die Nase mit einem Schnupftuche zu, das durch Weinessig gezogen worden war; auf diese Art vorbereitet, ergriffen sie den Sarg, und bisweilen den bloßen Kadaver, weil verschiedene ohne Sarg begraben worden waren, brachten sie zu den Begräbnisplätzen, und begruben sie daselbst. Sie und ihre Pferde mußten alsdenn in den Quarantänen zwanzig bis dreißig Tage bleiben, woraus man sie alsdenn wiederum holen ließ, wenn man sie nötig hatte. Von allen denjenigen, welche diese Vorsichten brauchten, wurde keiner weiter angesteckt.

Wir wollen nunmehr die Liste anführen, wie sie in dem Werke angegeben ist, welches die Kommission wider die Pest hat drucken lassen, und die Hauptsumme aus den Registern des Senats anführen:

Jahr.	Monat.	In der Stadt.	In den Spitälern.
1771.	im April	665.	79.
—	— May	795.	56.
—	— Junius	994.	105.
—	— Julius	1410.	298.
—	— August	6423.	845.
—	— September	19761.	1643.
—	— Oktober	14935.	2626.
—	— November	3466.	1769.
—	— December	319.	489.
1772.	— Januar	— —	121.
—	— Februar	— —	78.
—	— Martius	— —	30.
Ausgegrabene		1000.	
	Summa	57901.	
Hauptsumme aus dem Register des Senats			75398.
	Totalsumme	133299.	

Unter dieser Anzahl befinden sich Kunstverständige, welche weder die Pest noch der Tod keineswegs verschont hat. Ein Wundarzt, ein geborener Deutscher, hatte aus den Händen eines Pestkranken Geschenke angenommen, er bekam die Pest, und unterlag unter ihrer Heftigkeit,

In dem Spitale Pawlowsky wurden ein Unterwundarzt und ein Apotheker Schlachtopfer der Kontagion; eine weit größere Anzahl aber starben in dem Kloster des Spitals Ougreschinsky, und besonders in dem Kloster Symonowsky, obgleich ich alles mögliche zu ihrer Erhaltung anwendete. Aufmunterungen, Hilfsmittel und Sorgfalt wurden hervorgesucht, aber alles vergeblich.

Ich setzte ihnen Fontanelle auf den Armen, sie mußten jederzeit ihre Überröcke und Handschuhe anziehen, die von Wachsleinwand verfertigt worden waren, wenn sie die Kranken verbanden: unnütze Vorsichten, die Pest befand sich dazumal in ihrer größten Stärke, und machte alle meine Bemühungen vergeblich.

Man sieht Moskau, die Hauptstadt, für die größte Stadt in ganz Europa an, doch sollen sich, nach der Berechnung der Herren Polounin und Müller, nur 500.000 Einwohner darinnen befinden.

§. 32. Moskau war nicht die einzige Stadt, welche von dieser schrecklichen Geißel verheert wurde; verschiedene andere Städte des Reichs mußten ein gleiches Unglück mit der Hauptstadt ausstehen. Wassilkow, Kiew, Pereiaslow, Koseletz, Nieszin, Tschernigow, und einige herumliegende Orte in Klein-Rußland; Sewsk, Briansk und einige benachbarte Flecken in Groß Rußland, gehörten unter diese Anzahl, ohne von den Grenzörtern der Krim, der Tartarei usw. zu reden.

Es ist wahr, Kiew, Nieszin und besonders Moskau wurden am grausamsten verheert, so wie auch ein bei Moskau nahe gelegener Flecken, der Selo-Pouschkino genannt wird, wo durch eine unglückliche Begebenheit fast nicht eine einzige Person leben blieb. Die Pest wurde von einem Arbeiter aus der Tuchfabrik dahin gebracht, der sich in der Hauptstadt bei dem Anfange der Pest aufhielt, und sich zu seiner Frau zurückbegab, da er hier so viele Personen sterben sah.

Ich endige diesen Teil mit zwei wichtigen Bemerkungen, welche mein System gar sehr bestätigen.

Die erste betrifft die Abänderungen, welche sich in dem Laufe der Pest ereignen, Abänderungen, die mit der Zeit ihrer Perioden übereinstimmen. Zu Kiew fing sie in dem Monat August 1771 an, und dauerte bis zu dem folgenden Monat Februar. Man bemerkte hier ihren höchsten Grad, oder ihre mittlere Periode im Oktober und im November, die Anzahl der Toten belief sich bis auf 3631. In dem Monat Mai 1771 brach sie zu Nieszin aus, und endigte sich in dem November eben desselben Jahres, ihre größte Stärke hatte sie in dem Monat Julius erreicht, und sie ließ erst gegen den Anfang des Septembers nach. Man zählte darinnen 3400 Tote. Zu Moskau dauerte diese mittlere Periode, oder dieser hohe Grad der Verwüstung, den August, September, Oktober und November hindurch.

Die zweite Bemerkung betrifft die großmütige Sorgfalt der Regierung. Sobald jemand die Pest bekam, brachte man ihn sogleich in ein Spital, wenn er dahin wolle; starb er in seinem Hause, so wurde er sogleich begraben: und alsdenn mußte die ganze übrige Familie aus einem solchen Haus heraus und in die Quarantäne gehen. Hier und in allen Pestspitälern wurde jedermann auf Kosten der Krone unterhalten, und es gingen auf die Art in verschiedenen Zeiten mehr als 12.000 Personen mit Wohltaten überhäuft heraus. Man rechnet 400.000 Rubeln, welche die Kaiserin auf die einzige Stadt Moskau verwendet hat.

Ende des ersten Teils.

Abhandlung
über die Pest in Moskau
im Jahre 1771.

Zweiter Teil.
Von der Pest selbst.

§. 1. Unter allen Krankheiten, welche uns den Tode verursachen können, ist wohl die Pest die allergefährlichste und erschrecklichste. Dies sieht man leicht daraus ein, weil man in sehr kurzer Zeit daran sterben kann, entweder aus Furcht, die uns diese schreckliche Geißel einjagt, oder wegen der Kontagion ihres pestilenzialischen Gifts. Sie steckt uns wider Willen, und ohne daß wir es gewahr werden, durch das bloße Berühren derjenigen an, welche daran krank liegen, und ohne daß die Luft den geringsten Anteil an ihrer Kontagion hat.

Sie kann aus einem Orte in den andern, durch ein kleines Fünklein ihres Gifts, das in einigen Kleidern oder Möbeln verborgen liege, die bereits angesteckt sind, gebracht werden, und unter jedem Klima Europas, es mag kalt oder heiß sein, eine ganz unbegreifliche Verwüstung anrichten. Welche grausame und fürchterliche Plage!

Man kann sie auf folgende Art beschreiben:

„Die Pest ist eine sehr hitzige, sehr ansteckende, epidemische Krankheit, deren Fäulnis von einer ganz besonderen und weit gefährlicheren Art, als in allen übrigen faulen Krankheiten ist; durch das Anstecken ihres Gifts, das sich hier und dahin versetzt, erzeugt sie in unserm Körper Pestbeulen, Karbunkel und so ge-fährliche Petechien, daß sie den Kranken weit geschwinder, als jede andere epi-demische Krankheit, wegrafft."

Die gefährlichen Krankheiten sind nicht alle ansteckend, und die ansteckenden Krankheiten sind nicht alle gefährlich. Zum Beispiel sind die hitzigen Fieber bisweilen so gefährlich, daß sie die Kranken in sehr kurzer Zeit töten; diejenigen aber, welche sich ihnen nähern, werden nicht davon angegriffen. Die venerische Seuche, die Krätze und verschiedene andere Krankheiten von dieser Art sind im Gegenteil wirklich ansteckende Krankheiten; das Gift ihrer Kontagion ist aber bei weitem nicht so gefährlich, als das Pestgift.

Diejenigen, welche das Unglück gehabt, hiervon Augenzeugen gewesen zu sein, kennen die Größe der Gefahr ihrer Ansteckung. Wirklich bleibt das Pestgift oft verschiedene Tage in dem Körper stecken, ohne daß es die Personen selbst wahrnehmen, daß sie bereits durchaus angesteckt sind, und wenn es alsdenn die ganze Blutmasse verdorben hat, offenbart es sich von außen, und tötet alsdenn so plötzlich, daß man kein Hilfsmittel darwider anwenden kann. Man nennt diese Krankheit die Pest, weil in den Zeiten, wenn sie ihre größte Wut äußert, fast jedermann an allen Orten in Furcht und Schrecken lebt, und weil sie uns durch ihre pestilenzialische Kontagion, durch das bloße Berühren ansteckt, zählt man sie unter die ansteckenden Krankheiten.

Sobald jemand eine Gemeinschaft mit einem Kranken hat, und er von dem Berühren seines Körpers oder seiner Kleidung von einer gleichen Krankheit angesteckt wird, so ist jedermann überzeugt, dies sei eine ansteckende Krankheit, und die Benennung Kontagion ist dieser Krankheit ganz eigen. Dies erfolgt aber jederzeit in der Pest.

§. 2. Ich werde hier nicht, wie verschiedene andere Schriftsteller, welche von dieser Materie gehandelt haben, zu einer Menge unnützer und lächerlicher Hypothesen meine Zuflucht nehmen, und die pestilenzialische Kontagion von einem bösartigen Einflusse der Gestirne, von Sonnenfinsternissen, Lufterscheinungen und besonders von Kometen herleiten. Ich werde mich auch nicht mit den verschiedenen Mutmaßungen über die Geschwindigkeit, mit welcher uns dieses Gift durch das bloße Berühren ansteckt, belustigen. Wollte ich die Ursachen der Flüchtigkeit der ansteckenden Gifte überhaupt, und die Geschwindigkeit, mit welcher sie in unseren Körper dringen, untersuchen, um darzutun, wie gefährlich dasjenige ist, von welchem ich rede, so könnte ich meine Bemerkungen aus dem Gesicht verlieren, und würde, wie viele andere, in ein Meer von Ungewißheiten sinken; ich werde mich also darauf einschränken, dargetan zu haben, so viel als mir möglich gewesen, daß das Gift, so flüchtig es auch sei, uns doch niemals durch die Luft anstecke, sondern allezeit durch das Berühren: es könne in unserm Körper 3, 6, 12, ja selbst 15 Tage verborgen liegen, ohne daß es sich durch in die Augen fallende Symptome, und durch äußerliche Kennzeichen offenbart: diese Anzeichen sind die Pestbeulen, Karbunkel und die Petechien, die einzigen, welche der Pest wahrhaftig eigen sind, obgleich die Schriftsteller noch mehrere andere annehmen. Ich werde hinzufügen, dieses Gift der pestilenzialischen Kontagion sich von einem Orte in den andern fortpflanze, aus einer Gegend in die andere, wenn sie auch noch so entfernt und so kalt sein sollte, wie uns die Erfahrung nur allzusehr in unserem nördlichen Klima davon überzeugt hat, und sein Vehikel für die benachbarten Orte sind angesteckte Personen, die miteinander Gemeinschaft haben; für die entfernten Orte aber alle Waren, die verfahren werden, und welche bereits angesteckt sind. Es ist ausgemacht, daß dieses Gift in allen Arten von Kaufmannsgütern in den Ballen verborgen bleiben könne, wenn man diese Dinge nicht der freien Luft aussetzt, noch durch Räucherungen dasselbe zerstört. Man wird endlich sehen, daß es unter allen Völkern die grausamsten Verheerungen ohne Rücksicht des Klima und der Jahreszeit hervorbringt.

Der strengste Winter und die größte Sommerhitze haben in dieser Rücksicht einen gleichen Einfluß.

§. 3. Es wäre doch unbillig, wenn man sagen wollte, die Pest sei eine ganz unheilbare Krankheit. Die Vorsicht verstattete es, daß die Kunstverständigen Hilfsquellen für Unglückliche fanden, die bereits ganz angesteckt waren, und obschon man nicht behaupten kann, daß sie für jeden Pestpatienten jederzeit zuträglich sind, so retten sie doch eine große Menge, besonders wenn die Kranken zu dem Arzte Zutrauen haben; denn das Vertrauen belebt allezeit die Hoffnung, welche ein großes Hilfsmittel in allen Gattungen der Krankheiten ist.

Übrigens macht die Leichtigkeit, mit welcher sich die Kontagion der Pest fortpflanzt und ausbreitet, die Gefahr sehr groß. Sie verschont kein Alter, kein Temperament, kein Geschlecht, keinen Stand. Sie steckt junge Kinder selbst an der Brust ihrer Mütter, so wie auch die ältesten Personen an. Hierüber wird man nicht erstaunen, wenn man über das in die Augen fallende Verderben der Säfte nachdenkt, welches man bei den Pestkranken findet, und über die Art, wie diese Säfte von der Mutter zu dem Kinde übergehen. Während meinem Aufenthalte in dem Spirale des Klosters Symonowsky, brachte man eine Frau hinein, welche zwei Karbunkel hatte, und deren Haut mit zusammenfließenden, sehr schwarzen Petechien bedeckt war. Sie befand sich in dem vierten Monate ihrer Schwangerschaft. Die erste Nacht, welche sie in diesem Spitale zubrachte, verlor sie das Kind und starb. Die kleine Frucht hatte auf der Brust, dem Unterleibe und den äußersten Gliedmaßen viele Petechien, wie die Mutter, nur mit dem Unterschiede, daß sie nicht so schwarz waren, wie sie gewöhnlich zu sein pflegen, sondern sie sahen vielmehr dunkelpurpurfärbig aus, waren nicht zusammengeflossen, doch aber sehr breit. Sie brachte nur dieses Kennzeichen der Pest mit auf die Welt, und man fand weder Pestbeule noch Karbunkel an derselben. Ein Beweis, sie habe das Pestgift aus dem Blute der Mutter erhalten. Hieraus kann man schließen, es sei keine andre Materie in ihrem Körper, als eine in die Augen fallende Verderbnis des Bluts befindlich gewesen. Wenn man auch die Körper der Pestkranken untersucht, entdeckt man auch kein anderes charakteristisches Kennzeichen der Pest, als eine Auflösung in dem Blute.

Über diese Leichtigkeit der Kontagion darf man auch unter vielen andern Umständen nicht erstaunen, wo das Berühren der Pestsachen, oder der Pestpatienten selbst nicht zu vermeiden ist, und unumgänglich nötig wird. Wie kann sich wohl bei einer so ansteckenden Epidemie, als die Pest ist, das gemeine Volk vor dem Berühren der angesteckten Dinge verwahren? Wie können die Ärzte, die Wundärzte und die Krankenwärter in den Spitälern einem solchen gefährlichen Berühren ausweichen? Müssen sie wohl alsdenn nicht angesteckt werden, besonders wenn die Pest ihren höchsten Grad erreicht hat, und in ihrer mittleren Periode befindlich ist, zu welcher Zeit das Pestgift am flüchtigsten ist, wie man in der Folge sehen wird.

Es ist wahr, man findet glückliche Temperamente, die nicht so schnell von dem Pestgift angesteckt werden. Ich habe eine Menge Personen täglich bei den Pestkranken gesehen, ohne daß sie so schnell von der Pest angesteckt wurden: können uns aber wohl solche Temperamente zu einer allgemeinen Regel dienen? Ich glaube es keineswegs. Die Erfahrung hat mich gelehrt, daß diese glücklichen Sterblichen von einer mehr kalten, oder mehr trocknen Leibeskonstitution waren, ihre Schweißlöcher konnten auf die Art nicht so offen als bei Personen von einem zarten und weichen Temperamente sein usw. Vielleicht machte auch die Furcht vor einer so mörderischen Geißel auf ihre Gemüter keine so lebhaften Eindrücke, als auf Personen, die weit furchtsamer waren. Vielleicht waren sie auch bereits angesteckt und trugen seit langer Zeit die Kontagion in ihrem Busen; da sie aber ein weit stärkeres Temperament hatten, und da ihre Leibesbeschaffenheit mehr trocken war, blieb das Gift der pestilenzialischen Kontagion längere Zeit in der Masse der Säfte verborgen, und entwickelte sich nicht wie gewöhnlich, da es sich durch innerliche Symptome und äußerliche Kennzeichen zu erkennen gibt. Diesen Schluß ziehe ich aus der Art, wie die Pest verschiedene Temperamente angreift, so daß bei einigen die Symptome und Kennzeichen geschwinder ausbrechen, daß sie sich aber bei andern ganz langsam zeigen. Ich fand wirklich, daß Kinder, junge Leute von beiden Geschlechtern, Weiber, Personen von einem phlegmatischen Temperamente weit leichter, als alte Personen, die ein trockneres Temperament haben, angesteckt wurden; und ich sah, daß sie bei den ersteren weit geschwinder ausbrach.

Der Grund läßt sich davon leicht erklären. Erstlich sind ihre Schweißlöcher mehr offen, und die Kontagion der Pest kann sich bei ihnen leichter einschleichen; aus eben dem Grunde muß sie viel eher äußerlich ausbrechen.

Es scheint also ausgemacht zu sein, es gebe glückliche Temperamente, welche die Größe der Gefahr vermindern. Eine neue Hilfsquelle für die Pestkranken wider die tödliche Anfälle dieses Übels, ist das Zutrauen und die Hoffnung, wie ich bereits erinnert habe, und man kann behaupten, das Pestgift verliere seine Kraft, nach dem Verhältnisse dieses Zutrauens zu den Hilfsmitteln: der Kunst: die Hoffnung belebt ihre Kräfte, welche durch die Kleinmütigkeit zu sehr waren geschwächt worden, und die innerlichen Symptome sind gleich im Anfange der Krankheit alsdenn nicht so bedenklich und so gefährlich: die geringsten Mittel, welche von einer geschickten Hand gebraucht werden, mäßigen gewöhnlich, oder wenden die Heftigkeit der Symptome ab.

§. 4. Wie ich glaube, ist es nicht nötig, die verschiedenen Unterscheidungen anzugeben, welche man in der Pest angenommen. Welchen Nutzen haben diese Einteilungen in der Medizin, da man sie in die innere, nervige, nachlassende, blutreiche, gallige und in verschiedene andere Arten einteilt, die ich ganz gerne übergehe.

Alle diese methodischen Einteilungen sind unnütz und schädlich: sie vervielfältigen eine Krankheit und machen viele Gattungen derselben, da sie es doch an sich selbst, weder durch ihre innerlichen Symptome, noch ihre äußerlichen Kennzeichen verlangt. Ist wohl die Pest, die man mit so vielen verschiedenen Namen belegt, nicht jederzeit eben dieselbe Pest? Sind wohl ihr Gift, ihre Kontagion, ihre Fäulnis sich einander nicht zu jeder Zeit gleich? Besteht wohl nicht die Hauptkur in der Pest in der Zerstörung der Fäulnis? Mit Unrecht teilt man sie deswegen in verschiedene Gattungen, weil sie eine Person schneller, als die andere angreift, und weil bei dieser die innerlichen Symptome schwerer, als bei der andern sind. Alle diese Abänderungen zeigen niemals die Krankheit an, sondern schreiben sich von der Periode derselben und von einer Menge Nebenumstände her, die ihren Grund in dem Temperament haben, wie wir bereits oben sahen.

Wollte man ferner die Pest in verschiedene Gattungen deswegen einteilen, weil die inneren Symptome weit gefährlicher, und die äußerlichen Kennzeichen weit bedenklicher bei einer Person, als bei der andern sind, so würde man gleichfalls einen gefährlichen Mißbrauch begehen. Ferner würde es ebenso lächerlich sein, wenn man sie nach ihren verschiedenen Perioden unterscheiden wollte. Weiß man wohl nicht, daß bei dem Anfange des Laufs der Pest und am Ende, diese Krankheit an jedem Orte überhaupt nicht eben dieselben Symptome und Kennzeichen, als in der Mitte hervorbringt; oder daß sie wenigstens nicht ebenso heftig sind, ohne doch deswegen aufzuhören, die Krankheit zu charakterisieren?

Es ist deswegen billig, in der Pest eben die Verschiedenheiten als in andern Krankheiten anzunehmen, und zu gleicher Zeit eine Menge von unnützen Abteilungen zu verbannen. Ich betrachte sie also unter drei verschiedenen Graden oder Perioden, an welchem Ort auch immer sie sich einstellt; diese drei Perioden in dem ganzen Laufe der Epidemie sind ihr Anfang, die Mitte und das

Ende. Nach diesen drei Zeitpunkten weichen die inneren Symptome und die äußerlichen Kennzeichen voneinander ab, ohne daß die Krankheit einen Augenblick aufhört, eben dieselbe zu sein. In der Tat, wenn in der ersten und letzten Periode selten Karbunkel und zusammenfließende Petechien zum Vorscheine kommen, da man sie doch in der mittleren Periode mit außerordentlicher Gefahr verbunden antrifft, so geschieht dies deswegen, weil das ansteckende Gift alsdenn weit heftiger und mehr entwickelt ist.

Aus eben der Quelle kann man den Grund hernehmen, warum uns die Pest in der Mitte schneller, als in den beiden andern Perioden ihres Laufs ansteckt. Das Pestgift ist alsdenn mit einer weit größeren Fäulnis verbunden, seine Teile sind viel flüchtiger und weit subtiler. Unsre Säfte arten davon in einem Augenblicke aus, und die ganze Masse der Säfte wird augenblicklich verdorben. Wir wollen deswegen die Pest keineswegs in verschiedene Gattungen, wohl aber in verschiedene Perioden einteilen, in dem wir auf ihre verschiedene Grade Rücksicht nehmen, die wir ausführlicher anzugeben gedenken.

§. 5. I) Der erste Grad der Pest stellt uns keine gefährlichen Erscheinungen, weder in Rücksicht der Kontagion, weil sie in diesem Zeitpunkt keineswegs so geschwind und so leicht ansteckt, noch auch in Rücksicht der inneren Symptome dar, weil sie sich nicht in diesem Zeitpunkte mit einer gleichen Heftigkeit entwickeln. Zu dieser Zeit sind die äußerlichen Kennzeichen ebenfalls nicht so bedenklich, man findet bloß Pestbeulen, sehr wenig Petechien, die jederzeit sehr kleine sind, und fast niemals Karbunkel.

Noch mehr, wenn zu dieser Zeit jemand angesteckt wird, kann das Gift drei, ja selbst fünfzehn Tage verborgen bleiben, ehe es äußerlich ausbricht. In dieser Periode überstehen die Kranken oft die Pest, ohne Beihilfe der Kunst und ohne alle chirurgische Unterstützung.

Die beträchtlichsten Symptome, welche sie leiden, sind Kopfschmerzen, Brechen und Pestbeulen. Wenn die Pestbeulen nicht schwärig geworden sind, so kann man ganz geduldig warten, bis sie reif sind, und wenn sie sich nicht von selbst öffnen, kann man sie mit einer Nadel aufstechen, ohne daß hierzu eine andre Beihilfe der Kunst nötig wäre. Der Eiter geht aus der Wunde heraus, und dieselbe schließt sich gemeiniglich von selbst. Wir haben zu Moskau unter dem gemeinen Volk viele Pestkranken gesehen, die auf die Art ohne andere Beihilfe bloß durch die Unterstützung der Natur hergestellt worden sind. Aus diesen Beobachtungen könnte man schließen, die Pest sei bisweilen gutartig, besonders, wenn die Kennzeichen und die Symptome, die ich beschrieben, auch in ihrer Abnahme auf eben die Art zum Vorschein kommen. Dies geht aber keineswegs an, denn in der Mitte werden sie so heftig und bösartig, als sie es im Anfange keineswegs waren, und am Ende verlieren sie viel von ihrer Bösartigkeit: die Bösartigkeit und die Gutartigkeit der Pest hängt also bloß von der Periode ab. Wer wird wohl erstaunen, wenn die inneren Symptome und die äußerlichen Kennzeichen in der ersten Periode und am Ende der Pest schwach zu sein pflegen?

Zu der Zeit hat das Gift noch keine so große Bösartigkeit angenommen, daß es vermögend wäre, die Masse der Säfte gänzlich umzuschaffen, und hierdurch die ganze menschliche Natur zu verderben. Es scheint mir also ausgemacht zu sein, daß man von der ersteren und letzteren Periode des Laufs der Pest, an welchem Orte es auch immer ist, die Gutartigkeit und die Schwäche der Symptome dieser Krankheit herleiten müsse; daß sich von dem zweiten Grade, nicht aber von der Krankheit selbst die Bösartigkeit herschreibt, denn die Pest ist jederzeit eben dieselbe Pest.

II) Man kann, wenn man will, den zweiten Grad der Pest die Mitte ihres Laufs nennen; dies ist die schrecklichste Zeit für einen jeden. Erstlich ist das Gift der Kontagion so flüchtig, daß ihm fast niemand entfliehen kann; hernach sind auch die Symptome, welche es hervorbringt, weit heftiger; der Kopfschmerz hält beständig an, das Brechen hört kaum auf; die äußerlichen Kennzeichen kommen in Menge zum Vorscheine, man sieht Karbunkel bisweilen in verschiedenen Gegenden des Körpers hervorbrechen. Die Petechien sind alsdenn sehr groß, sie breiten sich aus, und verwandeln sich oft in Karbunkel, wenn der Tod der Pestkranken herannaht. Diese Veränderung ereignet sich auf folgende Art: Zwei, drei, vier große Petechien fangen an zusammenzufließen, und bilden eine gelbe Pustel: bisweilen erhebt sich auf jeder Petechie eine solche Pustel. Wenn man dieselbe öffnet, so findet man bereits in beiden Fällen darunter einen wahren Karbunkel.

Ich schließe aus dieser Bemerkung, daß die Pestpatienten in dieser Periode der Pest, Karbunkel, ja selbst schwarze zusammenfließende Petechien bekommen müssen, weil die Fäulnis außerordentlich groß ist, und daß in diesem Zeitpunkte fast niemals Pestbeulen hervorbrechen können.

Deswegen geschieht es auch zu dieser Zeit, wenn eine Person von einer zarten und schlaffen Leibesbeschaffenheit in diese Krankheit verfällt, daß die inneren Symptome und die äußerlichen Kennzeichen in sehr wenigen Tagen zum Vorschein kommen; diese Personen werden aber sehr leicht hergestellt. Wenn im Gegenteil ein Pestkranker stark ist, ein trockenes, lebhaftes Temperament hat, so bricht das Pestgift, welches sich in seinen Körper geschlichen hat, nicht so geschwind aus; es verdirbt aber die ganze besondere Konstitution des Subjekts, und die Masse der Säfte artet dergestalt aus, daß, sobald die Symptome und Kennzeichen zum Vorscheine kommen, wir darüber erschrekken, und alsdenn ist die Kontagion ebenso leicht, als die Heilung schwer ist.

III.) Der dritte Grad der Pest ist das Ende derselben: in diesem Grade oder in dieser Periode, und besonders gegen das Ende derselben findet man eben die Symptome und die Kennzeichen, welche im Anfange des Laufs der Pest zum Vorscheine kamen. Es würde unnötig sein, sie wiederum anzuführen; noch unnötiger wäre es aber, wenn man angeben wollte, wie unnütz die vorgegebenen Abteilungen und Unterabteilungen sind, von denen ich bereits geredet habe. Die verschiedenen Gattungen, die man in Rücksicht der Symptome und der Kennzeichen angenommen, können sich bloß von den Graden herschreiben, die ich festgesetzt habe, und die Heilung wird nach eben diesen Graden und nach der Verschiedenheit der Temperamente leichter oder schwerer, deswegen werde ich mich auch beständig an ein solches einfaches System halten, weil es mit den Beobachtungen und dem Gange der Natur übereinstimmt.

§. 6. Um diese Materie noch mehr aufzuklären, scheint mir eine weitere Auseinandersetzung der Symptome, die in den verschiedenen Graden der Pest zum Vorscheine kommen, nötig zu sein. Dies sind die vorzüglichsten Symptome, welche das Pestgift hervorbringt, sobald es in die Masse der Säfte gedrungen und dahin gekommen ist, daß es seine Wirkungen an den Tag legt.

1) Ein solcher Mensch ist äußerst niedergeschlagen und traurig, und obgleich ein solcher Kranker noch nicht weiß, daß er angesteckt sei, so weint er doch, ohne einen Grund von seinem Verdruß angeben zu können, der ihn zu Boden drückt.

2) Daraus entsteht eine beträchtliche Schwäche und Mattigkeit, die bisweilen so groß sind, daß der Kranke glaubt, er habe keine Hände und Füße.

3) Er empfindet an dem ganzen Körper einen leichten Frost, wie bei der Annäherung eines Wechselfiebers, darauf stellt sich ein leichtes Zittern ein.

4) Der Kranke empfindet bereits Schwindel, eine Schwere und Schmerzen in dem Kopfe. Dieser Kopfschmerz ist bisweilen sehr heftig, hat seinen Sitz in der Mitte des Kranzbeins (os coronale), etwas über den Schleimhöhlen des Stirnknochens (sinus frontalis). Alsdenn werden die Augen rot, tränen, die Augenhöhlen stehen hervor, als wollten sie herausfallen; das Ansehen ist verwirrt und starr; der Kranke kann fast die Augenlider nicht in die Höhe bringen.

5) Die Fieberhitze tritt zu diesem Zeitpunkte ein, man spürt sie sowohl innerlich, als äußerlich; der ganze Körper brennt.

6) Die Zunge ist, wie in den hitzigen Fiebern, trocken; sie sieht schmutzig aus, und wird von einem zähen, gelben Schleim überzogen, Dies geschieht aber keineswegs bei allen Pestkranken. Bei einigen behält die Zunge eine natürliche Farbe.

7) Das Gesicht ist blaß und verstellt, die Kranken empfinden eine unerträgliche Angst, wissen nicht, wo sie sich hinlegen sollen: die Ohnmachten stellen sich sehr häufig zu dieser Zeit ein.

8) Die Übelkeiten greifen den Magen an, und wenn er leer ist, so bricht der Kranke mit Mühe eine Materie weg, die bald gelb, bald grün aussieht.

9) Wenn im Gegenteil die Krankheit nach dem Essen ausbricht, so werden alsdenn die Speisen weggebrochen.

10) Die Unruhe der Seele nimmt zu, die Kranken zittern, fallen in einen Schlaf, wachen mit Furcht und Verzweiflung wiederum auf. Diese Gemütsbewegungen beunruhigen oft den Kranken so sehr, daß sie im Anfange der Krankheit bereits alle Hoffnung verlieren.

Diese erschreckliche Verzweiflung beschleunigt insgemein ihren Tod.

Diese Symptome offenbaren sich nicht bei allen Pestkranken, wenn die Krankheit den beschriebenen Gang hält; unterdessen entfernen sie sich doch nicht von diesem Laufe bei verschiedenen Kranken. Man kann diese Symptome nicht leicht bei dem gemeinen Volke beobachten, weil es den Frost und das gelinde Zittern, welche es empfindet, wenig achtet, so wie es auch auf die Schwäche des Körpers und die Unruhe der Seele nicht viel Achtung gibt. Es erzählt seinem Arzte bloß die schwersten Symptome, und redet mit ihm nur von den Schmerzen und der Schwere des Kopfs, von der Übelkeit, dem Brechen, der Fieberhitze, der brennenden Hitze des ganzen Körpers; Symptome, welche ihrer Größe nach in Rücksicht des Temperaments abweichen, und die bald sehr schwer sind, und plötzlich töten, bald aber auch sehr gutartig sind, und sehr lange anhalten.

Sind sie miteinander vereinigt, so schwächen sie den Kranken dergestalt, daß er sich nicht aufrecht halten kann; seine Hände und seine Füße zittern beständig.

Es stellen sich Ohnmachten ein, und der Kranke ist zu dieser Zeit fast unbeweglich; kaum ist er vermögend einige Worte auszusprechen; er stammelt und stottert, daß man ihn nicht verstehen kann; seine Stimme ist schwach und unvernehmlich. Nur Personen von einem robusten Temperamente widerstehen so schweren Krankheitsmerkmalen.

So lange diese Schwäche und Mattigkeit des Körpers dauert, können solche Kranke den Urin nicht halten, und haben einen Durchfall. Bisweilen sind diese beiden Symptome so hartnäckig, daß man sie nicht hemmen kann; dann sind sie Kennzeichen des Todes. Bisweilen stellt sich bei den Weibern die Reinigung so häufig ein, daß man sie nicht verstopfen kann: sind sie zu der Zeit schwanger, so geht die Schwangerschaft ganz gewiß fehl; denn der Muttermund wird schlaff und öffnet sich so leicht, wie die Blase und der Mastdarm. Da auf eine solche frühzeitige Entbindung notwendig ein starker Blutverlust folgen muß, und da die beiden anderen Ausleerungen, von welchen ich geredet, bereits ganz erschrecklich abmatten, so darf man nicht erstaunen, wenn man diese Blutflüsse als tödliche Vorfälle ansieht, und wenn sich ein solcher Fall in der Mitte des Laufs der Pest ereignet, so darf man sich nicht wundern, wenn die Kranke den zweiten oder höchstens den dritten Tag stirbt.

Die Erfahrung lehrt uns, daß bisweilen das Blut aus der Nase und dem Schlund der Pestkranken herausfließt; diese Symptome sind aber nicht so gemein, als der Durchfall, die Unenthaltsamkeit des Urins, und die unmäßige Reinigung bei Weibern.

Es geschieht auch bisweilen, daß die Pestkranken in eine Raserei verfallen, und zwar entweder gleich im Anfange der Krankheit, oder am zweiten, dritten oder vierten Tage. Hält die Raserei und Wut bis zu dem siebenten Tage an, so kann man alsdenn hoffen, der Kranke werde hergestellt werden. Wenn diese Symptome nach dem ersten oder zweiten Tag der Krankheit nachlassen, und wenn der Kranke ruhig und schwach wird, so ist eine solche Veränderung ein sicheres Kennzeichen und ein Vorbote des Todes. Geschah dies am Morgen, so starb der Kranke des Abends, und wenn diese Veränderung des Abends vorfiel, so überlebte er die Nacht nicht.

Man sieht sehr oft Pestkranke in diesem Zeitpunkte, von welchem ich geredet habe, die in einen Schlaf versinken, und dieser Schlaf dauert die ganze Krankheit hindurch, so daß sie ohne Angst sterben, oder nichts davon gewahr werden.

Andere Anfälle von einem Teil der beschriebenen Symptome betrügen die Kranken, daß sie keineswegs glauben krank zu sein, und wenn man sie um ihre Gesundheit befragt, versichern sie, es wäre ihnen recht wohl, ja sie verlangen selbst zu essen und zu trinken. Wenige Zeit darauf sinken sie in tödliche Ohnmachten hin, alle Bewegungen werden gehemmt, und sie sterben.

Um diese Symptome und den geschwinden Tod zu erklären, muß man zu den Wirkungen des Pestgifts zurückgehen, welches bisweilen so heftig ist, daß es in sehr kurzer Zeit eine Fäulnis hervorbringt, die Säfte auflöst, und sie gänzlich umschafft. Von dieser gänzlichen Ausartung entstehen eben die Krankheitsmerkmale, welche man bisweilen in den faulen Fiebern findet. Die Kadaver der Personen, welche an der Pest gestorben sind, bleiben so biegsam, daß man nach Gefallen ihre Hände und Füße beugen kann: das Fleisch ist so schlaff, daß der Eindruck des Fingers, so wie bei wassersüchtigen Teilen, zurückbleibt. Man könnte selbst sagen, die Haut sei ein Sack, worinnen die fleischigen Teile eingewickelt wären, und es hat das Ansehen, daß sie nicht berührt werden würden, wenn man in die Haut einen Einschnitt machte.

§. 7. Die innerlichen Krankheitsmerkmale, von welchen ich bereits geredet habe, und die im Anfange der Krankheit mehr oder weniger zahlreich zugegen sind, offenbaren sich aber doch fast in jedem Subjekte. Sie sind auch noch mit äußerlichen Kennzeichen der Pest verbunden, die ich hier genau beschreiben muß.

Der Verfasser des Werks von der Pest, welche Moskau verheert hat, nimmt verschiedene äußerliche, eigene Kennzeichen an. Dahin rechnet er die Pestbeulen, die geschwollenen Speicheldrüsen, die Karbunkel, die Petechien, die Blutstriemen (Vibices, Mertrissures) Ich weiß nicht, wie er dies versteht. Nimmt er an, die Pest bringe ihre Pestbeulen (Boubons) in den Speicheldrüsen und unter den Achseln bei Kindern, jungen Mädchen, und zarten Weibern hervor, so wollen wir ihm dies zugeben, nur muß man anmerken, daß dies keineswegs bei Erwachsenen geschehe. Dieses äußerliche Kennzeichen ist also nicht untrüglich, noch wird es bei jedem Pestkranken gefunden, weil obige Personen davon frei sind. Wäre es also wohl nicht besser, wenn man die Stellen anzeigte, wo sich diese Pestbeulen festsetzen können, als wenn man ihnen verschiedene Benennungen beilegt. Sie mögen in den Speicheldrüsen, oder in den Drüsen unter den Achseln, oder in der Leiste sitzen, so bleiben es jederzeit Pestbeulen. Ich kann deswegen nur drei äußerliche Kennzeichen annehmen, wodurch man die Pest unterscheiden kann, und dies sind, wie ich sie an den Pestkranken bemerkt, die Pestbeulen, die Karbunkel und die Petechien, die oft sehr groß sind und zusammenfließen, besonders in der Mitte der Epidemie der Pest.

I) Die Pestbeule findet man gemeiniglich in der Leiste, wie ich bereits erinnert habe, selten unter den Achseln, und noch seltener gegen den Winkel der Kinnlade hin. Kein anderer Teil des Körpers kann der Sitz davon sein. Die Pest bringt sie meistenteils bei jedem Subjekte nur im Anfange oder am Ende der Epidemie hervor. Ich rede hier nur von erwachsenen Personen von beiden Geschlechtern. Was die Kinder und andere zarte Personen anbelangt, findet man bei ihnen, sobald sie angesteckt worden sind, die Pestbeulen in den Ohrendrüsen, selten unter den Achseln und fast niemals in der Leiste.

Man muß unterdessen anmerken, daß die Pestbeulen allezeit entweder unter oder über der Drüse, nicht aber, wie die venerischen Leistenbeulen, auf der Drüse selbst sitzen, sie mögen nun an diesem oder jenem Orte zum Vorscheine kommen. Die Pestbeule in der Leiste ragen gemeiniglich zwei Zoll über den Drüsen in der Leiste hervor.

Diese Beule muß man keineswegs als eine Krisis der Pest ansehen; wenn dieses wäre, warum empfände wohl der Pestkranke gleich bei den ersten Anfällen des Übels, als bei dem Kopfschmerz, Brechen usw. bereits einen Schmerz in der Stelle, wo die Pestbeule zum Vorschein kommen will? Wenn auf die Art die Drüsen in der Leiste oder die anderen Teile der Sitz dieser Beule werden, so empfindet der Kranke bereits darinnen eine tiefe, unangenehme Empfindung. Eben dieses erfolgt bei dem Karbunkel, nur mit einiger Abänderung, denn alsdenn empfindet man den Schmerz mehr äußerlich, der sehr stechend ist. Wenn im Gegenteil Petechien ausbrechen wollen, so empfindet der Kranke einen heftigen Schmerz fast in der ganzen äußerlichen Oberfläche des Körpers. Da diese Erscheinungen so schnell ausbrechen, daß sie gleich im Anfange der Krankheit zugegen sind, ist dies wohl nicht ein deutlicher Beweis, daß man sie keineswegs als kritische Kennzeichen, sondern vielmehr als symptomatische von dieser grausamen Krankheit ansehen müsse.

Wir kommen zu den Pestbeulen zurück, und merken im Vorbeigehen an, daß sie jederzeit einerlei Gegend einnehmen, wo auch immer sie sich festsetzen; von zwei Pestbeulen wird also nicht eine in der Leiste und die andere unter der Achsel zu gleicher Zeit hervorbrechen, obgleich dies Herr Mertens behauptet hat. Noch müssen wir anmerken, daß sie keineswegs zugleich mit den Karbunkeln oder Petechien, besonders mit den zusammenfließenden zum Vorschein kommen. Diese beiden letzteren äußerlichen Kennzeichen findet man in der Mitte der Epidemie, wohingegen die Pestbeulen im Anfange oder am Ende bemerkt werden.

Sobald die Pestbeule, zum Beispiele in der Leiste, zum Vorscheine gekommen, alsdenn spürt man nahe bei der Drüse nur eine kleine Erhabenheit, die kaum merklich ist, womit ein tiefer Schmerz ohne Kennzeichen der Entzündung verbunden ist. Wenn alsdenn die Kräfte des Kranken nicht weggefallen sind, so wird die Pestbeule von Tag zu Tag größer, der Schmerz nimmt zu, und die Entzündung stellt sich in dem Teile ein. Wenn im Gegenteil der Kranke sehr schwach ist, wie dies bei den meisten Pestkranken zu geschehen pflegt, so erhebt sich die Geschwulst keineswegs, es stellt sich keine Entzündung ein, der Schmerz nimmt ab, und der Kranke stirbt den zweiten, dritten oder vierten Tag. Sollte er aber den siebenten Tag erleben, so erhebt sich alsdenn die Pestbeule immer mehr und mehr, entzündet sich, wird schmerzhaft, die Eiterung stellt sich ein, und der Kranke ist außer Gefahr. Wirklich erfolgt diese Veränderung bloß deswegen, weil die Kräfte des Kranken hinreichend sind, die Krankheit zu überwinden.

Man bemerkt gleichfalls, daß die schweren und tödlichen Vorfälle schwächer werden, sowie die Entzündung in Eiterung übergeht, und wenn die Pestbeule völlig reif ist, und man öffnet sie, so gehet ein dicker zäher Eiter heraus, welcher weiß aussieht, und eine sehr gute Beschaffenheit hat. Die Wunde heilt nach einigen Tagen vollkommen, zum größten Vergnügen des Kranken, der einer so tödlichen Krankheit entgangen ist.

Sobald sich eine Pestbeule in der Leiste, unter den Achseln, in den Speicheldrüsen merken läßt, raten einige, man soll sogleich einen Einschnitt machen, wenn sie auch noch sehr unreif sein sollte, ich habe dies selbst im Anfange bei meinem Aufenthalte in den Pestspitälern getan; es ist mir aber eine solche Heilart keineswegs geglückt. Der lebhafte Schmerz, der von einem solchen Einschnitt entsteht, hat mich keineswegs davon abgeschreckt; da aber gewöhnlich eine fistulöse Wunde daraus wird, die bisweilen ganz unheilbar ist, so hat mich diese Unbequemlichkeit alsdenn angetrieben, eine weniger unangenehme Methode für den Kranken und den Wundarzt aufzusuchen.

Sobald sich eine Pestbeule an einer gewissen Stelle zeigte, legte ich alsbald den Tag hindurch erweichende Umschläge, und die Nacht Pflaster von eben der Natur auf. Hiermit fuhr ich fort, bis die Beule völlig reif war, welches bald geschah, wenn die Kräfte des Kranken nicht durch die Größe der Krankheit völlig erschöpft worden waren, und alsdenn, machte ich einen Einschnitt. Es ging ein weißer, dicker, nicht riechender, mit einem Worte ein guter Eiter heraus, und wenn man die Wunde gehörig verband, schloß sich dieselbe in kurzer Zeit. Da ich in den Spitälern den glücklichen Ausgang dieser Methode bemerkte, riet ich sie vorzüglich allen übrigen Wundärzten, die sie gleichfalls mit sehr glücklichem Erfolg brauchten.

Da der Eiter, welcher aus einer Pestbeule herausgeht, wenn sie vollkommen reif ist, so ganz besonders gutartig zu sein pflegt, so entstand bei mir der Gedanke von der Einimpfung der Pest. Sollte dieselbe wohl nicht zum Heil derjenigen dienlich sein, welche unumgänglich die Pestkranken bedienen müssen? Da ich zu drei verschiedenen malen angesteckt worden war, und da ich diese drei Anfälle sehr glücklich und sehr leicht überstanden hatte, brachte mich ein so glücklicher Ausgang dahin, ein solches ganz neues System vorzuschlagen, welches ich in meinem Memoire sur l'Inoculation de la Peste, à Strasbourg, imprimé en 1782. und in meinem Lettre à l'Academie de Dijon, avec Réponse à ce qui a paru douteux dans le dit Memoire; imprimé à Paris en 1783. weiter auseinander gesetzt habe.

II) Die Pestkarbunkel (charbon) machen das zweite äußerliche Kennzeichen der Pest aus. Sie setzen sich an die äußere Fläche des Körpers, und nehmen alle fleischigen Teile ein. Doch muß man diejenigen Teile ausnehmen, die mit Haaren bedeckt sind, so wie auch diejenigen, in welchen die Pestbeulen zum Vorschein kommen, obgleich man mit Unrecht das Gegenteil behauptet. Gewöhnlich findet man sie in der Mitte der Pest, sehr selten im Anfange, und fast niemals am Ende des Laufs derselben. Ich gebe diese Bemerkung keineswegs als ganz untrüglich an, weil sich bisweilen das Gegenteil, aber als ein sehr seltener Fall ereignet, und man findet sie alsdenn bei einzelnen Personen von einem starken und trockenen Temperament; überdies sind alsdenn diese Pestkarbunkel weder so groß, noch so zahlreich und mit keinen so gefährlichen Symptomen verbunden, so daß man sie aus dieser Periode der Pest weglassen kann.

Herr Mertens, den ich schon oft angeführt, behauptet, er habe Pestkarbunkel mit anderen äußerlichen Kennzeichen von eben der Gattung vereinigt gefunden, und benennt sie Anthraces. Er fügt hinzu, er habe sie meistenteils am Hals und an dem Rücken der Pestkranken bemerkt. Ich weiß nicht, wo er diese Anthraces gesehen hat, noch warum er sie von dem Karbunkel unterscheidet; nur so viel ist mir bekannt, daß zu der Zeit, als die Pest Moskau verheerte, welche Epidemie er beschreibt, ich keine anderen äußerlichen Kennzeichen, als die Pestbeule, die Karbunkel und die Petechien bemerkt habe.

Sehr unrecht sieht man gleichfalls die Karbunkel als ein kritisches Kennzeichen der Pest an, so wie ich dies bereits bemerkt, indem ich von den Pestbeulen redete, und ich stütze mich auf die schon angeführten Gründe. In der Tat stellt sich keine Krisis jemals im Anfange der Krankheit ein: denn obwohl die Pestkarbunkel meistenteils in der mittleren Periode der Epidemie der Pest zum Vorschein kommen, so empfinden doch die Kranken, sobald sie ein gewöhnliches Kennzeichen zu sein pflegen, gleich anfangs einen sehr lebhaften Schmerz an der Stelle, wo sie sich festsetzen, und sie zeigen gleich anfangs denselben an, wenn man sie fragt. In diesem Punkte haben sie mit den Pestbeulen einerlei Gang, welches ein Beweis ist, daß beide in die Klasse der symptomatischen Kennzeichen der Pest gehören.

Sobald der Kranke auf die Fragen über diesen Gegenstand geantwortet hat, muß man alsbald den Ort untersuchen, den er anzeigt. Man wird hier gleich anfangs einen kleinen Knopf oder eine Pustel finden, die mit einer gelben Feuchtigkeit angefüllt ist, wobei man aber keine Entzündung spürt. Dieser Knopf ist im Anfange nicht viel größer, als ein Stecknadelknopf; von Stund zu Stund erhebt er sich aber, und breitet sich immer mehr und mehr aus. Wenn er so breit als ein Nagel, oder noch etwas breiter geworden, so springt das Häutlein auf, das ihn bedeckte, und es fließt ein wenig Feuchtigkeit heraus. Untersucht man den Grund einer solchen Pustel, so sieht er bereits dunkelschwarz aus, und hat den Charakter eines völligen Karbunkels. Unterdessen breitet er sich immer mehr und mehr aus, ja er wird bisweilen so breit als die flache Hand.

Nach den gemeinen angenommenen Begriffen findet man bei einem jeden Subjekte nur ein oder zwei Karbunkel; die Pest von Moskau hat aber das Gegenteil dargetan. In dieser Epidemie hat man zwei bis vier Karbunkel gefunden, und auch diese hatten alsdenn eine außerordentliche Größe. Die Karbunkel erheben sich niemals über die Oberfläche des Körpers, wie die Pestbeule:

sie sind allezeit größtenteils platt und rund: sie durchdringen selbst das Fleisch, worinnen sie sitzen, und gehen einen, bisweilen zwei und drei Zoll tief, wenn sie sich in sehr fleischigen Teilen befinden.

Untersucht man die Karbunkel, wenn sie auch noch einen so großen Umfang haben, so sehen sie allezeit dunkelschwarz und brandig aus, sie haben eine außerordentliche Härte, woraus man keinen günstigen Schluß für die frühzeitigen Einschnitte machen kann, welche alle Schriftsteller geraten, die von der Pest geschrieben haben. In der Tat frage ich ganz zuversichtlich, welches wird wohl der Erfolg von solchen Einschnitten sein? Wirklich setzen sich die Karbunkel bisweilen in Stellen fest, wo man keine Einschnitte anbringen kann; ferner sitzen die Karbunkel so tief in den fleischigen Teilen, daß man nicht den Grund derselben, ohne Gefahr der Verletzung eines beträchtlichen Gefäßes, erreichen kann; sie sind überdies so hart, daß sie dem Messer widerstehen. Ich kann mit Wahrheit versichern, diese Methode habe mir niemals Nutzen geschafft, obgleich ich sie verschiedene male mit vieler Schwierigkeit angewendet hatte.

Da ich sah, daß die brandartige Härte meine Absichten vereitelte, wollte ich den Karbunkel mit einem weit stärkeren und schärferen Messer ganz aus dem gesunden Fleisch ausschneiden. Diese neue Methode ging ebenso wenig, als die erste, glücklich vonstatten. Der Grund davon läßt sich leicht einsehen; entweder sitzt der Karbunkel an einer Stelle, wo man nicht genug in das Fleisch hineinschneiden kann, um ihn gänzlich auszurotten, so kann man nur einen Teil wegnehmen, welches unnütz sein würde; oder die Teile, worinnen er sitzt, so wie auch die nahe dabei gelegenen, verstatten keineswegs die Ausrottung oder die Einschnitte; welche Hilfe kann man sich wohl alsdenn von solchen Methoden versprechen? Um diesen Unbequemlichkeiten auszuweichen, nahm ich zu folgenden Hilfsmitteln meine Zuflucht.

Sobald ein Kranker mit einem oder zwei anfangenden Karbunkeln in das Spital kam, untersuchte ich jederzeit, ob das Häutlein bereits geborsten war, das ihn bedeckte, wenn dies nicht geschehen, öffnete ich es sogleich; wenn sich der Karbunkel völlig gebildet hatte, legte ich darüber eine zu diesem Endzwecke bestimmte Salbe.

Die Salbe bedeckte ich jedesmal mit einem schicklichen Pflaster, worüber ich auch noch einen antiseptischen Umschlag legte, der den ganzen Tag hindurch darauf befindlich sein mußte, und den man sehr fleißig wechselte.

Abends verband ich gleichfalls, und erneuerte den Verband. Waren die Kräfte des Kranken nicht völlig erschöpft, oder hatte die Krankheit nicht einen außerordentlichen bösartigen Charakter, so fing sich der Karbunkel alsdenn bereits binnen 24 Stunden an ein wenig von dem gesunden Fleische zu trennen, und diese glückliche Trennung vermehrte sich täglich durch Beihilfe eben dieser Mittel.

Ist der Karbunkel außerordentlich groß, sitzt er sehr tief, wie ich verschiedene male bemerkt habe, so wird viel Zeit erfordert, ehe ihn die Natur und die Hilfsmittel völlig trennen können. Man kann alsdenn die Hauptgefäße liegen sehen, welche unter den brandigen Teilen befindlich sind: ja bisweilen entdeckt man selbst den Knochen. Diese Bemerkung allein, die ich verschiedene male zu machen Gelegenheit gehabt, hat mich auf immer abgeschreckt, Einschnitte in die Karbunkel zu machen.

Aus diesem Grunde bin ich der beschriebenen Methode gefolgt; sie ist mir jederzeit, so wie auch den andern Wundärzten, in den Pestspitälern geglückt, welche sie mit aller möglichen glücklichen Erwartung angewendet haben.

III) Die Petechien sind das dritte äußerliche Kennzeichen der Pest, sie mögen nun groß oder klein sein, besonders aber die zusammenfließenden Petechien. Sie zeigen sich gemeiniglich auf der ganzen Oberfläche des Körpers, und besonders auf der Brust, dem Unterleib, den Schenkeln, dem Hals, den Armen und den Füßen, sowohl bei Kindern, als auch bei Erwachsenen. Sie sehen gemeiniglich anfangs dunkelpurpurrot aus, am Ende aber werden sie ganz schwarz, sind nicht entzündet, noch erhaben.

Man kann die Petechien in zwei Klassen einteilen; diejenigen, welche im Anfange der Epidemie und am Ende derselben zum Vorscheine kommen, sind weder so breit, noch so zahlreich, noch so zusammengeflossen, wie es in der Mitte des Laufs der Epidemie zu geschehen pflegt.

Sie gleichen denjenigen, welche man gewöhnlich in den ordentlichen Fleckfiebern antrifft; in der mittleren Periode aber, von welcher ich hier rede, sind sie allezeit sehr groß, außerordentlich breit, sehen schwarz aus, sind meistenteils zusammengeflossen, besonders bei Kindern und sehr zarten Personen. Wenn drei oder vier Petechien zusammenfließen, so bilden sie gemeiniglich eine Pestbeule oder eine platte Pustel, die sich jederzeit mit einer gelben Feuchtigkeit anfüllt, und kaum ist sie aufgeplatzt, so entdeckt man darunter einen völlig gebildeten Karbunkel. Auf solche Art entstandene Karbunkel sind bisweilen mehrere vorhanden: diese Kennzeichen sind gewöhnlich die Vorboten des Todes.

Wenn die Petechien zum Vorschein kommen wollen, so empfindet der Kranke kein Jucken, wie man behauptet hat, sondern einen wahren stechenden Schmerz, besonders an den Stellen, wo die Petechien in Karbunkel übergehen wollen. Der Kranke zeiget dieses auf die getane Frage an, und bestimmt genau den Ort, wo er diesen stechenden Schmerz empfindet, besonders diejenige Stelle, wo sich der Karbunkel festsetzen will, der von den ausgearteten Petechien entsteht, und diese Empfindung, von der ich rede, spürt er gleich im Anfange der Krankheit, sobald die Petechien hervorbrechen wollen. Es scheint mir unnütz zu sein, die angeführten Gründe wider die kritischen Kennzeichen, in Rücksicht der Pestbeule und der Karbunkel, zu wiederholen, und hier auf die Petechien anzuwenden.

§. 8. Mit diesen drei äußerlichen Kennzeichen verbindet Herr von Mertens das vierte, welches er Blutstriemen (Vibices, Mertrissures) nennt. Ich weiß nicht, ob man dieselben als ein besonderes und unterschiedenes Kennzeichen annehmen kann, und ich zweifle sehr daran.

Warum zeigt sich wohl dieses vorgegebene Kennzeichen nie auf die Art, wie die andern, so daß der Kranke spüren könnte, wo sie zum Vorscheine kommen werden, wie ihre Größe und ihr Umfang beschaffen sein wird? Denn sie sitzen jederzeit mehr in der Oberfläche, als die übrigen Kennzeichen. Warum findet man überdies niemals diese Kennzeichen im Anfang der Krankheit; und warum nicht ohne die andern äußerlichen Kennzeichen, als da sind die Karbunkel und die zusammenfließenden Petechien? Warum erscheinen sie endlich allezeit bei der Annäherung des Todes, und selbst nach dem Tode? Diese letztere Erscheinung beweist vollkommen, wie mich dünkt, man könne die Blutstriemen nicht in die Klasse der äußerlichen

Kennzeichen der Pest setzen, und noch mehr, man müsse sie nicht als ein untrügliches und charakteristisches Kennzeichen von dieser Krankheit ansehen.

Vielleicht wird man fragen, warum gewöhnlich diese Striemen erst nach dem Tode ausbrechen? Um diese Erscheinung zu erklären, darf man sich nur erinnern, daß das Pestgift die festen Teile selbst angreift, und ihren ursprünglichen Zusammenhang trennt, nachdem es die Masse der Säfte aufgelöst hat. Darf man sich wohl unter diesem Gesichtspunkt wundern, wenn nach dem Tod die erweichten und erschlafften Teile des Kadavers, auf welchen seine ganze Last ruht, mit Blute angefüllt sind, und wenn dieses Blut aus den Gefäßen in das Zellengewebe tritt? Man betrachtet deswegen mit Unrecht die Blutstriemen als ein außerordentliches und charakteristisches Kennzeichen der Pest; sie charakterisieren die Pest niemals mehr, als eine Menge andere faule Krankheiten.

Vielleicht wird man sagen, es erscheinen diese Blutstriemen auch auf der Oberfläche des Körpers vor dem Eintritte des Tods der Pestkranken? Es ist wahr; kann man aber wohl nicht schwere, eiskalte, aller Bewegung beraubte Körper so ansehen, als ob sie bereits gestorben wären? Wenn man deswegen dieses Kennzeichen in einem Körper hervorbrechen sieht, in welchem das Leben noch nicht verlöscht ist, so muß man es vielmehr als ein Zeichen des

Todes selbst, nicht aber als ein Zeichen der Pest ansehen. Die außerordentliche Schlaffheit des Fleisches, die gänzliche Auflösung des Bluts, noch mehr, der schnelle Eintritt der Krankheit, verbunden mit den übrigen äußeren Kennzeichen, welche jederzeit vorhergehen, kündigen jederzeit den Tod an, und sind ein überzeugender Beweis von demjenigen, was ich behauptet habe. Ich werde deswegen niemals keine andern äußerlichen Kennzeichen der Pest, als die Pestbeulen, die Karbunkel und die Petechien annehmen.

§. 9. Um zu bestätigen, daß man die äußerlichen Kennzeichen keineswegs als eine Krisis der Pest ansehen müsse, wird es nicht undienlich sein, wenn ich hier einige Bemerkungen beibringe, die mir ganz eigen angehören. Kaum war ich das erstemal in dem Spital des Klosters Ougreschinsky von der Pest angegriffen worden, als einige Stunden nach den ersten Symptomen, als der Schwere des Kopfs, dem Brechen usw. ein tauber Schmerz in der rechten Leiste zum Vorscheine kam, der mehr und mehr zunahm. An dieser Stelle setzte sich die Pestbeule feste. Die folgende Nacht nahm diese sehr zu, und die Pestbeule wurde immer größer: eine Pestbeule, die man mit Unrecht als ein kritisches Kennzeichen betrachtete; da sie aber mit gleichen Schritten mit den inneren Kennzeichen fortging, mit welchen sie sogleich verbunden war, wie konnte man sie wohl als eine Krisis der Pest ansehen? Um so mehr, da sie die Krankheit nicht hob, obgleich sie nicht tödlich war. Ein neuer Beweis, welcher mein System bestätigt.

I.) Ich wurde das zweitemal angegriffen; ich empfand deswegen eben die Symptome, und spürte das nämliche äußerliche Kennzeichen, nur mit dem Unterschied, daß ich den Schmerz in der linken Leiste merkte; auch setzte sich diesmal hier meine Pestbeule fest.

Diesem wiederholten Kennzeichen ungeachtet, und das man aus diesem Grunde fälschlich ein kritisches nennt, wurde ich zum drittenmale von der Pest angegriffen. Als ich mich damals bei dem Anfange des Anfalls in das Bette, legte, empfand ich keinen örtlichen Schmerz, wie in den beiden ersten vorhergehenden Anfällen, sondern er war über die ganze Oberfläche meines Körpers verbreitet, die auch ganz mit Petechien bedeckt wurde. Ich erstaunte darüber keineswegs. Der Schmerz war zwar nicht zu lebhaft, als bei den Pestbeulen, doch war er mehr ausgebreitet, und da ich ihn im Anfang meiner Krankheit empfand, so wird man mir erlauben, ihn bloß als ein symptomatisches Kennzeichen anzusehen.

II.) Eben diese beschriebenen Phänomene kamen auch bei anderen Subjekten zum Vorscheine, und ich will hier die Geschichte davon mitteilen.

In eben dieses Spital des Klosters Ougreschinsky, wo ich mich damals befand, kam eine angesteckte Frau mit ihrer Tochter, die sie bedienen wollte. Ihre kindliche Liebe konnte keineswegs die Mutter retten; sie bediente dieselbe bis zu ihrem Tode, der einige Tage darauf erfolgte. Um diese junge Person vor der Kontagion zu schützen, riet ich ihr, daß sie sich in mein Zimmer begeben sollte, wo ich glaubte, sie würde mehr sicher sein.

Auf mein Bitten begab sie sich dahin, und legte alle Kleidung ab, worinnen sie ihrer armen Mutter beigestanden hatte. Dieser Vorsichten ungeachtet, da sie täglich ihre und meine Speisen aus den Händen derjenigen annehmen mußte, welche den Pestkranken beistanden, die Unterredungen, welche sie mit Weibern zu halten gezwungen war, welche noch Wunden, als Folgen der äußerlichen Kennzeichen der Pest, an sich trugen; alles dieses setzte sie der Gefahr aus, und sie wurde nach dem zehnten oder zwölften Tage dieser vergeblichen Vorsichten angesteckt. Die Krankheit fing mit einer großen Traurigkeit und einer unwillkürlichen Unruhe an. Oft vergoß sie ohne Grund Tränen. Diese Vorboten ließen üble Folgen vermuten. An einem Morgen hörte ich sie in ihrer Kammer seufzen und winseln, da ich hinein kam, hatte sie sich auf das Bette hingelegt und ausgestreckt, das Gesicht sah blaß aus, und die Augen standen voller Tränen: sie übergab sich und klagte über Schmerzen.

Ich fragte nach den Symptomen, welche sie empfand; sie antwortete mir, sie empfinde eine Schwere und einen tödlichen Schmerz in dem Kopfe; ihr ganzer Körper wäre von Schwachheit zu Boden gedrückt, usw. Ich wollte ferner wissen, ob sie keinen örtlichen Schmerz in einer andern Gegend spürte; sie gestand mir alsdenn, in der rechten Leiste empfände sie einen sehr lebhaften Schmerz.

Ich untersuchte sie deswegen, und entdeckte wirklich eine kleine Erhabenheit und eine leichte Entzündung in dieser Gegend, so daß sich auf diese Art die Pestbeule bereits anfing zu bilden.

Vorher hatte dieses Mädchen sehr ruhig vom Anfange der Nacht an geschlafen: erst gegen fünf Uhr des Morgens meldeten sich die ersten Symptome an, und zu gleicher Zeit stellten sich auch die äußerlichen Kennzeichen ein. Ein unwidersprechlicher Beweis von demjenigen, was ich bereits vorgebracht habe, daß man diese äußeren Kennzeichen keineswegs als kritische, sondern vielmehr als symptomatische Kennzeichen der Pest ansehen müsse.

Im Vorbeigehen gesagt, an diesem Mädchen stellte ich die ersten Versuche mit dem Reiben des Eises an, welche die Kaiserin zur Heilung der Pestkranken vorzunehmen vorgeschlagen hatte. Diese Versuche glückten mir auch völlig, daß ich das Leben dieser Kranken rettete, obgleich sie sehr heftig angefallen worden war.

III) Ich ging hierauf in das Spital des Klosters Danylowsky; der Offizier, welcher hier die Wache hatte, sein Vater, Kapitain bei eben dem Regimente, und ich, wir brachten sehr vergnügt den Abend miteinander bis gegen elf Uhr zu: sie begaben sich weg, aßen, und legten sich sehr gesund nieder. Gegen drei Uhr des Morgens empfand der junge Mensch schon bereits Anfälle der Krankheit. Der Vater war ganz in Verzweiflung, kam mich aufzusuchen; ich ging gleich zu ihm hin, und erkannte aus den Krankheitsanzeichen, welche der Sohn empfand, die wahren Charaktere der Pest. Ich fragte ihn, ob er keinen stechenden Schmerz in einer gewissen Gegend spürte, anfangs antwortete er, nein; alsdenn aber sagte er, die linke Gegend der Lenden sei ihm schmerzhaft; kaum hatte er sich entblößt, so fand ich Spuren eines Karbunkels, der sich zu bilden anfing. Die Pustel, welche ihn verkündigte, machte eine Erhabenheit von der Größe eines Stecknadelknopfs. Gegen zehn Uhr des Morgens besuchte Herr Grave, Oberwundarzt, seine Kranken, an welchen er zu der Zeit Versuche, bei einigen mit den spanischen Fliegen, bei andern aber mit Zwiebeln, die unter der Asche gebraten worden, anstellte. Ich erzählte ihm den Fall, und wir untersuchten miteinander die Pustel, welche bereits größer als ein Louisd'or war. Dieselbe war noch nicht aufgebrochen, weswegen wir sie sogleich öffneten, und dem Unterwundarzte anbefohlen, ein spanisches Fliegenpflaster darauf zu legen. Da er abends den Verband wegnahm, war der Karbunkel noch einmal so groß geworden. Den andern Morgen fing das Pflaster an zu wirken, und die Kennzeichen der Trennung des Karbunkels von dem gesunden Fleische kamen zum Vorschein. Wir setzten die inneren und äußeren Hilfsmittel fort, und der Kranke wurde sehr bald hergestellt.

Ich übergehe verschiedene andere Bemerkungen, die ich an Pestkranken in meiner Gegenwart angestellt habe, als da waren die Unterwundärzte, die sich mit mir in den Pestspitälern befanden, und welche die Pestkranken bedienten, und begnüge mich bloß mit dem Schlusse, den man aus allen diesen Bemerkungen in Rücksicht meines Systems machen kann; daß nämlich die Pestbeulen, die Karbunkel und die Petechien, welche gleich im Anfange bei jedem Pestkranken zum Vorscheine kommen, keineswegs mit Grunde als kritische Kennzeichen der Pest angesehen werden können; sie sind vielmehr symptomatische Kennzeichen, welche diese Krankheit charakterisieren und sie von vielen anderen unterscheiden, welche von einer Fäulnis der Säfte herkommen.

§. 10. Wir wollen zu dem Pulse übergehen. Man behauptet, man könne den Puls bei Pestkranken durch die Handschuhe untersuchen, oder indem man ein Tobacksblatt auf die vordere Hand des Kranken legt. Ich weiß nicht, ob man bei einem solchen Hilfsmittel den Puls genau untersuchen kann; was mich anbelangt, so habe ich mich niemals weder der Handschuhe, noch der Tobacksblätter bei Untersuchungen des Pulses die ganze Zeit über in den Pestspitälern bedient; ich fühlte die Pulsader jederzeit mit bloßen Händen an, und nach meinen häufigen Beobachtungen schließe ich, daß bei Pestpatienten die Verschiedenheit des Pulses bloß von den inneren Symptomen, keineswegs aber von den äußeren oder von andern Umständen des Kranken herkommt.

Man findet gleich anfangs einen ungleichen Puls bei einem jeden Pestkranken, und man trifft niemals einen gleichen, beständigen Pulsschlag, wie in den hitzigen Fiebern, oder anderen Krankheiten von eben der Gattung an, obgleich es einige Ärzte haben behaupten wollen.

Diese merkliche Ungleichheit in einer ganz besonderen Krankheit schreibt sich von dem Fortgang der Auflösung der Säfte und des Bluts her, welche die inneren Krankheitsmerkmale, die damit verbunden sind, mehr oder weniger geschwind, nach der Verschiedenheit des Temperaments, abändern.

Es mag, zum Beispiel, eine Person von einem lebhaften Temperament und einer trockenen Konstitution von der Pest angefallen worden sein, so wird sie gleich anfangs einen heftigen Kopfschmerz spüren, womit eine große Schwere verbunden ist; gesellen sich hierzu Übelkeiten und Brechen, stellt sich ein Delirium ein usw., so wird alsdenn der Puls voll, erhaben, hart, stark und schnell sein; sobald aber diese Symptome gänzlich aufhören, es mag nun plötzlich, oder erst nach zwei oder drei Tagen geschehen, so wird der Puls alsdenn weich, schwach, ungleich werden, ja selbst unter dem Drucke des Fingers verschwinden.

Eine fast gleiche Veränderung findet man bei Personen von einem schwächlichen Temperament, die zarte und schlaffe Fibern haben. Im Anfange des Anfalls der Krankheit dauern die Symptome, obgleich nicht so heftig, fort, und der Puls erhält sich; sobald sie aber nachlassen, und wenn die Blutmasse gänzlich aufgelöst worden ist, alsdenn wird der Puls ungleich, klein, schnell, und verschwindet oft unter dem Drucke des Fingers.

Wenn man also verschiedene Pestkranke gesehen, und den Gang der Symptome kennen gelernt hat, so fällt es nicht schwer, jedesmal den Zustand ihres Pulses zu bestimmen, der nicht von den äußeren Kennzeichen abhängt; ja es ist selbst fast unnütz, ihn zu untersuchen, so untrüglich ist diese Regel. Kann man ihn bei dem Anfühlen kaum fühlen, bleibt er alsdenn bei dem Berühren lange Zeit aus, so wird sich der Tod bald einstellen.

§. 11. Eben die Symptome, welche den Zustand des Pulses zu erkennen geben, müssen gleichfalls die Kur bestimmen, bei welcher man hauptsächlich dahin sehen muß, daß man die Fäulnis zerstört, welche die Säfte ansteckt, ohne doch dabei die äußeren Kennzeichen zu vergessen, weil sie gleichfalls ihre gehörigen Heilmittel verlangen.

Ehe wir aber diese Gegenstände näher auseinandersetzen, wird man vielleicht fragen: ob man wohl durch die Öffnung der Personen, welche an der Pest versterben sind, über die Natur dieser grausamen Krankheit Entdeckungen machen kann? Eine solche Öffnung scheint mir sehr unnütz zu sein, und ich gestehe es, daß ich sie niemals vorgenommen habe. Ja ich glaube selbst, die bloße Beobachtung der inneren Krankheitsanzeichen, welche die Schlachtopfer der Pest angreifen, so wie auch die äußeren Kennzeichen, welche vor und nach dem Tode zum Vorschein kommen, sei ein überzeugender Beweis, diese Krankheit gehöre in die Klasse der faulen Krankheiten. Ich zweifle keineswegs, wenn man dergleichen Kadaver öffnet, daß man alsdenn darinnen ein aufgelöstes, wäßriges, dem Fleischwasser ähnliches, hier und da ausgetretenes Blut in dem weichen, erschlafften Fleische finden werde. Was könnte man auch wohl anders in Fibern erwarten, die mit Säften vollgepfropft sind, welche ihre bildende Kraft (plastique) verloren haben, und die nicht gerinnen können.

Diese Auflösung offenbart sich bereits bei Pestkranken unter dem Aderlassen; denn das Blut, welches aus ihren Adern herausläuft, ist wäßrig, hat eine blaßrote Farbe, und gerinnt keineswegs. Was hat man wohl nach einem solchen Versuche weiter nötig, durch die Öffnung der Kadaver Entdeckungen zu machen, welche die Tödlichkeit dieser fürchterlichen Plage beweisen sollen?

Wird es wohl nicht besser sein, wenn man sogleich die Pest als eine ganz faule Krankheit ansieht, welche sehr schnell die Masse der Säfte verdirbt? Unter diesem Gesichtspunkt betrachtet, würde man vielleicht dahin geleitet werden, die geschicktesten Mittel aufzusuchen, wodurch man diese Fäulnis zerstören, und die Pest am sichersten heilen könnte.

§. 12. Gegenwärtig besitzen wir noch keine genauen Beobachtungen und gewisse Versuche, welche uns in der Heilart leiten könnten, wenn man diese grausame Krankheit bekämpfen will. Die Gelegenheit hierzu schien sehr günstig zu sein, als sie Moskau verheerte: wir befanden uns in dem achtzehnten Jahrhundert, welches das Jahrhundert der schönen Wissenschaften und der freien Künste ist. Die Arzneiwissenschaft verdient einen großen Vorzug vor derjenigen Art, wie man sie in den vorigen Jahrhunderten auszuüben pflegte. Die Ärzte von Moskau, und aus dem ganzen Russischen Reich hätten ihre Einsichten vermehren können, und ihre Kräfte anwenden sollen, diese Krankheit mit Nutzen anzugreifen.

Sie hätten eine genaue Beschreibung von den inneren Krankheitsanzeichen und äußerlichen Kennzeichen dieser Krankheit den aufgeklärtesten Ärzten Europas vorlegen, sie über den Gang, welchen sie hätten gehen sollen, befragen können, so wie auch die Beobachter bei ihren Versuchen an lebendigen und an toten Körpern, und die ausübenden Ärzte, die sich mit der Heilung ihresgleichen abgeben, und die Krankenwärter, die herzhaft genug sind, ihre Kräfte und ihr Leben auf das Spiel zu setzen.

Der Vorteil, welcher aus einem solchen Verfahren entstanden wäre, muß sogleich in die Augen fallen.

Wenn ein Kunstverständiger eine Krankheit zu heilen unternimmt, die er niemals gesehen noch beobachtet hat, wenn er dabei einsichtsvolle Ärzte nicht zu Rate ziehen kann, so läuft er allemal Gefahr, auf Irrwege zu geraten: und wenn er auch bisweilen glücklich sein sollte, so weiß er doch nicht, ob er dies wohl seinem Genie, oder der Natur zu verdanken habe.

Von diesem Bewegungsgrunde durchdrungen, entschloß ich mich, da ich kaum in das Kloster Ougreschinsky hineingegangen, meine ersten Bemerkungen über die Pestkranken den Ärzten des Konseils vorzulegen, und von ihnen einen Unterricht zu begehren, welchen Gang ich zu gehen hätte, sowohl in Rücksicht der Heilung der Kranken, als auch in Absicht der Versuche, die ich sowohl an den Toten als an den Lebendigen anstellen könnte. In Ermangelung einer wichtigen Antwort, worum ich sehr fleißig bat, mußte ich mich auf meine eigenen Einsichten verlassen. Zum Glück glaube ich nicht bei einer so ganz dunklen Krankheit auf Irrwege geraten zu sein. Ich will aber dem Publikum diejenige Methode vorlegen, welche mir am meisten geglückt ist.

Sobald sich ein Kranker in meinem Spital meldete, der Brechen hatte, besonders wenn sich dasselbe nach dem Essen einstellte, verordnete ich sogleich ein Brechpulver von 14 Granen Brechwurzel, zwei Granen Brechweinstein, acht Granen gereinigtem Weinsteinsalz, ließ dieses Pulver auf einmal nehmen, und fleißig Gerstenwasser oder einfaches Wasser nachtrinken. Zarten Personen gab ich ein Brechpulver von zwölf Granen Brechwurzel, vier Granen Rhabarber und zehn Granen gereinigtem Weinsteinsalz, wie das obige auf einmal; und wenn der Kranke nicht hinreichend gebrochen hatte, bekam er das Pulver abends oder morgens noch einmal.

Sobald ich dieser Anzeige Genüge getan, suchte ich alle Mittel auf, eine gelinde Ausdünstung, oder wenn es möglich war, selbst einen Schweiß hervorzubringen; meine Absicht ging jederzeit dahin, die unglaubliche Trockenheit und die brennende Hitze, welche ich fast bei jedem Pestkranken in der Haut bemerkte, zu bekämpfen. Aus eben diesem Grunde verordnete ich unter diesen Umständen, den ganzen Körper mit lauem Wasser, das mit ein wenig Weinessig geschärft worden war, zu waschen, und ich wiederholte diese Operation, bis die Haut ein wenig weich zu werden anfing. Noch mehr: ich ließ zu gleicher Zeit einen gelinden Trank von Salbei, Karde benedikten, Skordium trinken, und verband damit einige Tropfen von dem Spiritu Nitridulcis; oder Liquor Anodin. Mineral. Hoffmanni. Bisweilen brauchte ich anstatt des obigen Tranks bloß einen Tee von Kamillenblumen mit eben dem Geiste, in der Absicht die

Ausdünstung oder den Schweiß herauszulocken. Für die Nacht verordnete ich vierzig Tropfen von der Mixtura simplici, und es war jederzeit von einer glücklichen Vorbedeutung, wenn ein gelinder Schweiß zum Vorscheine kam. Da die Pestkranken fast alle einen Frost an dem ganzen Körper, eine Schwere, unerträgliche Kopfschmerzen, Schwindel usw. spürten, so ließ ich jedesmal, außer den anderen innerlichen Arzneien, einen Umschlag auf die Stirne von Rautenessig oder Weinessig, oder von rotem Rosenessig, und ebenso viel destilliertem Rosenwasser machen, worein man Leinwand tauchte und auf die Stirn legte.

Die Gelenke der Hand bedeckte ich mit einem Umschlage von sechs Lot Sauerteig, eben so viel schwarzem Brote, und zwei Lot gequetschter frischer Raute, welches alles zusammengemischt und zwischen zwei Tücher gelegt wurde; auf die Fußsohlen legte ich epispastische, oder rot machende Mittel von acht Lot Sauerteige, sechs Lot gestoßener frischer Raute und einer hinreichenden Menge Rauten- oder Weinessig. Alles dieses wurde gehörig gemischt, zwischen zwei Tücher gelegt und bei den angeführten Teilen angewendet. Ich fuhr damit fort, bis sich die Krankheitsanzeichen vermindert hatten.

Diese Krankheitsanzeichen sind jederzeit, wie ich bereits oben erinnert habe, mit Pestbeulen, Karbunkeln oder Petechien verbunden. In dem ersten Falle verordnete ich einen zeitigen (maturatif) Breiumschlag von Brotkrumen, frischer Kuhmilch, venezianischer Seife und gestoßenem Safran, von jedem eine schickliche Menge, um daraus einen Breiumschlag zuzubereiten, der warm zwischen zwei Tüchern von klarer Leinwand eingeschlossen, aufgelegt wurde. Bei verschiedenen anderen Personen brauchte ich eine Mischung zum Umschlag von frischer Kuhmilch und dem Unguent. Basilicon., von jedem eine schickliche Menge, um nach der Kunst einen Umschlag zuzubereiten, welcher den Tag hindurch, so oft es möglich war, erneuert wurde. Die Nacht legte ich an dessen Statt ein zeitigendes Pflaster von dem Emplastr. Melilot. Simplic. Diachyl. cum Gummat. de Cicut. auf, und man nahm von jedem gleiche Teile. Alles wurde untereinander gemischt, und ein Pflaster daraus gemacht, das man auf Leinwand oder weißes Leder strich, und mit diesem Verbinden wurde fortgefahren, bis die Pestbeule völlig reif war. Bloß in diesem Zeitpunkte machte ich einen Einschnitt, und ich befand mich jederzeit wohl dabei; nach einem solchen zur gehörigen Zeit angebrachten Einschnitt durfte man bloß die Wunde mit schicklichen Mitteln verbinden, und zwar bis sich dieselbe völlig geschlossen hatte.

Stellte sich bei den Pestkranken, von dem ersten Tage ihrer Krankheit an, eine Erhebung und endlich eine Eiterung der Pestbeule ein, verschwand zu gleicher Zeit das Brechen, nahm der Kopfschmerz ab, und brach ein Schweiß hervor; so waren diese Kennzeichen von einer guten Vorbedeutung.

Wenn anstatt der Pestbeule Karbunkel bei den Kranken zum Vorscheine kamen, so ließ ich darauf eine Salbe legen, welche zu diesem Endzweck zubereitet worden war, wenn die übrigen Hilfsmittel vorhergegangen waren.

Diese Salbe bestand aus dem Unguent. Digest. fort, Tinctur. Myrrh. Aloes, Spirit. Sal. Ammoniac., Sal. Ammoniac., von jedem eine schickliche Menge. Alles wurde zusammen gemischt und auf Karbeibäuschlein gestrichen, wozu ich auch noch ein wenig Salmoniaksalz und Geist hinzutat, ehe ich sie auf den Karbunkel legte.

Den Verband bedeckte ich jedesmal mit dem zusammengesetzten Diachylumpflaster, auf Leinwand oder weißes Leder gestrichen. Darüber legte ich einen antiseptischen Umschlag von Krauseminze, Rautenblättern, Wermut, von jedem eine Handvoll, mit vier Lot gestoßenen Wacholderbeeren, in einer hinreichenden Menge Weinessig und einfachem Wasser bis zur Dicke eines Umschlags eingekocht, womit man alsdenn noch drei Quentchen Salmoniaksalz vermischte. Dieser Umschlag wurde warm gebraucht, zwischen zwei klare Tücher gelegt, nachdem er vorher mit Rautenessig war angefeuchtet worden. Bei verschiedenen andern brauchte ich eine Vermischung von schwarzem Brot, Rautenessig oder gewöhnlichem Essig, und von Salmoniak, oder gemeinem Salz, von jedem eine hinreichende Menge, um daraus einen Umschlag zu machen, den man wie den obigen brauchte.

Mit vielem glücklichen Erfolg legte ich auch auf die Karbunkel einige scharfe Öle, als destilliertes Nelken-Zimt, Kardamomöl, Balsam von Mekka usw. Sie wurden bloß auf die Ränder der Karbunkel gelegt, indem man damit Karbeibäuschlein anfeuchtete, darüber einen Verband von der Digestivsalbe legte, und es mit einem Pflaster bedeckte. Die Karbunkel wurden jederzeit täglich zweimal bis zur völligen Absonderung des toten Fleisches von dem lebendigen verbunden, und alsdenn blieb für jeden Pestkranken nichts weiter zu tun übrig, als daß er die Wunde zur Heilung zu bringen suchte. Auf diese Art hatte ich bei meiner Praxis alle Einschnitte in die Karbunkel verbannt. Wenn sich diese Trennung nach zwei oder drei Tagen anfing einzustellen, so schöpfte ich als denn Hoffnung, der Kranke werde das Übel überstehen.

Alle scharfen, destillierten, auf diese Art gebrauchten Öle, befördern gar sehr die Trennung des toten Fleisches von dem lebendigen; nur muß man merken, wenn der Karbunkel einen großen Umfang haben sollte, welches sehr häufig geschieht, so legt man die Karbeibäuschlein bloß auf die Ränder desselben, entweder mit obiger Salbe bestrichen, oder mit den Ölen angefeuchtet, keineswegs aber auf die Mitte, weil diese Stelle gemeiniglich so hart ist, daß der

Kranke nichts davon als erst lange Zeit hernach empfindet, wenn man dieselbe brennt, besonders, wenn sie sehr tief im Fleische sitzen.

Wenn ich einen Kranken bekam, dessen ganzer Körper mit einer Menge zusammenfließender Petechien bedeckt war, die jederzeit in kurzem verschiedene Karbunkel hervorbrachten, so suchte ich die Fäulnis des Blutes zu verbessern, und zu verhindern, daß nicht mehrere Petechien zusammenfließen möchten. Ich wickelte deswegen den Kranken, wenn ich den Karbunkel gehörig verbunden hatte, ganz nackend in ein Tuch, das in Weinessig eingetaucht worden war, und fuhr damit bis zur gänzlichen Verschwindung der Petechien fort. Auf eben die Art verfuhr ich, wenn nur ein Teil des Körpers mit Petechien bedeckt war, und wickelte gleichfalls den Teil in ein solches eingetauchtes Tuch ein; diese einfache Methode verhinderte jedesmal, daß die Petechien nicht weiter zusammenflossen.

Ferner mußte man auch das Fieber, die Trockenheit der Zunge, als eine Folge davon, zu heben suchen. Zu diesem Endzweck verordnete ich reines Wasser mit Weinessig geschärft. Man kann an dessen Stelle den Saft von säuerlichen Früchten, so wie auch die mineralischen Säuren brauchen, als den Vitriolgeist damit bis zu einer angenehmen Säure vermischen, oder einen Trank von Reis trinken, welchen man mit Zitrone säuerlich macht.

Ich verordnete gleichfalls Gurgelwasser von eben der Beschaffenheit, um den zähen, gelben, klebrigen Schleim wegzubringen, welcher die Zunge überzogen hatte. Hiermit kann man säuerliche Säfte, mit ein wenig Wasser verdünnt, vermischen, und dieses Gurgeln so oft wiederholen, als die Zunge von neuem schmutzig ist.

Sobald ein gelinder Schweiß ausbrach, verordnete ich dem Kranken alle halbe Stunde ein halbes Quentchen Chinapulver, bisweilen gab ich ebensoviel mit drei Granen Kampfer vermischt alle Viertelstunden. War der Kranke zu schwach, um diese Hilfsmittel unter der verordneten Form zu brauchen, so gab ich ihm einen Aufguß von China mit dem Chinasirup löffelweise alle halbe oder alle Viertelstunde. Diese Hilfsmittel brauchte ich so lange fort, als die inneren Symptome anhielten; ferner empfahl ich täglich die angeratenen schweißtreibenden Mittel, um die Ausdünstung die Nacht hindurch zu erhalten.

Die äußerlichen Mittel wurden gleichfalls so lange fortgebraucht, bis die Pestbeule oder die Karbunkel und die Petechien in einem solchen Zustand befindlich waren, welche die Kräfte und den Sieg der Natur zu erkennen gaben; denn alsdann blieben uns die einfachen Wunden zu besorgen übrig, womit keine Gefahr verbunden war.

§. 13. Obgleich ich sagte, ich hätte bemerkt, daß die Haut der Kranken trocken und brennend sei, so dient doch dies zu keiner allgemeinen Regel; denn ich habe Personen gefunden, bei welchen die Haut gelb und leichenfärbig aussah, womit eine außerordentliche Schlaffheit verbunden war. Diese Kranken bekamen meistenteils einen Durchfall, konnten den Urin nicht halten, und wenn es Weiber oder mannbare Mädchen waren, bekamen sie zu gleicher Zeit einen häufigen Abgang der Reinigung, ohne Rücksicht auf den bestimmten Zeitpunkt. Die Unenthaltsamkeit des Urins fand ich niemals bei Männern, wenn sie auch sehr schwere Krankheitsanzeichen der Pest hatten, da sich im Gegenteil bei Weibern unter schweren Krankheitsanzeichen der Pest der Durchfall, die Reinigung und die Unenthaltsamkeit des Urins fast jederzeit einstellten; waren sie schwanger, so verloren sie ganz gewiß die Frucht. Diese Krankheitsanzeichen, welche außerordentlich schwächten, verhinderten, daß ich den Schweiß nicht herauslocken konnte, deswegen nahm ich meine Zuflucht zu dem Reiben mit dem Eise.

Kaum hatte man dasselbe ein einziges mal über den ganzen Körper versucht, so verlor die Haut ihre gelbe Farbe, und bekam ein lebhafteres Ansehen. Alsdann veränderte sich die ganze Lage; die Kranken, welche kurze Zeit vorher in den letzten Zügen gelegen hatten, öffneten den Mund, um die Arzneimittel zu sich zu nehmen, und fingen an zu reden. Bisweilen war ich gezwungen, dieses Reiben verschiedene male zu wiederholen, bis die blasse Totenfarbe gänzlich verschwunden und die Kräfte bei den Kranken wiederum ausgelebt waren. In diesem Zeitpunkte verordnete ich ihnen weiter keine Mittel, als diejenigen, von welchen ich oben geredet habe.

§. 14. Muß man wohl bei den Pestkranken zur Ader lassen? Einige Schriftsteller behaupten, das Aderlassen sei ihnen schädlich. Wie mich dünkt, muß man hierinnen einen Unterschied machen, der mir sehr natürlich zu sein scheint. Es würde bei denjenigen schädlich sein, dies gebe ich ganz gerne zu, welche weder Kräfte haben, noch sich bewegen können, bei denjenigen, welche totenfarbig aussehen, und deren Kräfte man durch das Reiben mit Eise, sozusagen, zu erwecken suchen muß. Ja es ist gleichfalls, unter diesen sehr traurigen Umständen, tödlich; es wird aber im Gegenteil sehr nützlich sein, wenn die Kranken von einer lebhaften Leibesbeschaffenheit, einem trockenen gallichten Temperamente sind, wenn der Puls voll, hart, stark, schnell ist, wenn die Haut brennend sein sollte, und wenn die Kranken vom Anfange des Ansteckens an irre reden, oder wohl selbst in eine Raserei verfallen. Bisweilen war ich gezwungen, solche Kranke binden zu lassen, ehe ich die Ader öffnete: alsdann nahm ich eine große Menge Blut weg; ja ich wiederholte selbst dieses Aderlassen drei bis viermal. Sobald ich fand, daß diese Kranken schwächer worden waren, wenn sich die Ausdünstung einfand, wenn sich die Pestbeule erhob, oder wenn dies ein Karbunkel war, und es fing an sich von dem gesunden Fleische zu trennen, oder wenn die Petechien nur noch das Ansehen, wie in dem Fleckfieber hatten; endlich, wenn alle übrigen Symptome abnahmen, so konnte man hoffen, der Kranke werde ganz gewiß hergestellt werden.

Durch Beihilfe des Aderlassens, welches ich im Anfange der Krankheit gebraucht, rettete ich verschiedene von meinen Kranken, die ohne dasselbe ganz gewiß dem Tod nicht entgangen wären, denn ihre Krankheitsanzeichen waren heftig und tödlich.

Man muß aber doch sehr behutsam sein, wenn man das Aderlassen in dieser grausamen Krankheit vornehmen will; denn es geschah bisweilen, daß die Kranken, von welchen ich geredet habe, nach dem ersten Aderlassen so erstaunlich schwach wurden, daß zwar die Raserei und das Irrereden nachließ, es kam aber kein Schweiß zum Vorscheine: noch mehr, die übrigen inneren Symptome blieben gleich heftig, die Pestbeule erhob sich nicht usw., das Gesicht wurde blasser und leichenfarbiger. Diese armen Unglücklichen fielen in eine tiefe Schlafsucht, oder in sehr häufige Ohnmachten. Es wäre alsdenn keineswegs angeraten gewesen, einen zweiten Aderlaß vorzunehmen, der Kranke würde unter der Lanzette gestorben sein. Alsdenn brauchte ich geschwind das Reiben mit dem Eise, und wiederholte es, bis die Lebenskräfte wiederum stärker wurden.

§. 15. Bei der Diät drang ich vorzüglich auf säuerliche Dinge, richtete mich aber jederzeit nach den Umständen und den inneren Symptomen des Kranken. Waren dieselben schwer, verlangte der Magen nichts, war er nicht vermögend etwas zu verdauen, so verordnete ich jederzeit einige Löffel Reisbrei mit Weinessig, oder einer anderen Pflanzensäure säuerlich gemacht, damit die Kräfte nicht noch mehr hinsinken möchten. Konnte der Kranke schlucken, so verordnete ich von Zeit zu Zeit säuerliches Apfelmus u. s w. Sobald die Symptome überstanden waren, und die Genesung anfing, verordnete ich nahrhaftere, aber jederzeit leicht verdauliche und säuerliche Speisen. Keine rohen unverdaulichen Speisen; kein Fleisch, bloß Fleischbrühe, die säuerlich gemacht worden war, gestattete ich; leichte Suppen, gekochte Kräuter, säuerliche eingemachte Dinge waren ihre ganze Nahrung.

Sobald sich die Kräfte erholt, und die Pestkranken weiter keine andere Empfindungen von der Krankheit, als nur noch einige Wunden, die äußern Kennzeichen derselben, welche noch nicht geheilt waren, an sich trugen, so mußte man alsdenn zu weit nahrhafteren Mitteln seine Zuflucht nehmen. Alsdenn erlaubte ich bei den Wurzeln und Kräutern zugleich Fleisch, bestand aber jederzeit darauf, daß alle Speisen säuerlich gemacht werden mußten.

Hierdurch geschah es, daß ich in Moskau eine Menge unglückliche Pestkranke rettete, welchen viele Ärzte und Wundärzte ihre Hilfe in dieser grausamen Verwirrung versagten.

§. 16. Obgleich sich die Ärzte und Wundärzte, aus Furcht, den Kranken nicht näherten; obgleich sie dieselben gänzlich verließen; so wollten doch alle, da sie sahen, wie verschiedene an dieser grausamen Krankheit geheilt wurden, und dieser erschrecklichen Plage entrannen, Anteil an der Ehre und dem Ruhm haben, als hätten sie eine große Anzahl dieser Schlachtopfer von dieser grausamen Plage befreit. Daher entsprang ein Werk über die Pest von Moskau; ein Werk, das notwendig in seiner Beschreibung fehlerhaft und unvollkommen sein muß, weil der Verfasser kaum zweimal Pestkranke gesehen hat.

Er redet in seinem Werke von einer Frau, welche er geheilt haben will; sagt aber keineswegs, daß man dieselbe, nach dieser glücklichen Kur, in das Pestspital gesendet hat. Hatte er sie hergestellt, warum brachte man sie wohl in das Spital? Und wenn sie nicht geheilt worden war, warum gab er mir keine Nachricht davon, weil ich mich zu der Zeit darinnen befand? Dieser Mangel einer gegebenen Nachricht zeigt deutlich an, er habe sich gefürchtet, Bürge für seine vorgegebene Kur zu sein.

Er redet auch von drei Kindern, die er geheilt haben will; eins davon wäre nur ein Jahr gewesen, alle drei aber sollen Pestbeulen in der Leiste gehabt haben. Ich behaupte, daß dies niemals geschieht. Ich habe über zwanzig Kinder in der Kur an der Pest gehabt, und niemals entstehen bei ihnen in dieser Gegend Pestbeulen. Sie kommen bei denselben gemeiniglich in den Speicheldrüsen, selten unter den Achseln, und noch seltener in der Leiste, besonders bei Kindern von einem oder drei Jahren zum Vorscheine.

Wäre er so eifrig bemüht gewesen, die inneren Symptome und die äußerlichen Kennzeichen der Pest zu entwickeln, warum hat er sich wohl niemals in das Spital begeben? Warum hat er niemals einen Briefwechsel mit mir unterhalten? Warum hat er mich mit seinen Einsichten nicht unterstützt? Er wußte, daß ich mich wollte belehren lassen, ja daß ich selbst zum Wohl meiner Nebenmenschen darum bat. Ich habe beständig den Unterricht von denjenigen verlangt, die meine Meister waren; hat wohl die Furcht ihre Talente unterdrückt? Und wie kann man wohl nach solchen Fehlern unter den Gelehrten des aufgeklärten Europas prahlen, man habe Pestkranken Hilfe geleistet, die man doch nicht gesehen hat?

§. 17. Nach der angegebenen Diät, und den erzählten Heilmitteln wider die Pest, würde es nicht undienlich sein, wenn ich hier, außer den übrigen Erfindungen der Kaiserin, vorzüglich diejenigen anführte, welche die Zerstörung dieser grausamen Plage betreffen; ich werde mich aber bloß darauf beschränken, von dem Reiben mit dem Eise zu reden, welches unsere große Kaiserin anbefohlen hatte. Diese Versuche wurden zuerst von meinem Vorgänger in dem Spitale des Klosters Ougreschinsky angestellt. Da ich seine Stelle einnahm, glaubte ich, es sei nötig dieselben zu wiederholen, um diejenigen Bemerkungen zu bestätigen, die er der Welt in deutscher Sprache mitgeteilt. Ich setzte sie in eben diesem Spitale, alsdenn in dem Kloster Symonowsky fort, wo ich Gelegenheit hatte, die schwersten inneren Symptome und äußerlichen Kennzeichen zu bemerken. Ich gebe dieses Reiben mit dem Eise keineswegs aber als das einzige Hilfsmittel wider die Pest an, sondern ich schlage es als ein sehr nützliches Mittel in dieser Krankheit vor. Ich wage es zu behaupten, es könne auch in verschiedenen anderen Krankheiten nützlich sein, welche ein Verhältnis mit der Pest haben; und die folgenden Bemerkungen werden zeigen, ob ich recht oder unrecht gehabt habe, dieses Reiben standhaft fortzusetzen.

Ich brauchte jederzeit ein großes Stück Eis, dessen Fläche ich glatt gemacht hatte, indem ich dieselbe gegeneinander rieb; oder man könnte es in Leinwand binden, wenn man befürchtete, die ungleiche Oberfläche möchte die Haut aufreiben, oder wenn die Stückchen zu klein wären.

I. Versuche, die man mit dem Eise in dem Spital in dem Kloster Ougreschinsky angestellt hat.

Den 12. Julius 1771. bekam ein Mägdchen von 16 Jahren, von einer zarten Beschaffenheit des Körpers und einem sanguinischen Temperamente, die Pest, welche sich gleich anfangs mit schweren Anzeichen einstellte, das ist, der ganze Körper war durchaus trocken, sie hatte Schwindel, Schmerzen und eine große Schwere in dem Kopfe, womit heftige Neigung zum Brechen, ja selbst bisweilen ein Brechen von einer gelblichen und grünen Materie verbunden war; der Puls schlug häufig, war voll und hart; unter andern empfand sie einen stechenden Schmerz in der rechten Weiche, ein wenig unter der Drüse, wo sich allezeit die Pestbeulen spüren lassen. Ich verordnete ihr ein Pulver von zwölf Granen Brechwurzel, vier Granen Rhabarber, und zehn Granen Weinsteinrahm, welches sehr gut wirkte: hierauf ließ ich ihr Tücher in Rautenessig, oder in andern Essig eingetunkt, auf die Stirn legen; auf die Hände legte ich eine Vermischung von 6 Lot altem Sauerteige, ebenso viel schwarzem Brote und zwei Lot Rautenknöpfen, und auf die Fußsohlen eine Vermischung von 6 Lot altem Sauerteig, 4 Lot Rautenknöpfen, mit einer hinreichenden Menge Rautenessig; endlich verordnete ich über die Pestbeule einen Umschlag von Brotkrumen, frischer Kuhmilch, venezianischer Seife und klar gemachtem Safran.

Ich ließ ihr frisches, reines, mit Zitronensaft säuerlich gemachtes Wasser nehmen.

Da ich denn abends sah, daß sich die Kranke in eben dem Zustande befand, ließ ich das Vomitiv wiederholen, und erneuerte die Hilfsmittel. Die Pestbeule wurde mit einem Pflaster bedeckt, das aus gleichen Teilen von dem Emplastro de meliloto und diachylocum gummatibus bestand: Um 10 Uhr abends ließ ich ihr ein schweißtreibendes Mittel geben. Den 13. befand sich noch alles in eben dem Zustande, keine Schweiße, keine Erhebung der Pestbeule, obgleich sie darinnen heftige Schmerzen spürte, eine überaus große Schwäche, das Gesicht blaß, der ganze Körper gelb, zusammengefallen, ein beständig anhaltender Schlummer; wollte sich die Kranke in die Höhe heben, bekam sie ein allgemeines Zittern, und fiel kraftlos nieder; der Stuhlgang, die Reinigung und der Urin gingen, ohne daß sie davon etwas wußte, weg. In diesem äußerst kraftlosen Zustande der Krankheit ließ ich sie morgens um 10 Uhr mit Eise reiben, und verordnete, daß man mehr von den Schultern bis zur Hand, und vom oberen Teile des Schenkels bis zu den Füßen, weniger die Brust, den Unterleib und die Weichen reiben sollte; das Gesicht und der Hals wurden nur mit Tüchern gerieben, die in kaltes Wasser eingetaucht worden waren.

Dieses Reiben, welches ungefähr eine Stunde dauerte, machte das Gesicht und alle übrigen Teile des Körpers rot, und es gingen aus ihrem Körper Dünste aus, als wenn man aus dem Bade kommt, hierauf fing sie an zu zittern, und bekam Frost. Ich ließ sie mit einem Tuche abtrocknen, trockene Tücher um sie herum legen, und in ihrem Bette gut zudecken. Sie bekam darauf häufig einen Trank von Salbei, Kardebenedikten, Skordium mit einigen Tropfen von dem Spiritu nitri dulsis.

Endlich empfahl ich den Umschlag zu erneuern, sobald er kalt geworden. Zwei Stunden nach Tische stellten sich alle Krankheitsmerkmale wiederum ein, besonders aber die äußerlichen, welche ich angegeben habe. Ich ließ die Friktionen mit dem Eise wiederholen, und, nachdem ich die Kranke wiederum in ihr Bette bringen lassen, verordnete ich zwei Lot abgekochte China, mit einem Sirup von eben dieser Rinde versüßt: auch bekam sie ein wenig Wein mit Wasser. Um 10 Uhr fand ich sie in eben dem Zustande; ich verordnete neue Friktionen mit Eise, das vorige schweißtreibende Mittel, und den Gebrauch der abgekochten China: Für die Nacht fügte ich 40 Tropfen von der Mixtura simplici hinzu, um den Schweiß zu erleichtern, und die Pestbeule wurde mit dem vorigen Pflaster bedeckt. Den 14. Morgens fand ich eben die Anzeichen, der Puls ging wie vorher, weswegen ich mich entschloß, diesen Tag die Friktionen vom Eise 4 mal zu verordnen, und ich ließ ihr die inneren und äußeren Hilfsmittel fortsetzen, überdies aber einen Reistrank mit Zitronensäure säuerlich gemacht, nehmen.

Den 15. Morgens hatten die Anzeichen ein wenig abgenommen, der Puls sich ein wenig verändert, und die Pestbeule fing sich an merklich zu erheben: die vorige Heilart wurde fortgesetzt, und ihr Getränk bestand aus frischem Wasser, das mit Vitriolgeist säuerlich gemacht worden war.

Den 16. hatte sich das Fieber vermindert, der Puls ging besser, die Ausleerungen gingen nicht unbemerkt fort, die Reinigung hatte aufgehört, es war keine Ohnmacht mehr zugegen; die Kranke hatte besser als die vorige Nacht geschlafen, mit einem Wort, alle Krankheitszeichen hatten abgenommen, und die Pestbeule war merklich größer worden. Diesen Tag hindurch ließ ich nur 3 Friktionen brauchen, ja sie wurden auch nicht so lange fortgesetzt, als die vorigen; mit dem Gebrauch der angegebenen Hilfsmittel fuhr sie fort, und nahm die Nacht eine Dosis von der Mixtura simplici; den 17. konnte sie einige Augenblicke in dem Bette aufgerichtet sitzen, sie redete leichter, die Pestbeule sah rot und erhaben aus, welches man keineswegs bei Kranken findet, die ohne Rettung verloren sind. Den 18. fand ich die Kranke morgens aufgerichtet im Bette sitzen, die inneren Beschwerden waren fast verschwunden, anstatt der Schwere des Kopfs empfand sie bloß einen geringen Kopfschmerz, so wie es bei allen Pestpatienten zu geschehen pflegt, wenn die schweren Beschwerden verschwunden sind.

Ich verordnete ihr zwei Scrupel China in Substanz alle halbe Stunden zu nehmen, und ließ den Umschlag fortbrauchen. Zu Mittage und abends ließ ich sie noch mit Eis, aber nur ganz gelinde reiben, und nachdem sie ihr gewöhnliches schweißtreibendes Mittel eingenommen hatte, schlief sie die Nacht ganz ruhig. Den 19. war bei ihr nichts mehr als Schwäche noch zugegen; sie hatte die Nacht hindurch häufig geschwitzt; die Pestbeule war nun gehörig groß, sie war zugespitzt, und so rot und entzündet, als sie sein muß. Aus diesem Grunde ließ ich das Reiben mit dem Eis aussetzen, verordnete ihr ein leichtes Reismus mit etwas Huhn, das allezeit durch Zitronensäure säuerlich gemacht wurde, ja sie aß auch etwas Huhn.

Da sie abends um 11 Uhr über den ganzen Körper mehr trocken zu sein schien, der Puls erhabener, schneller und häufiger schlug, ließ ich sie mit Tüchern, welche in kaltes Wasser waren eingetaucht worden, reiben, worauf sie ihr gewöhnliches Schweißmittel bekam. Den 20. waren alle verdrießlichen Symptome fast gänzlich verschwunden, sie konnte aus dem Bett und in der Kammer herum gehen, sie hatte guten Appetit. Durch Hilfe schicklicher und stärkender Nahrungsmittel, durch die fortgesetzte China und den Umschlag, wurde die Kranke völlig geheilt, und als die Beule geöffnet worden war, schloß sie sich ohne eine neue Verschlechterung.

Zweite Beobachtung.

Den darauf folgenden 7. August kam in eben dieses Spital eine Frau von 23 Jahren, von einer gewöhnlichen Statur, robuster Leibesbeschaffenheit, einem sanguinischen und gallichten Temperamente, welche die Pest hatte. An der linken Brust saß ein so großer Karbunkel, daß er die Hälfte derselben einnahm, obgleich sie sonst sehr starkbrüstig war. Ich will nicht alle inneren sehr schweren Symptome erzählen, sondern nur anführen, daß das Gesicht ganz totenfarbig ausgesehen hatte; sie ließ den Urin und Stuhlgang unbewußt von sich gehen, zu gleicher Zeit hatte sich ihre Reinigung eingefunden, und sie war durch diese verschiedene Abgänge ganz besudelt; der Puls ging so schwach, daß man ihn fast kaum fühlen konnte, mit einem Worte, sie lag wie in einer Ohnmacht. Da diese Frau gereinigt worden war, indem sie weder Übelkeiten noch Brechen weiter hatte, welche Anzeichen sich bloß im Anfange der Krankheit eingestellt hatten, ließ ich ihren Körper durchaus reiben, und dieses Reiben fortsetzen, bis er ganz rot wurde, bis sie sich zu besinnen und zu zittern anfing.

Hierauf trocknete man sie ab, zog ihr ein reines Hemde an, deckte sie in ihrem Bette zu, worinnen sie einen schweißtreibenden Trank zu sich nahm. Auf den Karbunkel legte man ein wirksames Digestiv, das mit Salmiak, Myrrhentinktur, und Salmiakspiritus geschärft worden war, oben darüber einen Umschlag, der der Fäulnis widerstand, aus den Blättern der Krause-minze, Salbei und Wermut zubereitet worden war, und womit man Wachol-derbeeren vermischt hatte, welches alles in einer hinreichenden Menge Wasser und Weinessig gekocht worden war, und als es die gehörige Konsistenz eines Umschlags angenommen hatte, fügte man noch zwei Quentchen Salmiak hinzu, auch wurden auf die Hände und Füße stark ziehende Umschläge gelegt.

Da ich abends sah, daß durch die erste Friktion von Eise die Symptome wenig gemindert worden waren, ließ ich sie auf gleiche Art, wie das erstemal, wiederholen, und die innerlichen Mittel fortsetzen. Da ich bemerkte, daß ihr bei dem Eintritte in das Spital sehr schlaff gewesener Körper anfing bereits fester zu werden, so schöpfte ich Hoffnung. Die Nacht hindurch bekam sie ein Quentchen von der Mixtura simplici und der Karbunkel wurde gehörig verbunden. Den 8. hatte sich nichts verändert, ich ließ sogleich den Karbunkel verbinden, der weder eiterte, noch von welchem sich das gesunde Fleisch trennte. Das Reiben mit dem Eise wurde fortgesetzt, doch nicht so lange, als das erstemal, weil ich es öfters als vorher wiederholen, und den nämlichen Tag fünf bis sechsmal brauchen wollte. Übrigens wurde sie wie die vorige Kranke behandelt. Den 9. Morgens schien sie in dem Gesichte und an dem Körper etwas rot auszusehen, obgleich die schweren Symptome noch nicht verschwunden waren; die Reinigung, der Urin und der Stuhlgang gingen nicht mehr so häufig ab; auch fanden sich einige Spuren der Eiterung und der Trennung des Karbunkels ein, der in der Mitte mehr erhaben war. Ich ließ sie mit Eis reiben, und setzte die andern Hilfsmittel fort. Den 10. war der Karbunkel zum Teil in Eiterung übergangen, und er trennte sich ringsherum; die Kranke, welche merklich besser war, wurde diesen Tag ebenso oft, als den vorhergehenden, aber ganz gelinde, mit Eise gerieben. Übrigens setzte man durchaus alle vorigen Hilfsmittel fort. Den 12. Morgens war sie weniger schwach, der Karbunkel hatte sich ringsherum getrennt, war in der Mitte erhaben; sie hatte die Nacht hindurch sehr geschwitzt, und konnte in dem Bette etwas in die Höhe gerichtet sitzen. Ich fuhr mit eben dieser Heilart fort, und verordnete alle Stunden ein Quentchen China in Substanz zu nehmen: sie bekam mehr Wein und Nahrungsmittel. Der Umschlag wurde sehr oft erneuert; diesen Tag hindurch ließ ich sie nur ganz gelinde reiben, und zwar dreimal: die Nacht hindurch rieb man sie bloß mit Tüchern, welche in kaltes Wasser eingetunkt worden waren, womit man etwas Essig verbunden, und nichtsdestoweniger brauchte sie die schweißtreibenden und andere gewöhnliche Hilfsmittel fort. Den 13. merkte ich, daß sie an Stärke gewann, und ihre Farbe sich wiederum einstellte. Die vorige Nacht hatte sie stark geschwitzt, der Karbunkel erregte fast keine Schmerzen mehr, eiterte gut, und trennte sich immer mehr und mehr. Diesen Tag hindurch ließ ich sie nochmals, und zwar sehr leicht, gelinde reiben, sie bekam die China, und übrigens wurde die gewöhnliche Heilart fortgesetzt. Den 14. konnte sie aufstehen, und die Besserung nahm immer mehr und mehr zu. Den 15. befand sie sich außer aller Gefahr und sie bekam bloß noch China und zwar sehr selten; ich verordnete ihr mehr stärkende Nahrungsmittel; alle Morgen wurde der Karbunkel frisch verbunden, und der Umschlag von Zeit zu Zeit erneuert, bis die ganze Masse getrennt war und losging; alsdenn blieb nichts mehr als die Heilung der Wunde zurück.

Dritte Bemerkung.

Den 14. um 10 Uhr morgens kam ein Mensch von 27 Jahren, von einer gewöhnlichen Länge, starken Leibesbeschaffenheit, melancholischem Temperamente in das Spital, der bereits von der Heftigkeit der ersten Krankheitsmerkmale abgemattet worden war, durch welche sich die Pest zu erkennen gab. Auf dem ganzen Körper waren eine Menge Petechien befindlich, welche in verschiedenen Stellen anfingen zusammen zu fließen; in dem Nacken hatte er einen Karbunkel, der größer als die flache Hand war, und sehr tief im Fleische saß; ein anderer befand sich in der linken Seite, war zwar kleiner, doch aber so groß, als die flache Hand. Sein Puls ging schwach, ungleich, bald geschwind, bald verschwand er unter den Fingern; sein Gesicht sah blaß aus, er hatte den Durchfall, sein ganzer Körper zitterte, er war fast beständig schläfrig, antwortete auf keine Frage, die ich an ihn tat, er hatte weder Brechen noch Übelkeiten, weswegen ich glaubte, die Krankheit habe sich schon seit verschiedenen Tagen gezeigt, und der Kranke befinde sich in großer Gefahr. Ich ließ denselben sogleich ausziehen, und den ganzen Körper mit reinem Wasser waschen. Der Karbunkel wurde mit dem vorigen Unguent, und auf gleiche Art, wie bei der angeführten Frau, verbunden, und ich ließ ihn geschwind mit Eise reiben, bis der ganze Körper rot aussah und zu zittern anfing. Hierauf ließ ich ihn abtrocknen, und da die Petechien schwarz waren, so ließ ich den Kranken, um der Fäulnis mehr Einhalt zu tun, in Tücher einwickeln, welche mit Weinessig naß gemacht worden waren; hierauf wurde er in seinem Bette gut zugedeckt.

Obgleich dieser Kranke weder Übelkeit noch Brechen hatte, da sein Leib gespannt war, ließ ich ihn ein Vomitiv nehmen, das aus 14 Granen Brechwurzel, zwei Granen Brechweinstein und acht Granen Weinsteinrahm bestand; auf die Karbunkel wurde ein antiseptischer Umschlag gelegt, und, so oft es nötig war, erneuert; es wurde ein Trank von Salbei, Kardebenedikten, Skordium, so wie auch abgekochte China mit dem Sirup eben dieser Rinde verordnet, und zum ordentlichen Getränke bekam er mit Vitriolgeist säuerlich gemachtes Wasser. Nachmittags um 3 Uhr ließ ich ihn das zweitemal, wie zuerst, mit Eise reiben, und nach dem Reiben wurde er nochmals in ein Tuch eingewickelt, das in Weinessig eingetunkt worden war; die übrigen Hilfsmittel waren die nämlichen.

Den Abend wurde er zum drittenmal mit Eise gerieben und nochmals in Tücher eingewickelt, die mit Weinessig naß gemacht worden waren: auf die Hände und Füße legte man ziehende Umschläge, und er bekam ein Quentchen von der Mixtura simplici in einer Tasse schweißtreibenden Tranke. Den 15, waren die Petechien nicht weiter zusammen geflossen, und ihre Farbe schien mir etwas röter zu sein. Diesen Tag hindurch machte ich keine Abänderung in der Heilart. Der Kranke wurde viermal mit Eise gerieben.

Den 16. sahen die Petechien an dem ganzen Körper rot aus, und ihr Mittelpunkt, welcher ganz schwarz gewesen, war durchaus rot. Der Kranke redete verständlicher, er war nicht mehr so schwach, sein Puls ging stärker, sein Gesicht sah röter aus; diesen Tag hindurch wurde die vorige Heilart genau fortgesetzt. Den 17. Morgens hatten sich die schweren Symptome noch mehr gemindert, alle Flecken schienen wie Flecken bei dem Scharlachfieber auszusehen; die Kräfte fanden sich wiederum ein, die Karbunkel gaben bereits Kennzeichen der Eiterung von sich, und schienen sich von dem gesunden Fleische trennen zu wollen. Da ich eine so vorteilhafte Veränderung an dem Kranken spürte, ließ ich ihn diesen Tag hindurch nur dreimal gelind reiben, und jedesmal in ein Tuch einwickeln, das in Weinessig eingetunkt worden war. Übrigens wurde die vorige Heilart fortgesetzt, nur erlaubte ich dem Kranken gekochte Äpfel und ein wenig Wein. Den 18. waren alle bedenklichen Krankheitszeichen verschwunden, nur die Schwäche ausgenommen, die Petechien kamen nicht wieder zum Vorschein, auch ließen sich die Karbunkel gut zur Heilung an. Diesen Tag hindurch ließ ich nur nach dem Reiben mit Eise die Stellen mit eingetauchten Tüchern in Weinessig bedecken, wo die Flecke noch schwarz aussahen, ohne eine Abänderung in der bisher gebrauchten Kur vorzunehmen.

Den 19. fand ich den Kranken in der Stube herumgehen, er hatte weiter keine schweren Anzeichen, und die Nacht hindurch häufig geschwitzt; von den Petechien waren nur kleine Flecke zurück geblieben, die Karbunkel hatten gut geeitert, trennten sich von dem gesunden Fleisch, und waren in der Mitte erhaben. Von Zeit zu Zeit ließ ich den Umschlag wiederholen, die China in Substanz nehmen, erlaubte dem Kranken mehr Nahrungsmittel und etwas mehr Wein. Abends ließ ich ihn gelind mit Eise reiben, nicht in Tücher einwickeln, noch weiter etwas nehmen. Den zwanzigsten war sein Zustand besser, deswegen ließ ich die Hilfsmittel, die China ausgenommen, aussetzen, wovon er von Zeit zu Zeit eine Dosis bekam, um die Eiterung des Karbunkels zu befördern, und die Trennung von dem gesunden Fleische zu beschleunigen,

Nachdem diese beiden Personen mehrere Kräfte bekommen, obgleich sich die Karbunkel noch nicht völlig getrennt hatten, stellte ich dieselben den Ärzten, dem Herrn Joh. Jak. Lerche, Rat und Stadtarzt zu St. Petersburg; Schafonsky, Rat und Stadtarzt zu Moskau, und Lado, Arzt zu Moskau, vor.

Diese Herren waren ausdrücklich gekommen, um die erschrecklichen Kennzeichen der Pest, und den glücklichen Erfolg der Versuche mit dem Reiben des Eises zu sehen. In ihrer Gesellschaft befanden sich gleichfalls die Herren Yaguelsky, Arzt, und Grave, Oberwundarzt, welche sich bei dem Herrn General Yeropkin aufhielten, um die Pestspitäler zu untersuchen. Diese Herren besahen sie sehr oft, bis sich die Karbunkel völlig getrennt und abgefallen waren.

Ich kann mir schmeicheln, hiermit drei Unglückliche gerettet zu haben, welche sich an dem Rande des Grabes befanden, da sie in meine Hände fielen, ohne von verschiedenen andern zu reden, bei welchen ich gleichfalls das Reiben mit dem Eise mit sehr glücklichem Erfolge angewendet habe, und wovon ich in der Fortsetzung meines Werks reden werde.

Ende des zweiten Teils.

Abhandlung
über die Pest in Moskau
im Jahre 1771.

Dritter Teil.

Von den sichersten Mitteln,
sich an jedem Orte vor der Pest zu verwahren.

§. 1. Die ältesten Schriftsteller kennen kein anderes Vorbauungsmittel in der Pest, als die Flucht, welche man auch noch in der Moldau, in der Walachei, und selbst in den innersten Gegenden der Türkei ergreift. Herr Rutzky, mein Landsmann, welcher anfangs bei der Armee wider die Türken als Wundarzt stand, der sich aber jetzt zu Moskau als Geburtshelfer und Arzt befindet, verwirft dieses Hilfsmittel in seiner gelehrten und schönen Streitschrift über die Pest (Dissertat. Inaugural. Medic.de Peste, etc. Argentorati defensa anno 1781.). Er beruft sich auf eine Stelle des Ambrosius Paree, welcher sagt: „die Reichsten, der Magistrat selbst, und diejenigen, welche in der Regierung einiges Ansehen haben, entfernen sich gewöhnlich am ersten, so daß die Gerechtigkeit nicht weiter vollstreckt wird, weil niemand zugegen ist, den man hierzu auffordern könnte. Alsdenn befindet sich alles in der größten Verwirrung, das größte Übel, welches nur einem Staate begegnen kann, denn die Ruchlosen werden in Zeiten der Pest, weil sie in die Häuser dringen, ungestraft rauben, morden, die Kranken erdrosseln, damit sie nicht erkannt oder angeklagt werden möchten. Ich gebe die üblen Folgen von einer solchen Flucht ganz gerne zu, welche aus einem solchen Vorbauungsmittel, wie die Flucht ist, entstehen muß. Unterdessen will ich doch die Anordnungen beschreiben, welche man zu Moskau in diesem aufgeklärten Jahrhundert gemacht hat; Anordnungen, von welchen ich bereits in dem ersten Teile dieses Werks geredet habe, worüber ich aber einige Betrachtungen anzustellen gedenke, welche mir die Beobachtungen und die Erfahrung in diesen unglücklichen Zeitläuften an die Hand gegeben haben.

Sobald die Pest in einer Stadt ausbricht, wäre es wohl unbillig, wenn man allen denjenigen die Freiheit wegzugehen versagen wollte, die kein öffentliches Amt haben, oder die wegen besonderen Notwendigkeiten nicht gezwungen sind, hierzubleiben. Diese Freiheit vermindert alsdenn gar sehr die ganze Menge der Einwohner, und die Pest findet nicht so viele Schlachtopfer. Diejenigen, welche ihr Stand und ihre Pflicht zwingt, in einem solchen Orte zu bleiben, dürfen sich in Rücksicht des nötigen Unterhalts nicht so fürchten; die Polizei hat weniger Aufsicht nötig, man kann die Verwirrung und die Unordnung leichter abwenden, welche notwendig in diesen Zeiten der Furcht und des Sterbens entstehen müssen.

So verhält es sich keineswegs mit denjenigen, welche ihrem Stande nach mit dem gemeinen Besten verbunden sind. Wollte man diesen die Freiheit lassen, ihre Stellen aufzugeben, wer würde wohl alsdenn dieselben mit hinlänglicher Klugheit und Geschicklichkeit verwalten?

Wer würde die nötige Hilfe für die armen Pestkranken anordnen? Wer würde Ruhe und Ordnung erhalten, welche niemals mehr, als in diesem Zeitpunkte der Krisis nötig ist? Wer könnte wohl alsdenn der Ruchlosigkeit und den Ausschweifungen Schranken setzen? Von allen Seiten würden sich gar bald die Mißbräuche vermehren, und sich mit der Pest zu dem gänzlichen Verderben einer Stadt vereinigen, in welcher die Polizei so schlecht ausgeübt würde; denn wenn in diesen Zeiten die Obrigkeit nicht ihr ganzes Ansehen behauptet, so müssen notwendig die grausamsten Verwirrungen ausbrechen. Wenn man also bei dem Anfange des Anfalls der Pest die unnütze Menge der Bürger hat weggehen lassen, so muß man alsdenn allen denjenigen die Erlaubnis versagen zu fliehen, welche für die Erhaltung der Ordnung und des Wohls des Staats verpflichtet sind. Man muß den Eifer der Kunstverständigen durch Belohnungen und Wohltaten suchen anzuflammen, man muß alle wahren Patrioten ermuntern, um ihren Nebenmenschen diejenigen Erleichterungen zu verschaffen, welche sie nötig haben; vorzüglich muß man die Gemüter durch Beispiele zu reizen suchen.

§. 2. Dies sind vorzüglich die Ärzte, die Wundärzte, die obrigkeitlichen Personen und die Geistlichen, welche die Maßregeln unterstützen müssen, die man nehmen muß, und welche, ein jeder nach seinem Stande, den er bekleidet, die nötigen Hilfsmittel in Ausübung zu bringen haben.

Die Ärzte und Wundärzte müssen zuerst die Natur der Epidemie untersuchen, welche sich auszubreiten anfängt, und sobald sie bekannt ist, alle Kennzeichen davon anmerken. Sie müssen der Regierung die Hilfsmittel bekannt machen, die man anwenden kann und anwenden muß, um das Übel in der Geburt zu ersticken, wenn es möglich ist. Dies würde, wie mich dünkt, ein unverzeihlicher Vorwurf für die Regierung sein, wenn sie den Kunstverständigen kein Gehör geben wollte, unter dem Vorwand, weil sie einander widersprächen. Sollten sich auch wohl einige Ärzte finden, welche behaupten, die gegenwärtige Epidemie sei keineswegs die Pest, wäre es alsdenn wohl nicht besser, wenn man denselben Stillschweigen auflegte, und die entgegengesetzte Meinung annähme? Denn wenn es nun auch wirklich die Pest nicht wäre, welchen großen Schaden würden wohl die Einwohner einer solchen Stadt davon haben, wenn man das Gegenteil behauptete? Wenn aber die Pest wirklich zugegen ist, und wenn das Volk hartnäckig widerstrebt es zu glauben, welche traurige Folgen entstehen wohl aus einem solchen Unglauben? Es vernachlässigt die nötigen Vorsichten, um das Übel zu hemmen, es greift geschwind um sich, und erreicht seine höchste Staffel. Die folgenden Jahrhunderte werden davon ein auffallendes Beispiel in der Verwüstung von Moskau finden. Diese Hauptstadt wurde in diesem achtzehnten Jahrhundert verwüstet und verheert, und das Volk wurde bloß durch eine traurige Erfahrung überzeugt, daß dies durch die Pest geschehen sei: ein Irrtum, worein man durch die Unwissenheit einiger Ärzte gestürzt worden war.

Die Geistlichen müssen in diesen unglücklichen Zeiten die Ärzte und die Regierung unterstützen; sie müssen dem Volke die Krankheit, welche ihnen droht, und die Vorsichten, die sie zur Verhütung derselben ergreifen müssen, bekannt machen, sie müssen ihm erklären, daß man bloß durch das Berühren eines Pestkranken angesteckt werde, welches man vermeiden müsse; sie müssen zeigen, daß jede Versammlung oder Zusammenlauf von Personen gefährlich sei, weil sich darunter Leute finden können, die angesteckt sind, und weil die Kontagion dadurch vermehrt werden würde; ferner müssen sie ihm die Notwendigkeit zeigen, daß man sich in keiner solchen Versammlung aufhalten, und nichts aus einer verdächtigen Hand annehmen müsse. Wenn man einen solchen Unterricht täglich in den Kirchen und in den Häusern wiederholt, so wird die Furcht abnehmen, und die Obrigkeit kann alsdenn ihre Anstalten leichter ausführen, und das Volk wird die nötige Hilfe lieber nehmen. Sobald jemand in einem Hause krank wird, muß man sogleich dem Polizeiaufseher, sowie auch dem Arzte oder Wundarzte Nachricht geben. Dieser muß geschwind einen solchen Kranken mit aller möglichen Beihilfe unterstützen, und den übrigen Personen in dem Hause den nötigen Unterricht erteilen: wer hat aber wohl über die Herzen des gemeinen Volks mehrere Gewalt, und wer ist wohl mehr vermögend, es zu überreden, solche heilsamen Verordnungen anzunehmen, als die Priester? Auf wen können sie wohl mehr Zutrauen setzen, als auf denjenigen, welchem sie die Geheimnisse ihres Gewissens anvertrauen? Ihre Gewalt über die Gemüter hat in diesen Zeiten größere Kraft, als die strengsten Gesetze selbst.

Ich glaube nicht, daß es nötig sein wird, hier zu erinnern, daß die vornehmsten unter den Priestern einen solchen heilsamen Unterricht aufsetzen müssen; von ihnen müssen die Vorsichtsregeln gleichwie aus der Quelle zu den untergeordneten Priestern übergehen, damit sie dieselben nicht nur dem Volke empfehlen, sondern auch unter vielen Umständen selbst daraus Nutzen ziehen. Ihre Pflicht schränkt sich keineswegs in diesen unglücklichen Zeiten darauf ein, daß sie predigen, nein! sie müssen sich tätiger beweisen, sie müssen die Kranken besuchen, und ihnen den Beistand der Kirche leisten; wie kann dies aber ohne Gefahr geschehen? Bloß eine vernünftige Verordnung von ihren Vorgesetzten, worinnen die Untern Anweisung bekommen, ist vermögend die Gefahr zu vermindern.

§. 3. Wenn eine solche Verordnung ihre gehörige Wirkung leisten soll, so muß sie verschiedene Umstände genau auseinandersetzen, sowohl in Rücksicht der Heilmittel, als auch in Absicht der Bemerkungen. Es läßt sich vermuten, daß sich die Prälaten, welche sie, ein jeder für seinen Kirchsprengel, verfertigen, nicht weigern werden, die Ärzte zu Rate zu ziehen. Wie viele Personen werden sie alsdenn wohl nicht retten, die ohne ihren Rat eine Beute der Pest geworden wären? Ich habe eine erstaunliche Menge Priester bei der Armee, bei verschiedenen Regimentern und in den Spitälern, in Polen, in der Moldau, in der Walachei, und besonders zu Moskau, aus Mangel einer besonderen Instruktion über die Art, wie sie sich bei den Pestkranken verhalten, und sich selbst vor der Pest verwahren sollen, dahin sterben sehen; würde es wohl nicht für dieselben nützlich sein, wenn man ihren unzeitigen Eifer, der sie in das Grab stürzt, in ein gehöriges Licht setzte?

Man wird mir sagen, dies sei die Pflicht eines Arztes. Die Priester sind aber in solchen unglücklichen Zeitläuften ebenso nötig, als die Ärzte selbst. Diese werden mit den Prälaten am besten diätetische Regeln zur Erhaltung ihrer Untern vorschreiben können; werden die Prälaten alsdenn durch den Druck diese Vorschriften ihren Untergebenen mitteilen, so kann man eine genaue Befolgung von den Priestern, in den Versammlungen, bei dem Predigen, bei dem Besuchen in den Häusern und in den Spitälern hoffen, und wenn sie dieselben standhaft ausüben, so werden nicht nur sie selbst, sondern auch das Volk einen großen Nutzen daraus ziehen. Sie werden mehr Mut haben, die Pestkranken zu bedienen, zu predigen und aller Welt bekannt zu machen, die Pest stecke bloß durch das Berühren an. Eine solche Lehre wird ganz gewiß den Fortgang der Pest hemmen, so wie auch alsdenn viele durch die Kunst hergestellt werden können, welche von der Pest auf das grausamste mitgenommen worden sind.

Gott gebe, daß diese notwendigen Regeln niemals in unserm Reiche nötig sein mögen. Ich glaube aber doch deswegen keinen Tadel zu verdienen, wenn ich hier für die Prediger dergleichen Vorsichtsregeln entworfen habe. Ich weiß, daß wir in Europa von verschiedenen Religionen sind, deren Gebräuche notwendig verschiedene Abänderungen machen, deswegen will ich auch hier nur allgemeine Vorsichtsregeln entwerfen; denn ich weiß nicht, ob diejenigen Regeln, welche den Priestern von meiner Religion sehr nützlich sind, es auch bei andern auf gleiche Art sein werden.

Eine wesentliche und überaus nötige Sache für die Priester von jeder Religion, in jedem Königreiche oder Stadt Europas ist es, daß sie auf alle mögliche Art suchen, das Volk, während der Wut der Pest, von allen Prozessionen abzuhalten, da man um die Bilder herumkniet, und dieselben in den verschiedenen Vierteln der Stadt herumträgt. Diese andächtigen Handlungen, weit entfernt, daß sie zu dieser Zeit nützlich sein sollten, werden in der Folge tödlich. Wie viele hundert Priester haben zu Moskau das Leben verloren, weil sie sehr häufig dergleichen Prozessionen anstellten? Wie viele tausend Menschen wurden nicht unter einer solchen Menge, die denselben folgte, angesteckt? Eine solche Menge Volks muß allezeit, sie mag sich beisammen befinden, wo sie will, als der Mittelpunkt der pestilenzialischen Kontagion angesehen werden, wovon sie sich weiter ausbreiten kann. Während der Prozessionen zu Moskau eilte jeder Pestkranke herbei, der noch gehen konnte, glaubte durch diese gottesfürchtige Handlung einige Erleichterung seiner Krankheit zu erhalten, folgte denselben mit vielem Eifer, und wenn er bisweilen eine Menge seiner Mitbürger angesteckt hatte, starb er unter den Zeremonien selbst. Ich behaupte hier nichts, wovon die Ärzte und Wundärzte der Stadt nicht Zeugen gewesen wären.

§. 4. Ich mache mit den Vorbauungsmitteln, welcher sich die Priester in den Privathäusern, wohin sie gerufen werden, bedienen müssen, den Anfang. Ein Hauptgrundsatz, den sie niemals aus dem Gesichte verlieren dürfen, und den ich festgesetzt habe, besteht darinnen, die Pest stecke bloß durch das Berühren an. Von einem solchen Grundsatz eingenommen, wird ein solcher Priester, der einen Pestkranken besuchen muß, niemals in das Haus hineingehen, man habe denn vorher die Fenster des Zimmers und alle Türen des Hauses aufgemacht, damit die freie Luft durchstreichen kann, und damit er nicht verbunden ist, eine Sache zu berühren, oder an derselben anzustreichen, welche vielleicht der Pestkranke in den Händen gehabt hat. Noch mehr muß er sich hüten, den Kranken selbst anzurühren, sondern er sollte ihn ernsthaft vermahnen, sich in das Pestspital zu begeben, damit er das Pestgift nicht auf seine Familie fortpflanze. Wie sehr wäre zu wünschen, daß dieser Rat von den meisten Kranken befolgt würde. Dies wäre das untrüglichste Mittel, die Pest in sehr enge Schranken einzuschließen.

Wenn aber der Kranke oder die Familie solchen Überredungen nicht Gehör geben will, so muß man sie niemals dazu zwingen. In diesem Falle muß der Priester dem Arzt hinlängliche Zeit lassen, die nötigen Hilfsmittel zu gebrauchen; wenn derselbe aber sieht, daß sie unnütz sein werden, so erfordert es alsdenn die Pflicht des Geistlichen, daß er seinen Kranken zu einem andern Leben vorbereite, und sich mit ihm von einem solchen Übergange, nach den Grundsätzen seiner Kirche, unterrede.

Um die Zeremonien derselben ohne Gefahr ausüben zu können, muß der Priester niemals einen Pestkranken mit nüchternen Magen besuchen, sondern jederzeit vorher einige Tassen Tee, die säuerlich gemacht worden sind, zu sich nehmen, wozu man entweder Zitrone oder eine andere Säure braucht; oder er kann ein Glas reines, frisches Wasser trinken, welches säuerlich gemacht worden ist. Wenn er sich jemals vor geistreichen Getränken hüten muß, so ist es in diesem Zeitpunkte nötig, weil davon Kopfschmerzen entstehen, und vielleicht dadurch die Ansteckung erleichtert werden kann. Ferner ist es gut, wenn man in den Mund einige Gewürze, als: Nelken, Zimt, Ingwer, Myrrhe, Pfeffer, Lorbeerblätter, Zitronenschale, Raute, Wermut usw. nimmt, wenn man in das Haus eines Pestkranken gehen muß.

Ferner soll er ein Gefäß, mit Weinessig oder Salzwasser angefüllt, bei sich führen, und vor sich ein Tuch binden, das mit einer solchen Flüssigkeit angefeuchtet ist, alsdenn kann er sich ohne Gefahr einem solchen Pestkranken nähern. Ist er bisweilen gezwungen, denselben anzufühlen, so darf er nicht erschrecken, sondern er muß nur sogleich den Teil, mit welchem er denselben angerührt hat, mit dem Tuche, das er vor sich trägt, abwaschen, oder er wäscht sich mit Weinessige oder frischem Wasser.

Diese Vorsichten sind für ihn ein ganz untrügliches Präservativ. Ich habe gesagt, die Priester müßten ein Gefäß mit Weinessig angefüllt bei sich führen. Ich will den Grund davon angeben. Sehr gewöhnlich geschieht es, wenn die Pest an einem gewissen Orte herrscht, daß die Kranken den Priestern einige Geschenke entweder für die Kirche, oder für den Priester selbst machen wollen.

Diese Geschenke bestehen meistenteils in Geld oder in andern Dingen von einigem Wert, die man mit sich wegtragen kann. Ich rate jedem Priester, nichts anderes als Geld aus den Händen des Pestkranken, oder seiner Familie anzunehmen, wenn er anders hierzu nicht zu bedenklich ist; und alsdenn muß derjenige, der ihm das Geld gibt, dasselbe in das Gefäße werfen, wovon ich geredet habe, welches zu der Zeit anstatt eines Beutels dient. Wenn der Priester das Geld fünf bis sechs Stunden in diesem Gefäß gelassen hat, kann er es alsdenn ohne alle Gefahr herausnehmen: er enthalte sich aber ja aller Geschenke, welche nicht auf obige Art gereinigt werden können; sie würden für ihn eine Quelle des Todes sein, so wie ich dies bereits erwiesen habe. Ich stehe dafür, wenn man sorgfältig alle diese Vorsichten, auch während der größten Wut der Pest, anwendet, so kann jeder Priester seine Pflichten, ohne alle Lebensgefahr, ausüben, wenn er sie aber vernachlässigt, so wird er ganz gewiß früher oder später ein Schlachtopfer der Wut der Pest werden.

§. 5. Wenn dies eine heilsame Regel für die Priester ist, welche die Pestkranken in Privathäusern besuchen, so wird sie noch notwendiger für diejenigen werden, welche in die Spitäler gehen, wo die Kranken in Menge befindlich sind, und wo das Übel durch den Zulauf ebensosehr vermehrt zu werden scheint, als es durch eine geschickte Hilfe vermindert wird. Ein Priester mag nun, aus welchem Bewegungsgrunde auch immer, in ein Pestspital gehen, er mag es entweder freiwillig tun, oder auf eine Vergeltung der Regierung Rücksicht nehmen, so muß er niemals in dem Spital selbst, sondern in einem benachbarten Hause wohnen; ist es Sommer, so kann er unter einem Zelte bleiben, und sich täglich zu einer gesetzten Stunde in das Spital begeben, um den Kranken die Beichte abzunehmen, und ihnen das Abendmahl auszuteilen. Zu diesem Endzweck räumt man ihm eine besondere Kammer oder Zimmer ein, in welches niemand als er und sein Gehilfe kommen darf, und wozu er den Schlüssel bei sich trägt. Sobald die gesetzte Stunde herannaht, zieht er Überschuhe (Chaussure) an, welche mit Pech überzogen oder mit Weinessig angefeuchtet worden sind, um nicht angesteckt zu werden, wenn er in die Fußstapfen der Pestkranken tritt: er zieht einen Überrock von Wachsleinwand, oder von einfacher Leinwand an, der aber mit Weinessig angefeuchtet sein muß, und er bedient sich eben solcher Handschuhe. Sobald der Krankenwärter das Tor des Spitals aufgemacht hat, geht er hinein, öffnet aber seine Kammer selbst und schließt sie hinter sich zu; er öffnet das Fenster von dieser Kammer oder Stube, nämlich dasjenige, welches am bequemsten ist, daß die Kranken herbeikommen können, er macht alles um sich herum mit einem Schwamme, der in Essig ist eingetaucht worden, reine, und alsdann ersucht er diejenigen Kranken, herbeizukommen, welche beichten oder das Abendmahl empfangen wollen. Ist er mit seinen Verrichtungen fertig, so macht er das Fenster, die Kammer oder die Stube wiederum zu, geht sogleich nach Haue, um sich auszukleiden, und hängt seinen Spitalhabit und alles dasjenige, was er gebraucht hat, in die freie Luft, bis zu dem Augenblicke, da er solche Dinge wiederum benötigt. Durch diese Vorsicht wird alles Berühren vermieden und aller Gefahr vorgebeugt.

Welchen Vorteil muß wohl nicht das Volk haben, wenn es in allen Spitälern, unter allen Umständen gehörig bedient werden kann? Mit welchem Mute wird nicht ein jeder hineingehen, um sich darinnen von der Pest heilen zu lassen, wenn er nicht findet, daß hier Furcht und Schrecken herrscht? Dies sind ebensolche Grundsätze, die ein jeder brauchen kann, der sich vor der Pestkontagion verwahren will, und ich zweifle keineswegs, ein jeder, der diese

Vorsichten anwendet, werde ganz gewiß in der Pest sein Leben erhalten. Übrigens wird es sehr nötig sein, alle Umstände bei diesen unglücklichen Zeitläufen genau in Erwägung zu ziehen und zu erforschen, denn man wird jederzeit finden, daß man etwas davon, oder hinzufügen müsse.

§. 6. Der Priester schränkt sich nicht bloß auf das Krankenbett ein; der Unterricht, welchen jeder unter ihnen seiner Herde erteilen soll, machen einen Ring der Kette von ihren Pflichten aus, und dieser Unterricht wird zur Zeit der herrschenden Pest noch wichtiger.

Es wäre sowohl aus Gründen der Physik, als auch aus Gründen der Moral zu wünschen, daß alle öffentlichen Orte verschlossen würden, welche zu einer Anhäufung und Versammlung des Volks Gelegenheit geben, ja in diesen unglücklichen Zeitläufen sollte man auch selbst keine Kirche besuchen. Der Grund von demjenigen, was ich behaupte, fließt aus dem Grundsatze, welchen ich von der Kontagion der Pest angenommen habe; da sie aber zum Gebet besonders bestimmte Orte sind, und da das Volk hier inbrünstiger und zuversichtlicher den Beistand des Himmels anfleht, so würde eine große Unbequemlichkeit daraus entstehen, wenn man ihnen den Eingang davon verwehren wollte.

Die Priester müssen sich also nur bemühen, die Mißbräuche davon abzuwenden, welche das Berühren vermehren könnten. Deswegen müssen sie die Eingänge und die Plätze für ihre eingepfarrten Kirchkinder bestimmen.

Diejenigen, welche gesund sind, gehen durch eine bestimmte Tür hinein, und begeben sich an den Ort, den man ihnen anzeigt; diejenigen im Gegenteile, welche bereits Anfälle der Krankheit spüren, müssen zu einer andern Tür hineingehen, und in eine andere Stelle gewiesen werden, damit man alles Berühren von gesunden Personen vermeide. Durch eine solche wohleingerichtete Ordnung werden alle Gemüter zur Erkenntlichkeit angetrieben, und jedes Kirchkind wird desto leichter der Stimme des Priesters Gehör geben, der sie in der öffentlichen Versammlung über ihre gemeinschaftlichen Pflichten unterrichtet. Dies sind sie:

Wenn er denselben ein genaues Gemälde von der Krankheit gemacht, die sich ausgebreitet, wenn er genau die Wege beschrieben, wie man dieselbe bekommen, und die Mittel angegeben, wodurch man sich verwahren kann, so muß er sogleich diejenigen vermahnen, welche glauben, daß sie davon bereits angegriffen worden sind, alle mögliche Sorgfalt anzuwenden, damit sie ihre Mitbürger nicht anstecken. Er muß ihnen alsdenn mit Nachdruck begreiflich machen, daß es eine Sünde sei, jemand aus der Familie, oder von seinen Anverwandten den Tod zu verursachen, indem man Dienste von ihnen verlangt, welche ganz gewiß tödlich sein müssen; daß die Väter keineswegs von ihren

Söhnen, noch die Mütter von ihren Töchtern Unterstützungen und Hilfe verlangen können, wofür sie ganz gewiß Schlachtopfer werden würden; daß Gott selbst, indem er uns befiehlt, für die Bedürfnisse unserer Nebenmenschen zu wachen, eine unvernünftige Aufopferung eines Lebens verwirft, welches wir, um Gutes zu tun, erhalten müssen; daß wenigstens Personen, welche sich wenig um die ersten Grundsätze der Billigkeit und des natürlichen Rechts bekümmern, indem sie ihre Untergebenen zu solchen gefährlichen Diensten anhalten, sich doch vorher ganz die Vorsichten bekannt machen sollten, welche die Regierung zur Verminderung der Gefahr des Ansteckens vorschreibt, und sie sollten von ihrer Seite diejenigen unterrichten, von welchen sie dergleichen Dienste verlangen. Der Priester muß selbst mit lauter Stimme diese Vorsichten bekannt machen, und von dem Volk einen blinden, uneingeschränkten Gehorsam verlangen; hierauf muß er zu der Beschreibung der Pestspitäler übergehen, zu diesen heilsamen Zufluchtsörtern, welche die wohltätige Regierung dem öffentlichen Elend öffnet; er muß sie als die schicklichsten Orte schildern, wodurch nicht nur die Pest erstickt wird, sondern worinnen auch ein jeder die schickliche Hilfe erlangen kann; er muß ihnen das Schrecken zu vermindern suchen, welches man empfindet, wenn man aus dem Schoß der Familie mit dem Kranken ausgeht, und ihnen die Sicherheit, die dadurch von allen Seiten bewirkt wird, zeigen, und zugleich dartun, daß man in solchen öffentlichen Zufluchtsörtern einsichtsvoll und gehörig durch die Wohltaten der Regierung behandelt werde. In der Tat, welchen glücklichen Erfolg könnte man sich nicht bei dieser grausamen Geißel versprechen, wenn jeder Prediger durch seine Beredsamkeit es dahin zu bringen vermögend wäre, daß jeder Pestkranke in das Spital ginge? Besonders wenn er sich dahin mit Mut begäbe, und alle bürgerliche und alle häusliche Sorgen ablegte? Wir haben bereits gesehen, wie sehr die Leidenschaften, welche über das Principium des Lebens eine so große Gewalt haben, die Kontagion der Pest verschlimmern können; wenn also die Priester wissen, wie sie sich zu einer Zeit verhalten sollen, wenn die Pest eine Stadt verheert, und wenn sie mit Eifer alle diejenigen Maßregeln ergreifen, um das Volk davon zu unterrichten, was zu ihrer Erhaltung dient, so wird ihnen die Pest niemals eine so grausame Geißel sein. Ich bin überzeugt, es würden in einer Stadt, wo die Pest herrscht, nicht so viele Bürger noch Priester sterben, wenn die Einwohner von den nötigen Vorsichten zu der allgemeinen Erhaltung unterrichtet worden wären.

§. 7. Die Kunstverständigen müssen sich vor dieser erschrecklichen Kontagion, wie die Priester, verwahren; durch eben solche Vorsichten werden sie sich vor dem Anstecken in Sicherheit setzen. Ich weiß, ihre Einsichten, entflammt durch ihren persönlichen Nutzen, werden ihnen die weisesten Hilfsmittel an die Hand geben, ich mache auch deswegen weniger Anspruch auf ihre Erkenntlichkeit, als auf ihre Achtung, wenn ich meine Bemerkungen über diesen Gegenstand hier mitteile. Ich werde damit diejenigen Vorsichtsregeln verbinden, welche die Krankenwärter bei ihrem sehr gefährlichen und mühsamen Dienste anzuwenden haben,

Es ist wahr, unter allen denjenigen, von welchen ich geredet habe, sind die Ärzte am wenigsten der Gefahr ausgesetzt. Es ist für sie hinreichend, nichts anzurühren, was von dem Pestgifte angesteckt worden ist, oder was dasselbe bei sich führt. Die Erfahrung bestätigt meine Behauptung; die Ärzte von Moskau, sowie auch von den anderen Städten des Russischen Reichs, unterzogen sich keiner so großen Gefahr, der sie niemals alle hätten ausweichen können. Das einzige Präservativ für die Ärzte besteht also darinnen, alles Berühren zu vermeiden. Die Schwachheit, die äußern Kennzeichen der Pest, und die Größe der inneren Krankheitsanzeichen geben dem Auge eines genauen Beobachters den Zustand des Pulses von einem Pestkranken genau zu erkennen. Wenn die Gefahr für sie in Spitälern größer ist, worinnen sie ihre Besuche abstatten müssen, so dürfen sie nur die Vorsichten anwenden, welche für die Priester vorgeschrieben worden sind, die sich in einem ähnlichen Falle befinden, und ehe sie in die Stuben der Pestkranken gehen, müssen sie vorher mit Räucherpulver, Essig, Schießpulver, oder mit dem wohlriechenden Pulver räuchern lassen, welches die Kommission wider die Pest zu Moskau erfunden hat.

Übrigens können die Spitäler viel leichter ihrer Dienste, als die Regierung selbst überhoben sein, der sie ihre Kenntnisse in Rücksicht der Kontagion der Pest mitteilen müssen, oder als die Wundärzte, die von ihnen Unterricht anzunehmen haben, sowohl zur Beobachtung der inneren Beschwerden und der äußerlichen Kennzeichen des Übels, als auch zur Abänderung der Heilart nach Beschaffenheit der Umstände. Ich wollte ganz gern den Dienst der Ärzte auf eine praktische, sorgfältige und aufmerksame Bemerkung, so wie auch auf eine genaue Beschreibung der Revolutionen einschränken, welche die Pest bei jedem besonderen Subjekt hervorbringt. Hierdurch würde man die Kunst viel einfacher machen, und eine Heilart von einer Krankheit bestimmen, die vielleicht ebenso gut, als die übrigen gefährlichen Epidemien, geheilt werden kann.

Aber die Gefahr ist für die Wundärzte, Unterwundärzte und Gehilfen weit größer, ob sie nun in den Pestspitälern bleiben, oder die Kranken in den Privathäusern besuchen, deswegen müssen sie auch weit kräftigere Hilfsmittel zu ihrer Verwahrung anwenden. Ich will diejenigen angeben, welche durch einen glücklichen Erfolg unter meinen Augen gekrönt wurden, obschon ich sie übrigens nicht für ganz untrüglich ausgeben kann; und wenn man auch keineswegs an ihrer Untrüglichkeit zweifeln könnte, so würde doch ein Kunstverständiger, der sich voller Vertrauen in dieselben, in das Spital begibt, nichtsdestoweniger alle Achtung verdienen, und das Vaterland kann ihm keineswegs eine Stelle unter den Wohltätern des menschlichen Geschlechts versagen. Belohnungen und Gewinne müssen einen Wundarzt weniger zu einem solchen mühseligen Dienste, als der Eifer für das Wohl seiner Nebenmenschen, antreiben.

Dieser Eifer wird aus seiner Seele alle Furcht verbannen, Fröhlichkeit, Mut, Hoffnung werden ihn im Gegenteil überall begleiten. Er kann entweder unter einem Zelt, oder in einem nahen Haus bei dem Spital wohnen, um jeden Augenblick bei der Hand zu sein, bei der Pforte die Kranken zu untersuchen, die man in dasselbe hineinbringt, um sie in die bestimmten Kammern nach der angeführten Anordnung legen zu lassen. Wenn er entweder abends oder morgens in das Spital geht, um seine gewöhnlichen Visiten zu machen, darf er niemals Branntwein oder starke Liköre trinken, besonders wenn er einen schwachen Kopf haben sollte. Ich versuchte es einige Morgen im Anfange meines Aufenthalts in dem Spitale des Klosters Ougreschinsky, ein Glas abgezogenen Branntwein zu mir zu nehmen, ehe ich meine Kranken besuchte, da ich aber allezeit heftigen Kopfschmerz bekam, so tat ich darauf Verzicht, und habe denselben niemand angeraten. Man hat auch in der Walachei, in der Moldau, in Polen und selbst in allen Städten unsres Reichs bemerkt, wo die Pest geherrscht, daß alle Trunkenbolde die ersten Schlachtopfer der Pest geworden sind. Sie müssen sich auch sehr genau an die Vorschriften halten, welche ich für die Priester angegeben habe.

Gleiche Vorsichten müssen sie in Rücksicht der Bekleidung, des Wassers mit Weinessig, der Nahrungsmittel anwenden. Für sie ist ein Gefäß, worinnen der Weinessig enthalten ist, den sie bei sich tragen, noch weit notwendiger, weil ein Wundarzt niemals das Berühren des Pestkranken mit seinen Händen, noch mit seinen Kleidern vermeiden kann, wenn er eine Operation zu machen hat, oder die Wunden verbinden muß, indem er sich in einem Zimmer befindet, worinnen viele Betten stehen. Hat er keinen Überrock an, der in Weinessig eingetaucht worden ist, so wird er ganz gewiß das Pestgift wegtragen, welches aller angewendeten Vorsicht ungeachtet sein Kleid durchdringen kann. Gesetzt er zöge sich zu Hause aus, wie ich weiter oben gesagt, er durchräucherte sein Kleid, und hängte es an die freie Luft, so wird ihm doch jedesmal einiger Zweifel übrig bleiben. Wegen eben diesem Zweifel wird seine Seele niemals ruhig sein, und die geringste Unpäßlichkeit kann bei ihm Unruhe, ja wohl gar die Pest selbst hervorbringen. Damit nun kein Zweifel zurückbleibt, rate ich einem jeden, einen Überrock anzuziehen, der in Weinessig eingetaucht worden ist, und Schuhe zu gebrauchen, die man mit Pech überzogen hat. Seine Hände muß er sogleich waschen, wenn er sie mit Eiter bei dem Einschnitte einer

Pestbeule, oder bei dem Verbinden der Wunde besudelt hat, und zu diesem Ende muß er beständig Weinessig bei sich tragen. Sobald er einen Einschnitt gemacht, legt er das Instrument in Salzwasser, und wischt es alsdenn erst ab. Durch dieses sehr einfache Hilfsmittel, welches mir aber sicher zu sein scheint, kann sich jeder Wundarzt und Unterwundarzt, welche sich mit der Heilung der Pestkranken abgegeben, vor dem Anstecken verwahren, und ich halte diese Hilfsmittel für sehr heilsam, indem ich sie an mir selbst versucht habe.

Expertus dico.

Wenn diese Vorsichtsregeln für jemand nötig sind, so werden sie es ganz gewiß noch mehr für die Krankenwärter, sowohl in den Privathäusern, als auch in den öffentlichen Spitälern sein. Welchen gefährlichen Dienst müssen nicht wohl solche Personen über sich nehmen? Erstlich müssen sie notwendig in dem Innern des Spitals wohnen; ihre Pflicht verbindet sie, die Kranken an der Pforte anzunehmen, sie nach der Anordnung des Wundarztes in das bestimmte Zimmer zu führen; jeden in sein Bett zu legen; ihn zu waschen und zu reinigen, ihm Nahrungsmittel zu geben, ihn bei seinen Bedürfnissen zu unterstützen, ja selbst in seinen Phantasien; sie müssen Tag und Nacht bei ihm wachen, die Zimmer der Kranken reinigen, und sie begraben, wenn sie sterben sollten, usw.

Welche Kette von Diensten, von allen Gattungen, wobei das unmittelbare Berühren der Körper, der Sachen, des Geräts, und der verpesteten Abgänge von den Kranken unvermeidlich ist! Man erfinde, wenn man kann, ein sicheres Präservativ, welches diese Unglücklichen von der Gefahr retten kann, welche alle Augenblicke über sie hereinzubrechen droht! Wie viele solche unglücklichen Schlachtopfer für das gemeine Beste habe ich nicht dahin sterben sehen, nachdem sie mit einem Eifer ihren Dienst verrichteten, für welchen der Tod selbst Achtung hätte haben sollen; endlich unterlagen sie doch bei der Heftigkeit eines Feindes, welchem sie tausendmal die Stirne geboten hatten.

Es ist mir ganz wohl bekannt, daß man zu den Vorsichtsregeln für die Geistlichen und Wundärzte noch besondere hinzufügen kann, welche für die Lage und den Zustand der Krankenwärter angemessen sind; daß es nützlich sein würde, einem jeden seine besondere Kammer einzuräumen, jedem besonders seine Nahrung zu geben, und in einem bestimmten Teil des Spitals einen Wasserbehälter oder ein großes Gefäß mit Wasser zu unterhalten, welches beständig voll sein müßte, damit sie sich darinnen nach dem geleisteten Dienste bei den Pestkranken waschen könnten; wie viel würden aber doch noch wohl bei allen diesen Vorsichten sterben? Hier bleiben also einzig noch zwei Mittel übrig, welche die Vernunft billigt: das erste besteht darinnen, daß man keine anderen Personen zu einem solchen Dienst braucht, als welche die Pest, sowohl ihre innerlichen als die äußerlichen Kennzeichen, völlig überstanden haben, denn sie greift niemals in einem Laufe der Epidemie eine Person zweimal an: das andere aber ist, daß man die Inokulation der Pest an denjenigen vornimmt, welche sich von freien Stücken zu einem solchen Dienste begeben wollen.

Übrigens würde ihr Eifer und ihr Mut noch mehr dadurch angefeuert und entflammt werden, wenn man sie reichlich besoldete und Ehrenzeichen für sie bestimmte, welche ihrer bürgerlichen Lage und ihren Diensten angemessen wären. Man könnte lebtägliche Besoldungen für die Kinder und Witwen derjenigen bestimmen, welche sich bei einem solchen Dienste aufgeopfert haben, ferner würde es für die Verbrecher eine Lockspeise sein, wenn man ihnen die Freiheit schenkte, wenn denn die Regierung in diesen kritischen Zeitläufen zu solchen Personen seine Zuflucht nehmen muß, und man würde dadurch die Schande bei einer solchen Gelegenheit abwenden, die vielleicht alsdenn auf einen solchen Dienst fallen könnte. Dieses Beispiel gab unsere große Kaiserin der Nachkommenschaft. Alle diejenigen, welche sich dem gemeinen Besten in den Spitälern aufopferten, bekamen aus ihren freigebigen Händen sehr reichliche Besoldungen.

Wenn sich in der Familie ein solches mitleidiges Herz finden sollte, welches sich dergleichen Gefahren aussetzen will, so muß man es nicht verhindern, einen solchen Neigung zu folgen. Die Krankenwärter wachen alsdenn vielleicht nur über einen einzigen Kranken, sie können deswegen weit aufmerksamer auf sich selbst sein, und die Vorsichten, welche ich für die Krankenwärter in den Spitälern angegeben, werden sie vielleicht leichter vor der Kontagion schützen.

§. 8. Ehe ich die Verwahrungsmittel genau auseinander setze, welche die Regierung zu verordnen hat, wird es nicht undienlich sein, wenn ich diejenigen angebe, welche ein jeder insbesondere in und außer seinem Hause beobachten muß, und wenn ich gewisse Vorurteile des gemeinen Volkes widerlege, welche in der Folge schädlich sein können.

Das erste betrifft insbesondere das Brot. Warum will man wohl behaupten, es könne nicht von dem Pestgift angesteckt werden? Geschieht wohl dieses deswegen, weil man den Teig durch eine Säure in Gärung bringt?

Wer kann wohl glauben, daß diese Säure, welche man in der Masse, worinnen sie zerteilt ist, kaum spürt, dieses Gift verändern könne, und wenn ein Pestkranker die Rinde des Brots angerührt hat, worinnen die Gärung eher, als in dem Innern gehemmt worden ist, wer wird alsdenn mit Zuversicht glauben, es hänge hier kein Teilchen des Pestgifts, um alsdenn in die Schweißlöcher desjenigen zu dringen, der es anrührt, oder um denjenigen vergiften zu können, der es genießt? Ich glaube, man müsse mit dem Brot ebenso vorsichtig, als mit einer Menge anderer Eßwaren und verschiedenen anderen nicht eßbaren Dingen sein; ich sehe auch keineswegs den Grund des Gegenteils ein.

Ein anderes Vorurteil, welches gleichfalls nicht den geringsten Grund hat, macht, daß viele Personen diejenige Handlung, wodurch wir unser Dasein erhalten, nicht nur unter der Pest als gefährlich ansehen, sondern auch als ein Gift betrachten, welches dieselbe unterhalten kann; deswegen müsse auch ein jeder in einer Stadt, worinnen die Pest herrscht, von diesen ehelichen Pflichten sich enthalten. Wäre diese Bedingung ein unumgänglich notwendiges Präservativ, so würden ganz gewiß die wenigsten Menschen frei bleiben, und man würde niemals diese grausame Plage, besonders in den großen Städten, wie Moskau, Konstantinopel usw. zerstören können, wenn sie einmal darinnen eingerissen wäre. Ich will hiermit keineswegs sagen, als müsse man ein Vergnügen mißbrauchen, das uns schwächt, und wodurch man dem Feinde zur Überraschung Gelegenheit gibt, sondern man muß bloß darinnen Mäßigkeit brauchen, so wird diese Handlung alsdenn für die Eheleute nützlich sein, weil sie einen fröhlichen Mut einflößt, und das Zutrauen unterhält; der Staat wird aber aus der neuen Bevölkerung gleichfalls Nutzen ziehen.

Auch behauptet man, die Pest werde durch alle verdorbenen und unverdaulichen Nahrungsmittel entwickelt, ja sie könne selbst hieraus ihren Ursprung nehmen. Dies wird uns zeigen, daß die leichtesten Nahrungsmittel und die Mäßigkeit, nach einem solchen System, das einzige Hilfsmittel sein müsse, wodurch man sich vor den Anfällen der Pest verwahren könne. – – Was ist das aber wohl für ein System? – – Wenn es ausgemacht ist, daß von schlechten Nahrungsmitteln oder von Ausschweifungen im Essen und Trinken sowohl zerstreute, als herrschende sehr gefährliche Krankheiten, ja selbst solche, die einen faulen Charakter haben, entstehen können, so ist es ebenso ungezweifelt wahr, daß die Pest von einer ganz anderen, als dieser Ursache entspringt, und daß, so lange das Berühren einer angesteckten Sache nicht stattfindet, wie ich bereits so oft wiederholt habe, sowohl der unmäßigste als der mäßigste Mensch davon frei bleiben werde. Ich will damit keineswegs sagen, als müsse man zu der Zeit nicht mäßig leben, wenn diese grausame Krankheit herrscht; aber die Mäßigkeit ist ein Gesetz des Weisen, und sie soll es jederzeit in seinem ganzen Leben sein.

Ich rate allen Einwohnern einer Stadt, wo die Pest herrscht, alles zu essen und zu trinken, was ihnen gefällt, sich über alles zu beruhigen, fröhlich zu sein, dasjenige vorzunehmen, was ihnen ein wahres Vergnügen und Ruhe verschafft; doch müssen sie alle Volksversammlungen vermeiden usw. Dies ist eine Grundwahrheit, welche ich aus der Erfahrung hernehme.

Doch wir wollen zur Sache selbst kommen, diese Vorurteile beiseite setzen, und sehen, was jeder Privatmann in und außer seinem Hause tun muß, wie sich die Handelsleute in ihren Läden, die Kaufleute in ihren Fabriken, die Reichen in ihren Palästen zu verhalten haben, wenn sie nicht angesteckt werden wollen. Laßt uns an die allgemeine Vorsichtsregeln für die Priester und die Kunstverständigen wiederum erinnern, denn sie sind gleichfalls für jeden Bürger, in jedem Stande nützlich.

Wir wollen voraussetzen, eine Stadt werde bereits von der Pest sehr verheert, soll man alsdenn wohl in diesen grausamen Zeitläufen eine große Furcht haben? Nein, jeder Bürger bleibe so viel als möglich in seinem Hause, und wenn ihn häusliche Geschäfte zwingen auszugehen, so fliehe er sorgfältig eine große Versammlung der Menschen; er verbanne aus seinem Herzen alle unvernünftige Furcht, wodurch sein Mut niedergeschlagen wird. Wenn er Eßwaren oder andere Sachen kaufen muß, so hüte er sich, nichts mit bloßen Händen anzugreifen, Er muß beständig Handschuhe anhaben, welche mit Weinessig, Salzwasser, oder auch nur mit frischem Wasser angefeuchtet worden sind, wenn er seine gekaufte Ware nach Hause trägt, und diese wasche er alsdenn wohl und tauche sie in Wasser. Können diese Dinge nicht naß gemacht werden, so muß er sie alsdenn räuchern und an die freie Luft bringen, alsdenn kann er sie, ohne die geringste Furcht, zu dem bestimmten Gebrauche anwenden.

Noch sicherer würde es für ihn sein, wenn er einen Überrock, oder ein anderes Kleid hätte, welches er einzig zum Ausgehen brauchte, und jederzeit in dem Vorhause bei dem Zurückkommen auszöge. Er könnte es alsdenn auf die angegebene Art durchräuchern und so lange an die freie Luft hängen, bis er es wiederum nötig hätte; übrigens müßte er das Gesicht, die Hände, selbst den ganzen Körper in frischem Wasser waschen, wenn er es nötig zu sein glaubte. Es läßt sich leicht einsehen, wenn man dasjenige erwägt, was ich bereits angegeben, daß alle Gemeinschaft mit der Nachbarschaft aufgehoben werden müsse. Deswegen ist keineswegs nötig, daß man sich gänzlich einschließt, und als ein Gefangener lebt; man kann vielmehr seine Nachbarn ohne die geringste Furcht sehen, mit ihnen reden, nur muß dieses in freier Luft und ohne das geringste Berühren geschehen. Auch muß man sich hüten, nicht in das benachbarte Haus hineinzugehen, und man darf niemand in das seinige kommen lassen. Dies ist alles, was ich verlange; und bei diesen Hilfsmitteln stehe ich davor, daß jede Privatperson in einer angesteckten Stadt ohne Furcht seinen häuslichen Verrichtungen in seinem Hause Genüge leisten könne, wenn er nur sicher ist, daß er nichts Angestecktes bei sich hat, wodurch er die Pest bekommen könnte.

Die Kaufleute sind mehr der Gefahr angesteckt zu werden ausgesetzt, besonders bei einem öffentlichen Verkauf. Wenn der Gewinn bei ihnen über die Gefahr siegt, so müssen sie jederzeit auf der Seite ein Gefäß haben, das mit Weinessig, Salzwasser, oder anderem Wasser angefüllt ist, jeder Käufer muß darein das Geld für die gekaufte Ware legen, ohne daß er es berührt, ehe es in einem solchen Wasser gewesen ist. Noch mehr muß er sich hüten, den Käufer oder dasjenige, was er anhat, zu berühren. Wenn der Handel in großen Läden geschieht, so muß der Kaufmann das große Tor verschlossen halten, und nur durch eine kleine Tür, oder bloß durch ein Fenster seine Ware zeigen; hier legt er sie dem Käufer zu beschauen besonders hin, ohne daß er die Freiheit hat, sie anzurühren; ist der Handel einmal geschlossen, so wird das Geld in das angegebene Gefäß oder auf die Tafel gelegt, und die Ware überliefert, ohne daß von beiden Seiten das geringste Berühren vorgeht. Ist das Geld auf die Tafel gelegt worden, so zieht der Kaufmann seine Handschuhe an, taucht sie in Weinessig usw., streicht das Geld zusammen, wirft es in ein Gefäß mit Weinessig und wäscht die Stelle wohl, wo das Geld gelegen.

Bei solchen Vorsichten kann man, ohne Gefahr angesteckt zu werden, kaufen und verkaufen, und man wird an nichts während der größten Wut der Pest einen Mangel haben.

Es gibt Fabriken, worinnen eine Menge Menschen mit verschiedenen Arbeiten beschäftigt sind. Wie ich glaube, würde man nicht übeltun, wenn man das Tor Tag und Nacht verschlossen, und einen Torhüter hielte, der in einer besonderen Stube außerhalb dem Hause wohnte, und welcher die Aufträge einzig ausrichtete, sowie auch die nötigen Vorräte mit den angegebenen Vorsichten für jede Privatperson herbeischaffte. Der Ein- und Ausgang müßte überdies jedem anderen untersagt sein. Die Waren, welche man zur Verarbeitung bekäme, müßten auf die angegebene Art behandelt werden. Könnte man dieselben untertauchen, so wäre es nötig sie ins Wasser zu bringen, und wohl zu waschen, dies würde die kürzeste und sicherste Vorsicht sein; könnten sie im Gegenteil nicht untergetaucht werden, so müßte man sie mit einem von den Räucherpulvern wider die Pest, welches am schicklichsten wäre, räuchern, und sie alsdenn der freien Luft aussetzen, worauf man ohne Furcht diese Dinge bearbeiten kann. Braucht man in jeder angesteckten Stadt diese Vorsichten, so stehe ich dafür, keine Fabrik wird jemals Gefahr laufen angesteckt zu werden, und alle Arbeitsleute werden erhalten werden, um ihre Arbeiten ununterbrochen fortzusetzen.

Die Großen haben ihren Torsteher; es kommt bloß darauf an, diesem zu bestimmen, wie er sich verhalten soll; er wird in ihre Paläste, ohne die geringste Gefahr für eine Person, alle Bequemlichkeiten des Lebens, alle Eßwaren für das Haus und alle übrigen Dinge herbeischaffen. Sie müssen ihrem zahlreichen Gefolge, ihren Bedienten schlechterdings verbieten, nicht aus dem Hause zu gehen; bei einer solchen Anordnung werden sie ganz gewiß nicht angesteckt werden, da sie sonst der Pest nicht entgehen können, wenn sie eine solche angegebene Vorsicht unterlassen.

Bei der Wut der Pest muß man auf die geringste Kleinigkeit aufmerksam sein, weil sie sonst sehr wichtig werden, und traurige Folgen hervorbringen kann. Wer sollte wohl glauben, daß man sogar auf die Hunde und Katzen aufmerksam sein müsse, wenn sich welche in dem Hause befinden? Besonders muß man auf die Katzen Obacht nehmen, weil sie gerne auf den Dächern herumirren, und in die verschiedenen Zimmer hineinlaufen. Der Hausherr muß sehr sorgfältig Achtung geben, daß diese Tiere niemals herauskommen, wenn er welche hat; denn sie könnten sonst der größte Feind des Hauses werden. Sie werden ganz gewiß die Pest hineinbringen, und zwar auf folgende Art.

Wir wollen annehmen, eine Katze liefe aus einem nicht angesteckten Hause heraus, sie träfe eine andere aus einem angesteckten Hause an, oder worinnen die Pest gewesen wäre; sie berührten alsdenn einander, so wird die aus dem angesteckten Hause ganz gewiß auf die andere das Pestgift fortpflanzen. Diese bringt alsdenn ganz sicher das Pestgift in ihren Haaren in das Haus, welche, wie ich glaube, am fangbarsten sind, wegen der öligen Ausdünstung, die sie umgibt. Das in den Haaren klebende Pestgift pflanzt sich auf denjenigen fort, der ein solches Tier zuerst berührt, oder ihm schmeichelt, oder es wird endlich in das Bette, oder in die Stühle gebracht, worauf es sich zum Ausruhen hinlegt; welches wird wohl der Lohn für diese Schmeicheleien sein? Welche Ruhe wird wohl derjenige finden, der auf solchen Möbeln ausruhen will? Er wird zuerst angesteckt werden, und nach ihm das ganze Haus.

Die Hunde kann man weit leichter verhindern, daß sie uns kein so trauriges Geschenk übermachen, weil sie sich mehr in der freien Luft aufhalten, und weil man sie auch noch überdies anleinen kann. Wenn man unter allen diesen Umständen kein sicheres Mittel weiß, diese Tiere in dem Hause zu erhalten, besonders die Katzen, so ist es am besten, man schafft sie weg. Auch muß man noch aufmerksam sein, ob nicht ein jedes anderes Haustier auf einige Art die Pest in das Haus bringen könne.

Noch eine andere allgemeine Vorsichtsregel für alle Einwohner in jedem Stande ist es, so viel als möglich die Hitze in den Zimmern zu vermeiden, und darinnen viel mehr, so viel es sich tun läßt, eine frische Luft zu unterhalten. Die Erfahrung hat zu Moskau bewiesen, daß die Köche, die Goldschmiede, und alle Feuerarbeiter zuerst von den Krankheitsanzeichen der Pest angefallen worden sind. Selbst die Wärme von unsern Bädern ist schädlich; die Kranken- wärter aus dem Kloster Ougreschinsky waren noch alle gesund, badeten sich aber, mir unwissend, nach getanem Dienste. Ich hatte ihnen ein solches Bad ausdrücklich untersagt, worinnen man eine außerordentliche Hitze aushalten muß. Den andern Morgen empfanden die Vollblütigsten zuerst, und die an- dern darauf die schwersten Anfälle der Pest: ein Beweis, daß alles dasjenige, was die Wärme in unserm Körper vermehrt, zu gleicher Zeit zu der geschwinderen Entwicklung der Krankheit, wovon man angefallen ist, neue Kräfte gibt. Die Vernunft stimmt hierinnen mit der Erfahrung überein, weil jede unmäßige Wärme, indem sie unsere Schweißlöcher öffnet, zum Einsaugen des Pestgifts geschickter macht, Kopfschmerzen und eine Entkräftung hervorbringt. Wir haben im Gegenteil zu Moskau bemerkt, daß die Gerber nicht so leicht angesteckt wurden; ein Beweis, daß die Säure und die frische Luft die Pestkontagion ebensosehr zurückhalte, als sie von der Hitze befördert wird.

Ferner muß man auf die Reinlichkeit sowohl in dem Innern des Hauses, als auch bei sich selbst sehr aufmerksam sein. Man hat zu Moskau jederzeit bemerkt, daß unreinliche Personen weit leichter von dem Pestgift angesteckt wurden. Wirklich, wenn eine unreine Person einen Pestkranken berührt, so wird sie weit eher, als eine solche angesteckt werden, die sich sehr reinlich hält. Deswegen muß man sehr sorgfältig das Berühren und die Unreinlichkeit, als Dinge vermeiden, die am geschicktesten sind uns anzustecken. Deswegen wurde auch in einem besonderen öffentlichen Befehl darauf gedrungen, der den 25. August 1771 herauskam, und welcher folgende Dinge enthielt:

„I.) In den Zimmern, worinnen kein Feuer unterhalten wird, oder wenn es nicht in dem Innern der Zimmer der Herren oder der Bedienten geschieht, soll man täglich die Luft ändern, indem man nicht nur die Röhren der Kamine, oder die Ventilators öffnet, sondern man muß auch täglich einige Stunden hindurch die Fenster offen stehen lassen, damit frische Luft, vorzüglich in solche Kammern dringen kann, worinnen eine Menge Menschen beisammen schlafen,

„II.) Alle bewohnten Zimmer müssen soviel als möglich, so wie auch die Tapeten, die Decken, die Betten, die Überzüge und andere ähnlichen Dinge reinlich gehalten werden; man muß sie, so oft es wöchentlich oder täglich geschehen kann, an die freie Luft bringen,

„III.) Allen Einwohnern der Stadt ist der häufige Gebrauch des kalten Wassers, und selbst des Eises, sowohl zum gewöhnlichen Getränke, als auch zum Waschen des Körpers anzuraten, sowie man auch den inneren häufigen Gebrauch des Weinessigs in geringer Menge, und das äußere Abwaschen des ganzen Körpers mit einem, in Weinessige eingetauchten Schwamme anempfehlen muß."

Kaum war dieser Befehl von dem General Yeropkin, dem damaligen Aufseher über alle Anordnungen wieder die Pest bekannt gemacht worden, so nahm ihn das Volk mit Freuden an, befolgte denselben mit einer unglaublichen Genauigkeit, und zog daraus einen unbeschreiblichen Nutzen.

Ich komme endlich auf die Vorsichtsregeln, welche die Regierung nehmen muß, diese sind aber nicht unbekannt, und man hat auch dazumal in Moskau alle die Verordnungen und Befehle, welche der Senat und die Kommission wider die Pest, durch die Regierung unterstützt, gaben, in einem besonderen Werke in russischer Sprache herausgegeben, und bekannt gemacht.

Noch mehr empfehle ich zu dieser Absicht ein Werk, das unter dem Titel: Memoire ou la Description de la Peste, qui a regné dans l'Empire de Russe, et surtout à Moscou, en 1775, mit Kupfern von den Lazaretten oder Spitälern für die Pestkranken in unserer Hauptstadt, herauskam. Es ist wahr, die Beschreibung dieser grausamen Krankheit ist darinnen zu kurz für Ärzte und Wundärzte; man kann aber behaupten, es sei für jede Nation überhaupt, und besonders für jede Stadt, wo sich der Keim der Pest entwickeln will, ein sehr schätzbares Werk. Alle Befehle, alle Unterrichte für die Offiziere, welche Aufseher der Viertel waren, sind darinnen enthalten; mit einem Wort, alle Anstalten, die man gemacht hat, um diese schreckliche Plage in so traurigen Zeitläufen zu hemmen, sind darinnen zusammen getragen, und der Erfolg dieser Anordnungen zugleich angegeben.

Drittens kann man gleichfalls auch dasjenige nachlesen, was in des Herrn von Mertens Beobachtungen über die Pest von Moskau enthalten ist, welche ohne Zweifel in den Händen aller Gelehrten Europas sein werden.

Er gedenkt einiger Hilfsmittel, die man zur Verhütung der Pest brauchen muß, und zeigt die nötigen Mittel an, wodurch man ihre grausamen Verheerungen hemmen kann.

Ich will nicht von den Alten reden, welche seit verschiedenen Jahrhunderten von eben dieser Materie gehandelt haben. Was mich anbelangt, so handle ich nur von den allernotwendigsten Mitteln für jede angesteckte Stadt, und von den allerwichtigsten Vorsichten.

§. 9. Die Vorsichten, welche die Regierung anzuwenden hat, kann man unter verschiedenen Gesichtspunkten betrachten; sie gehen entweder von Haus zu Haus, von einer Stadt zur andern, von einer Nation zur andern, oder sie beziehen sich auf die verschiedenen Grade dieser grausamen Krankheit. Um nicht weitläufig zu werden, will ich mich keineswegs auf die Verordnungen einlassen, welche ganze Nationen angehen: eine jede weiß ihre Grenzen vor der Pest ebensogut, als wie vor dem Feinde zu verteidigen. Seit einer Reihe von Jahrhunderten sind weise Regeln und Verordnungen vorhanden, wie man sich in dieser Rücksicht betragen muß, welche den zu diesem Endzwecke bestimmten Aufsehern nicht unbekannt sein können, Es ist ihnen gleichfalls bekannt, daß sie mit der strengsten Aufmerksamkeit über solche Anordnungen wachen müssen, und daß aus der geringsten Unachtsamkeit erschreckliche Folgen für die Nation entstehen, da sie doch für die Erhaltung derselben, auf Befehl der Obrigkeit wachen sollen. Die Ausübung ihrer Pflicht ist der Kompaß, wonach sie sich beständig zu richten haben, und die Königreiche ernten jeden Augenblick die Früchte davon ein. Bei ihrer Wachsamkeit geschieht es doch zuweilen nichtsdestoweniger, daß sich die Pest in Städten anspinnt, worinnen man sie keineswegs erwartet hätte, und sobald eine solche Stadt in der Nachbarschaft einer andern liegt, oder wenn sie eine Gemeinschaft mit derselben hat, wenn sie auch voneinander entfernt sein sollten, so müssen der Regierung die nötigen Vorsichten in einem solchen Falle unumgänglich bekannt sein, wenn ihre Stadt angesteckt wäre. Die Ärzte und Wundärzte müssen alsdenn alle Krankheiten genau erforschen, welche zu einer solchen Zeit in der Nachbarschaft herrschen. Sollten sie die Gegenwart der Pest aus den Pestbeulen, den Karbunkeln, und den Petechien erkennen, so haben sie der Regierung davon Bericht abzustatten. Diese muß alsdenn ihre Sorgfalt verdoppeln, und die strengsten Maßregeln ergreifen, um dieses Monstrum in seiner Geburt zu ersticken, wenn es möglich ist.

Diese Maßregeln müssen aber so beschaffen sein, daß sie keine Unordnungen in dem Handel hervorbringen, noch unter dem Volk einen panischen Schrecken erregen. Im Anfang zeigt sich die Pest durch keine anderen äußerlichen Kennzeichen, als durch die Pestbeulen, deswegen dürfen die Ärzte unter sich keinen Streit führen, ob es die Pest sei, sondern sie haben die Nebenumstände und vorzüglich die Folgen aller inneren Krankheitsanzeichen genau zu untersuchen, die ich in dem andern Teile dieses Werks angegeben habe.

Wenn sie darauf aufmerksam sind, so werden sie niemals zweifeln, die herrschende Krankheit sei die wahre Pest, obgleich sie keine anderen äußerlichen Kennzeichen, als die Pestbeulen bei sich führt.

Ich habe bereits in dem ersten Teile dieses Werks dargetan, die Pest stecke uns bloß durch das Berühren an. Es wird deswegen zur Verwahrung für jeden hinreichend sein, wenn er darauf aufmerksam ist, und dasselbe zu vermeiden sucht; er kann alsdenn ganz gewiß versichert sein, er werde niemals angesteckt werden. Überzeugt von einer solchen Wahrheit, wird er sich nicht scheuen, demjenigen Dienste zu leisten, der sie nötig hat.

Wir wollen also annehmen, die Pest breche in einem Hause aus, so muß der Arzt oder Wundarzt, der darinnen zuerst einen Pestkranken entdeckt, demselben anbefehlen, sich sobald als möglich von denjenigen zu entfernen, welche noch gesund sind. Der Kranke muß alle seine Sachen mit sich nehmen, sich in ein anderes Zimmer, oder in einen Garten, wenn es im Sommer ist, begeben. Hat er noch Kräfte genug alleine zu gehen, so würde es noch besser sein, wenn er in einem etwas entfernten Orte seine Zuflucht nähme. Ist dieses nicht möglich, muß er von einer anderen Person unterstützt werden, so hat dieselbe die angegebenen Vorsichten sogleich zu beobachten, um nicht selbst angesteckt zu werden. Wenn der Kranke aus dem verpesteten Hause heraus gegangen ist, so muß der Arzt oder Wundarzt alle übrigen Personen warnen, nicht aus ihrem Hause zu gehen. Zu gleicher Zeit muß er den Nachbarn Nachricht geben, dieses Haus sei durch die Pest angesteckt, und daß sie weder hineingehen noch etwas daraus annehmen dürfen. Hierbei muß er aber alle mögliche Vorsicht brauchen, alle Furcht aus den Herzen einer solchen Familie zu verbannen, indem er ihnen die Versicherung gibt, sie hätten von der Krankheit nichts zu befürchten, wenn sie alles Berühren vermieden: ja sie könnten selbst mit Personen aus dem angesteckten Hause reden, wenn sie wollten, nur müßte dies in einer gewissen Entfernung geschehen. Die Regierung muß alsdenn Tag und Nacht vor einem solchen Hause Wache halten lassen, damit niemand hineingeht, und daß sich diejenigen nicht herausbegeben, welche darinnen sind. Dies alles muß aber ruhig, und auf eine anständige Art geschehen. Den eingeschlossenen Personen muß man allen nötigen Unterhalt reichen, damit sie keinen Mangel leiden. Die Ärzte und Wundärzte müssen den Kranken fleißig besuchen, sowohl um die Krankheit zu erforschen, als auch um den übrigen Einwohnern Mut einzuflößen. Den Personen des Hauses haben sie jedesmal sorgfältig anzubefehlen, sich vor dem Anstecken in Acht zu nehmen, und dahin zu sehen, daß auch keine andere Person in der Nachbarschaft angesteckt wird.

Von Zeit zu Zeit müssen die Priester gleichfalls in ein solches Haus hinein gehen, und die Bewohner desselben ermahnen, sich genau nach den Verordnungen der Regierung und der Kunstverständigen zu richten, keineswegs aber wider solche weise Verordnungen widerspenstig zu sein; sie müssen ihnen jedesmal begreiflich machen, die Pest sei eine sehr ansteckende Krankheit usw. Übrigens können sie auch für das Wohl der Seele des Kranken sorgen.

Sobald man solche heilsame und gelinde Vorsichten braucht, so wird es Personen in einem angesteckten Hause nicht an Hilfe fehlen; sie werden sich selbst sehr sorgfältig hüten angesteckt zu werden. Die Nachbarn werden gleichfalls bei einer solchen Gefahr aufmerksam sein, und die Hilfsmittel erleichtern, welche man ergriffen hat, um ein so fürchterliches Feuer im Anfang zu ersticken. Hieraus wird ganz gewiß folgen, daß sich alsdenn die Pest niemals weiter ausbreiten kann. Bei einer solchen Anordnung werden die Regierung, die Ärzte und andere Personen leicht die Quelle entdecken, woher die erste Person angesteckt worden ist. Haben sie dieselbe entdeckt, so werden sie sich ganz gewiß bemühen, dieselbe zu verstopfen, und alles dasjenige zu reinigen, was sie vermögend zu sein glauben, jemand ferner anzustecken. Noch besser würde es sein, wenn die Regierung diese Dinge dem Eigentümer bezahlte, und ihn zwänge, dieselben dem Feuer aufzuopfern. Sähe man so sanfte, so leicht auszuführende, so menschliche Maßregeln, die weder die Pestkranken noch eine andere Person erschrecken könnten, so würde niemand weder die Krankheit, noch die strengen Gesetze der Regierung fürchten. Die Pest würde auf diese Art ganz gewiß in ihrem Ursprung erstickt werden, und sollte es bisweilen geschehen, daß bereits in einer Stadt zehn Häuser angesteckt wären, so würde man bei solchen gebrauchten Maßregeln ganz leicht die Pest unterdrücken können.

Wäre einem jeden bekannt, er müsse sich bloß hüten, angesteckte Sachen anzugreifen, wenn er anders nicht von einer Krankheit getötet werden will, die bloß in unseren Körper durch das Mitteilen ihres Gifts wirkt, ein jeder würde sich ganz gewiß in Acht nehmen. Durch dieses Mittel kann die Ordnung in einer jeden Stadt erhalten werden, wenn sie auch gleich von der Pest angesteckt ist.

Ergreift man entgegengesetzte Maßregeln, so stehe ich dafür, eine jede angesteckte Stadt werde alsdann auf das erschrecklichste leiden, sowohl wegen der Furcht, als auch wegen tausend anderen Nebenumständen,

Es wird alsdann unnötig sein, von Pestspitälern oder von Quarantänen, Orten, welche für das Volk ebenso fürchterlich, als die Pest selbst sind, zu reden, und wenn sie nötig wären, so können die Häuser selbst dazu dienen, worinnen sich die Pestkranken befinden.

Hierdurch würde die Regierung viele Schwierigkeiten ersparen, und die Stadt könnte von der Gefahr befreit werden, der sie sich durch das Wegschaffen der Pestkranken aussetzt. Jedermann wird mir zugeben, daß die Regierung mehrere Schwierigkeit hat, wenn man die Kranken in die Spitäler und in die Quarantänen bringen muß, und daß dadurch das Ausbreiten der Kontagion erleichtert werde; bei solchen ergriffenen Maßregeln wird aber die Regierung kaum mehr als zwei, drei, ja wir wollen annehmen, zehn Pestkranke und einige angesteckte Häuser in der Stadt haben. Wenn die Kranken sterben, so bekommt man ganz gewiß nicht mehrere Tode; alle diejenigen Personen aber, welche dieselben bei dem Begraben angerührt haben, stehen in Gefahr angesteckt zu werden,

Aus diesem Grunde muß man alle nötigen Vorsichten anwenden, und sie auf das sorgfältigste in den Quarantänen verwahren. Sind diese Personen von allen Regeln unterrichtet, die man beobachten muß, so werden sie selbst hierinnen sehr aufmerksam sein; folglich wird sich die Pest nicht weiter ausbreiten können. Im Falle aber, wenn die Pest eine große Verheerung anrichtet, und wenn in einer Stadt eine große Menge Pestkranke dahin sterben, so ist es alsdann ein Gegenstand, der nach meiner Meinung die besondere Aufmerksamkeit der Regierung erfordert. Dieselbe muß gleich im Anfange darauf bedacht sein, auf welche Art die Toten begraben werden sollen; und durch Belohnungen muß man Leute herbeizuschaffen suchen, welche dieselben zu den Begräbnisplätzen hinbringen. Diese Personen müssen sich auf die beschriebene Art ankleiden, und man muß ihnen anbefehlen, die toten Körper auf einen Handwagen (Brouette), oder auf eine andere bequeme Maschine zu legen, und sie alsdenn auf den Begräbnisplatz außerhalb der Stadt zu bringen, der am nächsten ist. Vorher muß zum Begraben dieser toten Körper ein tiefer Graben gemacht werden, wohinein man sie alsdenn bringt. Die Instrumente, welche die Totengräber gebrauchen, wirft man in das Wasser, oder noch besser, man verbrennt sie, mit allen den Sachen, welche sie gebraucht haben; mit einem Worte, alles dasjenige, was vor und nach dem Begraben bei Pestkranken nötig gewesen ist. Die Totengräber müssen sich danach verschiedene male in einem Fluß baden, neue Kleider anziehen, und alsdenn in der Quarantäne aufs höchste fünfzehn bis zwanzig Tage bleiben; wenn nun niemand von ihnen angesteckt ist, gehen sie wiederum heraus und erhalten ihre Freiheit. Ich wünschte, daß man in solchen Fällen lieber Handmaschinen, als Pferde bei dem Begraben brauchte. Ich stehe in den Gedanken, die Tiere können leicht eine Menge Pestgift in ihre Haare ziehen, welches sie alsdenn auf diejenigen fortpflanzen, die sie berühren. Diese Verordnungen lassen sich sowohl in den Städten, als in den Dörfern anwenden, und sie werden ganz gewiß heilsame Hilfsmittel wider die Wut der Pest sein. Sie sind gleich anfangs nötig, wenn die Pest an einem Orte ausbricht.

§. 10. Sollte sich aber demungeachtet die Pest ausbreiten, sollten verschiedene Viertel der Stadt angesteckt werden, so ist die Vorsicht, welche die Regierung zu ergreifen hat, weit notwendiger als jemals.

Zuerst muß die Stadt in verschiedene Viertel eingeteilt werden, die aber nicht zu weitläufig sein dürfen, damit man von jedem Hause insbesondere eine genaue Kenntnis bekommt. Jedes Viertel muß einen Aufseher nebst seinen Gehilfen, einen Arzt oder einen Wundarzt, um die Kranken zu untersuchen, haben.

Das zweite Hilfsmittel besteht darinnen, daß man überall entdeckt, wo ein Pestkranker in einem Hause befindlich ist. Sobald eine Person eine Krankheit bekommt, muß über die Tür ein von der Regierung gemachtes Zeichen gehängt werden, damit die Untergeordneten des Aufsehers, welche täglich ihr Viertel besuchen, desto leichter erkennen können, in einem solchen Hause befinde sich ein Pestkranker. Sobald sie an den Aufseher hiervon Bericht erstatten, muß sich derselbe sogleich mit einem Arzt oder Wundarzt des Viertels zu dem Kranken begeben, um den Zustand seiner Krankheit zu untersuchen;

findet er, es sei keineswegs die Pest, so nimmt man das Zeichen über der Tür wiederum hinweg, in dem entgegengesetzten Falle aber bleibt es hängen. Alsdenn wird jedermann verboten, aus einem solchen Hause herauszugehen, und befohlen, das Zeichen über der Tür, bis auf neue Verordnung, zu lassen, mit der Versicherung, man werde solchen Personen, die sich in dergleichen Häusern befinden, jederzeit die nötigen Lebensmittel verschaffen.

Auch muß man die Kranken, so viel als möglich ist, bitten, sich in das Pestspital zu begeben, weil sie darinnen viel leichter von ihrer Krankheit befreit werden können,

Die dritte Vorsicht betrifft die Anzahl der Spitäler, welche mit der Größe der Stadt in einem Verhältnis stehen müssen. Die Regierung hat es so einzurichten, daß an einem jeden Ende der Stadt eins befindlich ist; es ist vorteilhaft, wenn sie hierzu einen geräumigen und luftigen Platz erwählt. Die Zimmer müssen groß sein, und die Kranken in verschiedenen Teilen des Orts nach der Heftigkeit der Symptome, die sie empfinden, und nach der Natur der Kennzeichen, welche man äußerlich an dem Körper bei ihnen findet, verteilt werden. Jedes Spital bekommt einen Wundarzt mit einigen Unterwundärzten, welche alle mögliche Sorge für die Heilung der Pestkranken und der Krankenwärter von beiden Geschlechtern tragen; ein Arzt hat die Aufsicht über alle Spitäler überhaupt, und erteilt den Wundärzten der Spitäler den nötigen Unterricht. Ein Geistlicher wacht über die Bedürfnisse der Seele, und ein Aufseher mit seinen Untergebenen sieht dahin, daß ein jeder seine Pflicht genau erfüllt; er sorgt für den nötigen Unterhalt des ganzen Spitals, wie auch für die Erhaltung einer guten Zucht und Ordnung in demselben.

Die vierte und letzte Vorsicht betrifft die Toten,

Die Begräbnisplätze müssen nicht weit von den Spitälern entfernt sein, und in jedem werden die Ausgräber Sorge tragen, daß Gräber jederzeit in Bereitschaft sind, damit man die Kadaver hineinlegen kann, sobald sie von den Totengräbern dahin gebracht werden, es sei woher es will. Sobald die Totengräber sie dahinein gelegt haben, entfernen sie sich, und die Ausgräber begraben sie. Alle diese Gräben müssen sehr tief sein, und sie werden alsdenn zugescharrt, wenn sie mit einer hinreichenden Menge Kadaver angefüllt sind. Ich habe bereits oben gesagt, daß diejenigen Personen, welche die Gräben verfertigen, und diejenigen, welche die Toten begraben, auf Kosten des Staats unterhalten werden müssen, und wie sie sich während und nach dem Begraben zu betragen haben.

So viele Wohltaten von Seiten der Regierung, und besonders der daraus entstehende Nutzen für das menschliche Geschlecht, werden ganz gewiß bei den armen unglücklichen Personen, die von der Pest angegriffen worden sind, ein Antrieb sein, sich in den öffentlichen Freistädten, welche zu der Heilung dieser Unglücklichen bestimmt sind, herstellen zu lassen; in dem Fall aber, wenn sich viele nicht dahin begeben wollen, muß man sie wohl hierzu zwingen? Die Beantwortung dieser Frage überlasse ich den Gesetzen einer jeden Nation überhaupt, und den Verordnungen einer jeden Stadt insbesondere. Was mich anbelangt, glaube ich, man muß niemand dazu zwingen, denn ein solcher Zwang scheint hart zu sein, und an die Sklaverei zu grenzen. Eben diese Meinung hegte der Prinz von Orlow, und er ließ bei seiner Ankunft in Moskau hierüber verschiedene Befehle ausgehen. Diese selbst würden hinreichend sein, seinen Namen zu verewigen. Läßt man dem Volk diese Freiheit, so glaube ich keineswegs, daß es dieselbe mißbrauchen wird, besonders wenn man ihm, durch vernünftige Verordnungen der Regierung, durch einen weisen Unterricht der Ärzte, durch Vermahnungen und heilsame Ratschläge der Geistlichen begreiflich macht, es sei nötig, daß sich jeder Pestkranke in das Spital begebe, erstlich, um sich darinnen von der Pest heilen zu lassen; zweitens, zur Erhaltung der übrigen Familie; drittens, um niemand weiter in der Stadt anzustecken. Dieser große Prinz und mitleidige Bürger suchte wirklich das Volk zu einem solchen heilsamen Entschlusse zu bewegen; er bediente sich dabei der Vermahnungen der Geistlichen, und der weisen Ratschläge der Kunstverständigen, deren Beredtsamkeit und Klugheit auch diejenigen hierzu bestimmte, welche am meisten wider die Pestspitäler eingenommen waren. Er wollte niemals gestatten, daß man die Freiheit eines einzigen Bürgers verletzte. Gewiß, ein solches Betragen hat seinen guten Grund, und man kann behaupten, wenn zu einer solchen Zeit niemand gezwungen wird, werde alles besser gehen; der Zwang im Gegenteil bringt mehrere Übel als Gutes hervor. Überdies müssen die Ärzte und Wundärzte den Einwohnern einer angesteckten Stadt alle nötigen Regeln vorschreiben, wodurch sie sich im Anfange des Anfalls der Krankheit Erleichterung schaffen können, so wie dies die Kommission wider die Pest zu Moskau in jedem Viertel getan hat.

Diese Regeln müssen sehr kurz und faßlich sein. In jedem Viertel der Stadt sind, wie in den Spitälern, ein Arzt oder Wundarzt, Unterwundärzte und ein Aufseher nötig. Ein jeder davon muß seine Pflichten ganz genau erfüllen, über jeder Tür eines Hauses, worinnen sich ein Pestkranker befindet, soll ein Zeichen angemacht werden, wodurch der Eingang allen übrigen Personen untersagt wird. In den Predigten muß ein jeder Unterricht erhalten, wie er sich dabei verhalten soll, um das Anstecken zu verhüten. Die Aufseher der Gesundheit haben dahin zu sehen, daß in die angesteckten Häuser hinreichende Nahrungsmittel für die darinnen befindlichen Personen geschafft werden, damit niemand nötig hat herauszugehen, bis er die gesetzte Prüfungszeit von fünfzehn bis zwanzig Tagen ausgehalten hat. Auf solche Art werden sie ganz gerne darinnen verbleiben. Die übrigen Einwohner, die das Zeichen gewahr werden, daß sich ein Pestkranker in einem Hause befindet, werden sich hüten, in ein solches Haus hineinzugehen und mit den Personen Gemeinschaft zu haben, die darinnen wohnen. Ist jeder Bürger frei, so wird er sich, nach der Verordnung seiner Vorgesetzten, vor dem Anstecken in Acht nehmen; überdies besitzt er die einfachsten Mittel, womit er sich im Anfange der Krankheit helfen kann, wenn er angesteckt werden sollte. Darf man wohl nicht mit Grund hoffen, es werde durch dieses Mittel eine so grausame Plage weit eher, als durch alle andere Unternehmungen, gedämpft werden? Die Aufseher, die Ärzte und die Wundärzte haben auch noch sehr sorgfältig, ein jeder in seinem Viertel, dahin zu sehen, daß jeder tote Körper sogleich aus den Privathäusern weggeschafft wird. Deswegen müssen sie den Einwohnern einprägen, wie nötig es sei, daß der Aufseher des Viertels sogleich Nachricht erhalte, wenn jemand in einem Hause gestorben ist, um Leute zu schicken, welche den Toten mit der angezeigten Vorsicht nach dem Begräbnisplatze bringen. Mir scheint dies das sicherste Mittel zu sein, wodurch man verhindern kann, daß sich die Schlachtopfer der Pest, besonders in kleinen Städten, nicht vermehren.

§. 11. Es ist aber allein nicht hinreichend, die gegenwärtige Pest zu heben und zu hemmen, sondern man muß auch weise Vorsichten anwenden, damit sie niemals, wenn es möglich ist, ihre Wut wiederum äußere.

Jedermann weiß, daß die Pest in der Moldau, in der Walachei, besonders in den inneren Provinzen des türkischen Reichs fast beständig herrscht. Welcher Ursache hat man dies wohl zuzuschreiben? Pflanzt sie sich wohl nicht von einer Stadt zur andern, ohne Aufhören, fort, weil man keine geschickten Maßregeln zur Reinigung der Häuser, und der von dem Gift angesteckten Sachen ergriffen hat? Ein unglücklicher Fall für das menschliche Geschlecht, der sich ganz gewiß in den europäischen Ländern, so wie in Asien, ganz gewiß ereignen würde, wenn man nicht die nötigen Mittel brauchte, wodurch auch der geringste Keim des ansteckenden Pestgifts zerstört wird.

Deswegen ist es nötig, die von dem Pestgift angesteckten Sachen zu reinigen, und aus Mangel solcher Vorsichten geschah es, daß die Pest in dem vorigen Jahrhunderte so viele Verheerungen in Europa, besonders aber zu Moskau, so wie auch in vielen anderen Städten dieses Reichs, anrichtete. Diese traurigen Verwüstungen müssen uns zum Beispiel dienen, und lehren, wie nötig dergleichen Vorsichten in einer angesteckten, besonders aber in einer so großen und volkreichen Stadt, wie Moskau, sind. Und warum wollte man wohl glauben, es gäbe nicht kräftige Mittel, wodurch man ein solches Gift zerstören könne? Man betrachte noch einmal die Pest, welche im siebzehnten Jahrhundert das Russische Reich verwüstete, und man vergleiche sie mit derjenigen des achtzehnten Jahrhunderts. Die erste äußerte ihre Wut verschiedene Jahre hindurch, wie man aus dem Briefe gesehen, der an den Zar Alexis Michailowitz von Moskau geschrieben worden war, als er die Stadt Smolensk belagerte. Der Grund davon läßt sich sehr leicht einsehen: man kannte zu diesen Zeiten keine Methode, das Gift zu ersticken, welches die Pest ausbreitete; so verhielt es sich aber keineswegs zu unsern Zeiten, da die Pest ihre Wut äußerte. Die Kirchen, die Paläste, die Spitäler, die Gasthöfe, die Privathäuser, selbst die Mauern wurden durchräuchert usw., so wie auch alle Möbel und Kleider, sowohl in den Kirchen als in den Privathäusern. Der Ausgang rechtfertigte ein solches Unternehmen der Kommission wider die Pest, das Übel verschwand gänzlich, welches man auszurotten gesucht hatte.

Da sie dieses heilsame Präservativ erfand, war ihr ein Beispiel vor den Augen; dies war der Essig der vier Räuber, welchen die Einwohner der Stadt Marseille mit so vielem Nutzen gebraucht hatten, als ein Schiff von Scio 1720 die Pest in dieser großen Stadt ausbreitete, und sie fast ganz entvölkerte. Die drei Räucherpulver wider die Pest, die man zu Moskau erfand, waren noch gänzlich unbekannt, als ich den Auftrag bekam, die ersten Proben damit in einem Hause, nahe bei dem Spitale des Klosters Symonowsky, anzustellen, als ich noch kein Mitglied der Kommission war. Die Art und Weise, wie ich sie angewendet, kann von allen befolgt werden, wenn man sie nötig haben sollte, und man wird ganz gewiß eben den Vorteil davon spüren, wie dies zu Moskau geschehen ist.

Ich verschaffte mir in diesem Spitale hinreichende Kleider, um sieben Personen völlig ankleiden zu können; ich sorgte dafür, daß sie verschieden waren. Es waren Kleider von Pelzwerk, von Wolle, von Kattun, von Seide, von Leinwand; man hatte sie lange Zeit bei den Pestkranken vor ihrem Tode gebraucht, und sie waren vom Schweiße, Eiter und eiterartiger Materie durchdrungen, welche aus den Wunden herausschwitzten. Charakteristische Kennzeichen der Krankheit. Ich ließ diese Kleider in das nahe Haus tragen, wovon ich geredet, worinnen die Pest nichts, als die Mauern zurückgelassen; alle Einwohner waren daraus gestorben. Alle diese Sachen wurden in einem schicklichen Zimmer auf ein Seil aufgehängt, wovon ich die Fenster, die Türen, die Zuglöcher des Kamins, mit einem Wort, alle Zugänge hatte verschließen lassen, wodurch sich die Luft hätte hineinschleichen können. Bei diesen aufgehängten Kleidern brauchte man das Räucherpulver No. I. unter meiner Aufsicht vier Tage hintereinander, täglich zu zwei verschiedenen malen. Nachdem man diese Kleidungsstücke auf diese Art achtmal durchräuchert hatte, ließ ich die Türen und Fenster öffnen, und diese Kleidungen sechs Tage hintereinander an die freie Luft hängen. Hierauf wurden auf Befehl der Regierung sieben Verbrecher, welche das Leben verwirkt hatten, herbeigeführt, welche diese Kleidungen bis auf das Hemde selbst anzogen. Sie blieben in dem

Hause, wovon ich geredet, sechzehn Tage hintereinander, ohne den geringsten Anfall der Krankheit zu spüren. Diese sieben Verbrecher willigten von freien Stücken ein, Gefahr zu laufen, ihr Leben zu verlieren, wenn man ihnen ihre Strafe schenken würde. Ein Beweis, daß man auch unter denselben welche finden könnte, die sich zu der Inokulation der Pest hergäben.

Da ich meinen Bericht an die Kommission wider die Pest von einem solchen Ausgange abgestattet, versammelten sich die Mitglieder derselben, um diese Personen zu untersuchen, und sahen mit Erstaunen, was ich ihnen berichtet hatte. Zu mehrerer Sicherheit glaubte die Kommission, es sei nötig, sie in ein anderes Haus zu bringen, doch mit eben den Kleidern angetan. Da nun auch noch fünfzehn Tage verstrichen waren, ohne daß sich die geringste Spur des Übels gezeigt hatte, so schenkte die Regierung denselben die Freiheit, nachdem sie vorher in der gewöhnlichen Quarantäne gewesen waren, und nahm sie unter die Anzahl der Mitbürger als solche auf, die nicht die geringste Spur des Pestgiftes an sich gehabt hätten.

Sollte man wohl nach solchen Beweisen nicht mit Grund glauben, diese drei Pulver besäßen eine ganz besondere Kraft, das Pestgift zu zerstören, wenn man auch die Bestandteile vorher noch nicht untersucht hätte?

Die Kommission ließ deswegen, nach solchen angestellten Versuchen, diese Pulver als solche öffentlich bekannt machen, die große Wirkungen leisteten. Die Kraft und Tugend derselben wurde alsdenn durch den glücklichsten Erfolg bestätigt, und ich eile sie nebst der Methode mitzuteilen, wie sie unter allen Umständen gebraucht werden müssen, welche die angeführte Kommission vorgeschrieben hat, um ihr glückliches Werk vollkommen zu machen,

No. 1.
Starkes antipestilentialisches Räucherpulver.

B. Folior. Juniper minutiss incisor.
Rasurae Ligni Guajaci
Baccar. Juniperi contusar.
Furfurum Tritici aa. libr. VI.
Nitri crudi pulverisat. libr. VIII.
Sulphur. Citrini pulveris libr. VI.
Myrrhae libr. II.
M. et F. S. Artem. Pulvis Fumalis.

No. 2.
Schwaches antipestilentialisches Räucherpulver.

Be. Herb. Abrotan. minut. incis. libr. V.
Folior. Juniper. minutiff incis. libr. IV.
Baccar. Juniper. contular. libr. III.
Nitri crudi pulverisat. libr. IV.
Sulph. Citrini pulverisat. libr. II. et semis
Myrrhae libr. I. et semis
M. et F. S. Artem. Pulvis Fumalis.

No. 3.
Wohlriechendes antipestilentialisches Räucherpulver.

H. Rad. Calam. Aromatic. incis libr. III.
-Olibani libr. II.
Succini libr. I.
Storacis
Flor. Rosar. aa.libr. semis.
Myrrhae libr. I.
Nitri crud. pulverisat. libr. I. et semis.
Sulphur. Citrin. pulverisat, libr. semis.
M. et F. S. Artem. Pulvis Fumalis.

In dem ersten Pulver ist eine große Menge ungereinigter Salpeter und Schwefel enthalten, deswegen wird es das starke antipestilentialische Räucherpulver genannt. Es war dazu bestimmt, das Innere der Häuser, die Orte, wo man die Pestkranken, alle Kleidungen, welche dieselben einige Zeit gebraucht, oder womit man die Toten bedeckt hatte, aufbewahrt, wenn nur anders die Farbe nicht eckel war, zu reinigen.

Das zweite Pulver enthält gleichfalls eine Menge ungereinigten Salpeter und Schwefel, weil sie aber nicht in so großer Menge darinnen vorhanden, so wird es deswegen das schwache antipestilentialische Räucherpulver genannt. Man braucht es in gleicher Absicht, wie das erste, nur mit dem Unterschied, daß man dies vorzüglich bei zarten Farben und bei Möbeln anwendet, von welchen man glaubt, daß sie nicht so sehr angesteckt sind.

In dem dritten Pulver ist nur eine geringe Menge Salpeter und Schwefel enthalten, es befinden sich vielmehr eine Menge wohlriechende Dinge darinnen. Es ist für Stoffe von zarten Farben bestimmt, oder für solche Dinge, bei welchen man zweifelt, ob sie auch wohl von dem Pestgift sind angesteckt worden. Man braucht es auch, um in dem Innern des Hauses einen angenehmen Geruch zu machen, weil es keine Möbel verderben, noch der Brust schaden kann.

Die Methode, dieses Pulver anzuwenden, ist sehr einfach; ich will sie beschreiben, so wie sie von der Kommission wider die Pest angeordnet worden war. Man fing damit an, daß man die Fenster und Türen des Zimmers verschloß, welches man durchräuchern wollte; alsdenn verstopfte man alle kleinen Öffnungen, wodurch die Luft hineindringen konnte. Waren es Kleider oder leinen Zeug, das man von dem Pestgift reinigen wollte, so zog man Leinen oder Stricke in dem Zimmer auf, und hängte alles darauf; an die vier Winkel setzte man Kohlpfannen mit brennenden Kohlen, oder wenn das Zimmer nicht groß war, so brauchte man nur eine einzige solche Pfanne in die Mitte zu setzen. Die Person, welche den Auftrag hatte zu räuchern, zog einen Überrock von Wachsleinwand an, und hütete sich sorgfältig vor allem Berühren. Auf die Kohlen warf sie eine hinreichende Menge Pulver, um einen dicken Rauch zu machen, der vermögend war alle Sachen zu durchdringen, die man räuchern wollte. Diese Operation wird täglich zweimal abends und morgens wiederholt, und damit vier Tage hinter einander fortgefahren, wenn die Gegenwart des Gifts in solchen Sachen ganz ausgemacht ist. Sollte dieselbe im Gegenteil zweifelhaft sein, so wird das Räuchern zwei, aufs höchste drei Tage hintereinander fortgesetzt. Am Ende öffnet man die Türen und die Fenster, um der Luft einen freien Durchgang zu verstatten, und nach einer Woche kann man solche geräucherten Sachen, ohne die geringste Furcht von dem Pestgifte angesteckt zu werden, wiederum brauchen.

Alle solchen Parfümeurs müssen von der Regierung erwählt werden, damit man versichert ist, daß sie alles Angesteckte, nach der erhaltenen Vorschrift, auf das genaueste reinigen. Sie müssen auch eine gewissenhafte Person zur Aufsicht haben, welche ihre Verrichtungen untersucht, und ihnen verbietet, nichts von angesteckten Dingen anzurühren, sie müßten denn die vorgeschriebenen Vorsichten angewendet haben, wodurch man verhütet, daß man nicht angesteckt wird. Ferner hat man zu merken, wenn das Zimmer das erstemal durchräuchert worden ist, und man will es zum zweitenmale vornehmen, so muß man jedesmal vorher alle Fenster und Türen wenigstens eine Stunde aufmachen, damit der erste Rauch während dieser Zeit völlig aus dem Zimmer herausgehen kann, ehe man hinein geht, und die Kohlpfannen mit den brennenden Kohlen nebst dem neuen Räucherpulver hineinbringt. Alsdenn verschließt man wiederum alle Fenster und Türen auf die vorhergehende Art, und wiederholt die nämliche Operation.

Eine wichtige und nötige Anmerkung ist es gleichfalls, daß die Parfümeurs geschwind aus den Zimmern herausgehen müssen, sobald sie das Pulver auf brennende Kohlen geworfen haben. Das erste Pulver ist besonders der Brust schädlich, wegen der Menge Schwefel, der darinnen enthalten ist, und der Rauch davon kann die Lunge heftig angreifen, auch wohl gar ein tödliches

Ersticken hervorbringen. Jeder Parfümeur muß sich vor dem Rauch des ersten Pulvers sorgfältig in Acht nehmen, weil es den ganzen Körper angreift. Wirklich, da ich die Aufsicht über das Räuchern in den Fabriken der Stadt hatte, wo man befürchten mußte, es möchte ein Keim der Pest in den wollenen Zeugen zurückbleiben, war ich auf diese Verrichtungen so sehr aufmerksam, daß ich in die Stuben ging, um zu sehen, ob sie auch wohl mit einem hinreichenden dicken Rauche angefüllt wären. Diese Aufmerksamkeit stürzte mich in eine grausame Krankheit, alle meine Glieder waren sozusagen verdreht; die Wimpern und die Augenbrauen usw. fielen aus. Ich bekam eine gelbe Farbe, fiel zu gleicher Zeit in eine Auszehrung, welche mir vor der Zeit den Tod drohte.

§. 12. Nach den angegebenen Umständen wäre es ein großer Fehler, wenn man die Wirksamkeit des Pulvers leugnen, oder sich den allgemeinen Regeln entziehen wollte, die man zur gänzlichen Vertilgung des Pestgifts in einer Stadt, wo diese grausame Plage gewütet, vorgeschrieben hat. Doch ich glaube, es wird nicht undienlich sein, wenn ich noch weiter gehe, und besondere Umstände angebe, wie man alle von der Pest angesteckten Orte, als die Läden mit den Waren, die Gerichtsstuben mit den Papieren, die Spitäler, die Häuser mit den darinnen enthaltenen Sachen, die Kirchen selbst usw. reinigen müsse. Alle diese Orte scheinen mir keineswegs gleichgültig zu sein, wenn man von einem so wichtigen Gegenstande gründlich handeln will.

Erster Artikel.
Ich fange mit den Kirchen an. Ohne Zweifel wird man sich wundern, warum ich mich auf die besonderen Umstände einlasse, wie man dieselben reinigen muß,

Wer wird aber wohl zweifeln, daß nicht von Zeit zu Zeit Pestkranke dahin gegangen sind, um die göttliche Barmherzigkeit um Erleichterung ihrer Übel anzusehen, oder daß wohl hier nicht Menschen, wie vom Blitz gerührt, gestorben wären, ehe sie ihr Gebet geendigt, oder auch daß Priestern und denjenigen, welche sie bedient haben, hier ein gleiches Schicksal widerfahren wäre? Wir haben zu Moskau gesehen, welche Menge Priester und Personen, die sie bedienten, in diesen Freistädten der Gottesfurcht gestorben sind. Unter diesen Umständen ist es unumgänglich nötig, eine solche Kirche zu reinigen.

Sobald eine solche Katastrophe vorgefallen ist, muß man den Eingang in eine solche Kirche, bis zur völligen Vertilgung des Pestgifts, verbieten, und nach der Art verfahren, die ich angeben werde. Diejenigen Personen, welche das Räuchern auf sich nehmen, müssen aus den Priestern und denjenigen Personen gewählt werden, welche zu der Kirche gehören. Sie kleiden sich auf die angegebene Art an, befestigen eine Bürste an einen langen, hölzernen Stiel: sie reinigen zuerst alle Orte des Tors, von welchen sie mutmaßen, daß sie von einem Pestkranken können angerührt sein worden. Hierauf wird die Tür aufgemacht, und man nimmt in dem Innern der Kirche eben diese Verrichtung vor, in der Höhe eines Menschen oder so weit man reichen kann. Der Altar, die Verzierungen, die Bilder, die Kanzel, die Kirchstühle, der Fußboden, kurz alles muß gereinigt werden. Zu diesem Endzwecke tunkt man die Bürste in reinen, oder mit Wasser vermischten Weinessig, oder in bloßes Wasser, nach Beschaffenheit der Umstände. Diejenigen Orte, von welchen man mutmaßt, sie wären häufiger von Pestkranken angerührt worden, reinigt man mit größerer Sorgfalt, und so umgekehrt.

Wenn man diese Verrichtung in der Kirche vorgenommen hat, begibt man sich mit eben der Vorsicht in die Sakristei, und wenn man die Kasten und andere Orte geöffnet hat, worinnen sich die geistlichen Kleidungen und Gefäße befinden, so hängt man die Kleider auf Leinen, entweder in der Sakristei selbst, oder in einem andern bequemen Orte, auf die in den allgemeinen Regeln angegebene Art zum Räuchern auf, und die Gefäße legt man in Weinessig, oder in Weinessig mit Wasser, wie ich bereits angegeben habe. Bücher von Wichtigkeit, welche nicht häufig in den Händen der Pestkranken gewesen, reinigt man äußerlich mit einem Schwamm, der in Weinessig eingetunkt worden ist, oder man räuchert sie wie den Kirchenschmuck; die Bücher aber von geringem Wert, welche täglich in den Händen der Pestkranken gewesen sind, so wie auch den Kirchenschmuck von eben der Natur, übergibt man dem Feuer. Was die hölzernen Möbel anbelangt, diese wäscht man mit Weinessig oder mit Weinessig und Wasser, oder mit frischem Wasser. Dies sind die Regeln, wie man bei Reinigung der Kirchen verfahren soll, und wenn dieses Waschen, nebst den andern nötigen Verrichtungen, einige male wiederholt worden ist, so kann man alsdenn ohne alle Furcht solche Gebäude wiederum zum Gottesdienst anwenden. Zur Zeit, als die Pest in Moskau herrschte, verschloß man auf Befehl des Kirchenrats hundertundsiebzehn Kirchen, weil alle Priester und anderen geistlichen Personen darinnen gestorben waren. Ein Beweis, wie viele Priester und Personen, die denselben beistanden, hier unschuldig umgekommen sind. Während dieser grausamen Plage eilte jedermann zu beichten und das Abendmahl zu erhalten; die Priester kannten aber dazumal kein Mittel, wodurch sie sich vor der Ansteckung der Pest verwahren konnten. Noch mehr beförderten sie ihren Tod durch die aus Andacht angestellten Umgänge mit den Bildern usw., welches zu einer solchen Zeit niemals geschehen muß. Wegen einer solchen unzeitigen Andacht wurden sie selbst unschuldige Schlachtopfer, und gaben Gelegenheit, daß eine Menge Volks durch das Zusammendrängen vieler Personen angesteckt wurde, welche sich bei diesen Prozessionen befanden. Ich habe mich bereits über diesen Gegenstand anderswo weitläufig erklärt, doch muß ich hier noch eine Anmerkung über einen Schriftsteller machen, der in seiner neuen Geschichte des Russischen Reichs behauptet, man hätte während der Pest in Moskau alle Kirchen zu geschlossen. Hierdurch wäre unter dem Volk eine so große Unordnung entstanden, daß es einen Aufruhr erregt, und selbst Mordtaten begangen hätte. Es ist wahr, man hat hier einige Kirchen verschlossen, aber nur diejenigen, woraus die Geistlichen und andere dahin gehörige Personen gestorben, und Schlachtopfer dieser grausamen Plage geworden waren. Wozu würde es wohl genützt haben, wenn man diese Kirchen offen gelassen hätte, weil kein Priester vorhanden war, der darinnen sein Amt hätte verrichten können?

Zweiter Artikel.

Alle diese angeführten Dinge könnte eine Gesellschaft von Handwerksleuten oder andere Personen vornehmen, die von der Regierung besoldet würden. Muß man aber wohl auf gleiche Art mit Privathäusern verfahren, worinnen Pestkranke gewesen, oder sich Sachen befunden haben, welche zu ihrem Gebrauche dienten? Dies wird ganz unumgänglich notwendig bei solchen sein, woraus alle Bewohner an der Pest gestorben sind.

In einem solchen Falle muß der Aufseher über die Gesellschaft der Personen, welche das Räuchern vorzunehmen haben, seinen Untergebenen anbefehlen, in allen den Häusern, welche er reinigen will, die Türen und die Fenster zu öffnen, sie fünf bis sechs Tage offen stehen zu lassen, damit die Luft alle Zimmer durchstreichen kann. Sie müssen jederzeit auf die oben beschriebene Art angekleidet sein. Nach einem solchen Zeitraum fängt man an, die Fenster, die Türen, die hölzernen Möbel mit einem säuerlichen Salzwasser zu waschen: die Gemälde und die Tapeten reinigt man mit einer Bürste, die in eben dieses Wasser eingetunkt worden ist. Die Schlösser und andere metallene Beschläge wäscht man mit Weinessig, Dinge aber von einem geringen Werte verbrennt man. Hierauf werden die Fenster, die Türen, die Zuglöcher der Kamine, kurz jede geringe Öffnung auf das genauste verschlossen; die Kleider und das leinene Zeug wird auf die aufgemachten Leinen aufgehängt, und vier Tage hintereinander täglich zweimal, nach der angegebenen Vorschrift durchräuchert. Wenn man auf diese Art verfahren, und solche Dinge darauf aufs neue der freien Luft ausgesetzt, nachdem die Fenster und die Türen geöffnet worden, so kann man alsdenn diese Sachen ohne die geringste Furcht wiederum brauchen. Man fand zu Moskau nach dieser letzteren Pest, da man alle Sachen von jedem Hause auf diese Art gereinigt hatte, daß man darauf ohne Furcht hineingehen, und ganz sicher darinnen wohnen konnte. Diese Bemerkung hat man nicht nur zu Moskau, sondern auch in allen übrigen Städten des Russischen Reichs gemacht, welche in diesem achtzehnten Jahrhundert von der Pest verheert worden sind. Zu dieser Zeit, da die Hauptstadt von dieser grausamen Plage verheert wurde, belief sich die Anzahl der Häuser auf 12538. Von dieser Anzahl wurden angesteckt 6091, reinigen tat man davon dreitausend, die übrigen aber von geringem Werte, woraus die Eigentümer gestorben waren, wurden niedergerissen und verbrannt. Die Pest ist alsdenn nicht zum zweitenmale wiederum zum Vorschein gekommen, ein deutlicher Beweis, daß diese Vorsichten jederzeit unumgänglich notwendig sind, wenn man sicher sein will, nicht von neuem angesteckt zu werden.

Unterdessen glaube ich doch, es würde weit bequemer sein, und die Regierung würde niemals so viele Schwierigkeiten finden, wenn sie auf einmal alle Orte und Sachen reinigen muß, nachdem die Pest gänzlich aufgehört hat, wenn gleich im Anfange der Epidemie alle nötigen Regeln jedem Einwohner bekannt gemacht würden. In dem Falle, wenn ein Einwohner in einem Hause übrig bleibt, scheint es hinreichend zu sein, die Reinigung des Hauses demselben anzuvertrauen. Eine solche weise Vorsicht würde dem Staate viele überflüssige Kosten ersparen, zu gleicher Zeit aber dem Eigentümer eine geschwinde Hilfe wider die Kontagion verschaffen, und ihn vor der Gefahr der Raubsucht schützen.

Deswegen wäre es nötig jedem Einwohner einzuprägen, seine Stube wohl zu durchräuchern, sobald er in seinem Hause einen Pestkranken gehabt, er möchte nun gestorben, oder nicht gestorben sein, die Sachen aber, welche der Kranke angerührt habe, zu verbrennen, die man nicht aufbewahren wollte; diejenigen sogleich an die freie Luft zu bringen, die man behalten will, sie alsdenn wohl zu durchräuchern, oder alle zu waschen, wenn sie untergetaucht werden können. Der Ort, wo der Kranke gelegen habe, darf nicht vergessen werden. Ja es ist wahrscheinlich, alles dieses werde alsdenn weit genauer vorgenommen werden. Wer wird wohl genauer und besser als der Eigentümer wissen, was gereinigt werden muß? Wer wird wohl besser dafür sorgen, damit nichts unnütze aufgeopfert, oder zur Unzeit aufbewahrt werde? Kann wohl nicht ein Mensch, welcher der Krankenwärter gewesen, alles bei sich waschen, reinigen, räuchern, ohne Furcht und ohne Verzug? Und wenn diese Umstände nötig sind, wird es alsdenn wohl nicht besser sein, wenn man sogleich eine solche Verrichtung vornimmt, als wenn man sie aufschiebt?

Ich mache diese Anmerkung, weil man zu Moskau viele Schwierigkeiten und Hindernisse sowohl bei den Einwohnern, als auch bei der Regierung selbst gefunden hat: und ich behaupte, die Reinigung der Häuser müsse schlechterdings von den Eigentümern selbst vorgenommen werden. Es scheint mir überdies hinreichend zu sein, wenn nur die Regierung in einem jeden Viertel eine gewissenhafte und einsichtsvolle Person bestellt, welche beständig Aufsicht bei solchen Verrichtungen der Privatpersonen hat, und die einen umständlichen Bericht an dieselbe erstattet, ohne daß man durchaus die Gesellschaft der Räucherer einführen muß. Was die Häuser anbelangt, worinnen keine Einwohner mehr befindlich sind, so dünkt es mich, diese müsse man der besonderen Aufsicht der Regierung überlassen.

Dritter Artikel.

Ich habe bereits von den Kleidungsstücken geredet, doch glaube ich nicht, daß ich über diesen Gegenstand zu weitläufig sein kann, weil er eine ganz besondere Aufmerksamkeit verdient. Es ist bekannt, daß sie weit fähiger, als andere Körper sind, das Pestgift einige hundert Jahre zurück zu halten, besonders wenn man sie einschließt, ehe sie gereinigt worden sind, und daß sie das gewöhnliche Vehikel sind, welches das Pestgift aus einem Teile der Welt in den andern führt. Wie könnte auch wohl die Pest aus einer Gegend in die andere, obgleich sie sehr weit voneinander entfernt sind, gebracht werden, wenn es nicht durch solche Geräte, oder andere ähnliche angesteckte Dinge geschähe? Es ist gleichfalls wahr, daß sie ein sicherer und untrüglicher Grund des Ansteckens werden, vorzüglich wenn man sie in Kästen, Kommoden verschließt, sobald ein Pestkranker sie angerührt hat. Man muß diese Dinge geschwind wiederum aus dem Beschluß herausnehmen, und jederzeit die angegebene Vorsicht brauchen, sie räuchern, wie ich bei den drei antipestilentialischen Räucherpulvern angegeben habe. Sie werden nach dem Verhältnisse der Sachen, dem Grade des Gifts, womit sie durch den Pestkranken angesteckt worden sind, und nach der Farbe, die sie haben, geräuchert. Alle diese Umstände sind bereits angegeben worden; ich wiederhole es aber, man überlasse die Ausführung davon bloß den Eigentümern; niemand, als sie, weiß besser, was am ersten betastet worden ist, und in welchem Grade der Krankheit dies geschehen sei. Sie sind Bewohner von einerlei Haus, und vielleicht sind sie von eben der Familie. Sie werden alles nach den angegebenen Vorschriften durchräuchern, und kein kostbares, aber mit der Pest angestecktes verdächtiges Geräte verstecken, aus oft gegründeter Furcht, es könne verdorben, oder geraubt werden. Dies sind oft gegründete Ursachen, welche zu solchen Verheimlichungen Gelegenheit geben können, und ich will weiter keine andern anführen; sie beweisen, man müsse den Eigentümern die Reinigung alleine überlassen, wenn man diesen Schwierigkeiten und Unbequemlichkeiten ausweichen will. Hierbei ist es nötig, daß eine sehr treue Person in jedem Viertel der Stadt erwählt werde, welche jederzeit die Aufsicht. über diese Verrichtungen hat, und an die Regierung den Bericht davon abstattet.

Vierter Artikel.

Auf eben die Art verfährt man mit den Kramläden und den Kaufmannswaren, welche darinnen enthalten sein können. Hier hat man bloß einen Unterschied zu machen: die Kaufleute sind entweder in dem Laden selbst gestorben, worinnen sie verkauften, oder die Krankheit griff sie darinnen an, ehe sie heraus gingen, um entweder an einem andern Orte zu sterben, oder sich heilen zu lassen.

In dem letzteren Fall ist weniger Verdacht, sowohl wegen den in den Laden enthaltenen Dingen, als auch wegen den übrigen Orten, die sie berührt haben, vorhanden. Man kann daraus urteilen, das Räuchern werde in kurzer Zeit hinreichend geschehen sein; wenn sie im Gegenteil darinnen starben, und wenn sie den Anfällen des Todes widerstanden, und noch Mut genug hatten, ihr Gewerbe einige Zeit fortzusetzen, ehe sie unterlagen, so muß alles gewaschen werden, was zum Waschen tauglich ist, so wie ich bereits bei den Verordnungen der Reinigung der Kirchen, der Häuser und des Geräts angegeben. Die andern Waren räuchert man weit länger mit dem mehr oder weniger wirksamen Räucherpulver, nachdem sie eine mehr oder weniger eckle Farbe haben.

Ehe man zu diesen Verrichtungen schreitet, so ist es nötig, daß ein solcher Ort oder ein solcher Laden sogleich genau bis zur Zeit der Reinigung verschlossen werde, sobald darinnen eine Person angesteckt worden, oder gestorben ist. Wenn man den Eingang jemand anvertraut, so müssen es bloß vornehme Personen sein, welche sorgfältig dahin sehen, daß alles genau gereinigt wird, und die alle Unordnungen verhüten, wodurch der Handel des Kaufmanns durch heimliche Entwendungen usw. zu Grunde gerichtet werden könnte,

Fünfter Artikel.

Die Gerichtsstuben und die Archive sind gleichfalls der Ansteckung ausgesetzt, weil die Schreiber darinnen von der Krankheit angefallen, und folglich alle Papiere, die sie vor ihrem Tode berührt, angesteckt werden können, deswegen muß man sie ebenso, wie die übrigen angesteckten Dinge behandeln.

In den Gerichtsstuben verschließt man sogleich, wenn ein Schreiber angesteckt worden, oder gestorben ist, alle seine Papiere, man wäscht die Stelle sorgfältig, wo er saß, und alles was um ihn herum war, mit Weinessig, oder mit einem säuerlichen Wasser, oder mit einem Salzwasser. Hierauf verbietet man seinen Mitbrüdern nichts anzurühren, und man sondert alle seine Schriften von den übrigen, mit Vorsicht, ab. Die unwichtigsten werden in Weinessig eingetaucht, und in eine Kammer besonders hingelegt, um sie zu trocknen. Ebenso verfährt man mit den Briefen, die man aus einem angesteckten Orte erhält.

Man kann sie auch durchstechen; sollte es aber ein Brief sein, den man mit Nadeln nicht durchstechen darf, so muß er in Weinessig gelegt, und alsdenn getrocknet werden.

Hierauf bleibt keine Furcht ihn anzunehmen übrig; denn wenn ein solcher Brief diese Operation ausgehalten hat, so wird das Pestgift ganz gewiß darinnen zerstört sein.

Schriften von Wichtigkeit, bei welchen man sich vor dem Untertauchen fürchtet, legt man offen in eine besondere Kammer, und räuchert sie eine ganze Woche mit Weinessigdampf täglich viermal. Einen solchen Dampf erregt man durch das Aufgießen des Weinessigs auf glühende Kiesel- oder Ziegelsteine: alsdenn müssen diese Schriften wenigstens fünfzehn Tage an die freie Luft gelegt werden. Am allersichersten würde es unterdessen sein, wenn man sie in Weinessig legte, wenn es geschehen kann, und wenn man sie alsdenn sorgfältig reinigte. Bei dieser Operation muß man dahin sehen, daß sie genau geschieht, und nichts unterlassen wird, denn die geringste Nachlässigkeit könnte bei andern die Pest hervorbringen. Sobald man alle diese Vorsichten anwendet, die sehr leicht ausgeführt werden können, so wird die Pest niemals in einer Stadt eine so fürchterliche Plage sein.

In den Archiven verfährt man auf gleiche Art.

Diese wichtigen Niederlagen müssen oft von den dazu verordneten Personen besucht werden, welche zu ihren Geschäften wichtige Stücke daraus nötig haben: ein angesteckter Archivarius kann alles verpesten. Was hat man alsdenn zu tun? Man muß alle Türen und Fenster verschließen; täglich viermal mit Weinessigdampf räuchern, damit alles davon durchdrungen werden kann; hierauf reinigt man äußerlich die Pakete mit Weinessig, hernach öffnet man alles wiederum, damit die freie Luft fünfzehn Tage hintereinander durchstreichen kann; dies ist das ganze Geheimnis. Die Gefahr, welche man hierdurch von den Gerichtsstuben entfernt, verschwindet ebenfalls in den Archiven, und man kann alle Papiere ohne die geringste Furcht angesteckt zu werden brauchen.

Sechster Artikel.

Wir wollen diese Materie damit beschließen, wenn wir anmerken, die Vorsicht sei vorzüglich bei der Reinigung der Spitäler nötig, wenn sie anders an einem Orte notwendig ist. In welchem Orte haben sich wohl eine größere Menge Pestkranke befunden? Und muß man wohl nicht von der geringsten Fläche eines solchen Orts mutmaßen, sie sei von dem Pestgifte durchdrungen? Kann man hier wohl zur vollkommenen Zerstörung des Giftes zu wirksame Mittel anwenden? Ich will hier bloß das Spital des Klosters Symonowsky zum Beispiel anführen, damit man einige Verhaltungsregeln habe, sowohl zu der

Zeit, wenn sich Pestkranke an einem solchen Orte befinden, als auch, wie man ihn reinigen müsse, wenn die Pest aufgehört. Da in diesem weitläufigen Orte eine große Menge Kranke befindlich war, zündete man täglich während der Pest einen Holzhaufen an, und unterhielt das Feuer einige Stunden; sobald ein Pestkranker gestorben, warf man alle seine Kleider in dieses Feuer, um sie in Asche zu verwandeln; von allem, was er gebraucht hatte, bewahrte man nichts, als das Bette auf: auf die Art fand man am Ende der Pest nicht viele Dinge zu verbrennen, als man dieses sehr große Spital reinigen wollte.

Nach Endigung der Pest wurden alle, welche in diesem Spitale gedient, oder die sich dahin begeben um geheilt zu werden, vom Kopfe bis auf die Füße vom neuen gekleidet, ihre alte Kleidung aber hatte das nämliche Schicksal, als diejenige der Verstorbenen. Diese neue Kleidung war so eingerichtet, um sich in die Quarantäne begeben zu können. Ehe sie aber dahin gingen, nahm man alle Betten weg, reinigte die Kammern von allen Unreinigkeiten, warf alles ins Feuer, was nicht viel wert war, wusch den Fußboden und alle Möbel, öffnete alle Fenster und Türen. Da man auf diese Art das Spital gereinigt hatte, gingen sie heraus, und man ließ es drei ganze Monate hindurch von der freien Luft durchstreichen.

Nach Verlauf dieser Zeit übernahm es die Gesellschaft der Räucherer, wusch und durchräucherte alle Zimmer und andere Orte, nach der gegebenen Vorschrift für angesteckte Häuser. Besonders wurde das Räucherpulver No. 1. gebraucht, zu gleicher Zeit aber wusch man alle hölzernen Möbel mit Weinessig, und alle Wände wurden aufs frische geweißt.

Auf eben die Art verfuhr man in den übrigen Spitälern, die alsdenn wiederum in Klöster verwandelt wurden. Durch diese Methode hatte man den Keim der Pest so gut zerstört, daß keiner von den Mönchen, welche hineingingen, den geringsten Anfall von der Pest bekam, wovon man auch den kleinsten Keim zu zerstören gesucht hatte. Dies sind die sichersten Hilfsmittel zur Reinigung der angesteckten Orte und Sachen. Ich führe sie als sehr ausgemachte Tatsachen an, und die da beweisen, in jeder Stadt, wo die Pest gewütet habe, sei die Reinigung der Häuser und der angesteckten Dinge unumgänglich nötig, damit nicht das geringste Überbleibsel von ihrem tödlichen Keim zurückbleibe.

§. 13. Vielleicht wird die Beschreibung der Mittel nicht unwichtig sein, welche man zu Moskau während der Pest angewendet hat, damit die Einwohner keinen Mangel an Lebensmitteln litten, und der Handel auf keine Art unterbrochen wurde.

Es ist weltkundig, wenn diese grausame Krankheit wo herrscht, daß man die Ausfuhr, noch mehr aber die Einfuhr der Waren zu verhindern sucht. Es muß sich alsdenn die Hungersnot mit der Kontagion vereinigen, weil ein Mangel an Nahrungsmitteln entsteht. Um von dieser Hauptstadt ein gleiches Unglück zu entfernen, verordnete die Kaiserin, alles anzuwenden, damit die Stadt gehörig mit Nahrungsmitteln versehen würde, und zu diesem Endzweck hatte man folgende Maßregeln ergriffen.

I.) Man hatte bei dem Eingange der Stadt in vier Ecken einen Platz bestimmt, um hier einen Markt zu halten. Dieser Platz war mit Schranken umgeben, und niemand durfte hineingehen, als nur die Landleute, oder Personen aus den nahen Städten, die etwas zum Verkauf hierher brachten. Jeder Bürger, welcher etwas kaufen wollte, begab sich an dem bestimmten Markttage dahin, und blieb vor den Schranken, handelte mit dem Verkäufer, der sich darinnen befand, was er nötig hatte, bezahlte ihn, und ging mit seinen gekauften Sachen nach Hause. Der Käufer nahm seinesteils das Geld für die verkaufte Ware mit der Vorsicht, von welcher ich so oft geredet, und wenn der Markt geendigt war, kehrte jedermann wiederum auf das Land zurück, ohne in die Stadt zu kommen.

Bisweilen geschah es, daß man nicht alles loswerden konnte, was man herbeigeschafft hatte. Um die Kosten der Rückführung zu ersparen, und um die Verkäufer aufzumuntern, hatte man ein großes Magazin auf der Seite eines jeden solchen Markts errichtet. Eine bestimmte Person nahm alles auf, es mochte sein, was es wollte, erkundigte sich nach dem Preise, und bezahlte die Verkäufer, damit sie ruhig, ohne Zeitverlust, nach Hause kehren konnten. Auf diese Art waren die Landleute in der Gegend um Moskau herum jederzeit sicher, ihre Waren abzusetzen, und den Einwohnern fehlte nichts zum Unterhalt. Es mochte nun Markt oder kein Markt sein, so konnte man jederzeit Vorräte bekommen, indem man nur zu dem Magazin hingehen durfte, woraus alles zum Einkauf zu bekommen war, was man nötig hatte. Man fand deswegen zur Zeit der Pest in Moskau einen reichlichen Überfluß von Nahrungsmitteln: ein auffallendes Beispiel für die Städte, welche dereinst von so einer Geißel verheert werden könnten.

II.) Auf gleiche Art, wenn ein Kaufmann seine Waren aus einer angesteckten Stadt, ohne gebrauchte Vorsicht, wegschicken wollte, so würden ganz gewiß alle übrigen angesteckt werden, worinnen man sie verkaufte.

Um ein solches Unglück zu verhüten, mußte sich jeder Kaufmann zuerst zu dem Aufseher des Viertels begeben: dieser erteilte ihm, auf seine Versicherung, daß er keine angesteckte Person weder in seinem Hause, noch in seinem Laden habe, ein Zertifikat. Versehen mit einem solchen Zertifikat, konnte er seine

Waren packen und sie nach dem bestimmten Orte der Quarantäne hinführen lassen.

Hierzu war ein weitläufiges Gebäude bei dem Ausgange der Stadt ausgesucht, wo man alles untersuchte, was für die Ausländer bestimmt war, und wo man es auf die angegebene Art räucherte. Der Aufseher der Quarantäne nahm aus den Händen des Kaufmanns sein Zertifikat und das Verzeichnis seiner Waren. Das erste behielt er zurück, und das andere teilte er dem Arzt oder dem Wundarzt mit, der sich hier aufhielt, teils um ein solches Verzeichnis zu bestätigen, teils aber auch um jeder Gattung der Ware, nach der Beschaffenheit und der Menge, eine Kammer oder ein Magazin anzuweisen, wo man sie ausbreiten und auf die gehörige Art räuchern konnte. Nachdem der Kaufmann alle Waren ausgelegt hatte, schritt man zu dieser Operation nach den bereits angegebenen Regeln, und nach der Beschaffenheit der Ware.

Sobald die zum Räuchern bestimmte Zeit verflossen war, öffnete man die Fenster, und wenn sie sich in einem Magazin befanden, wurden die Türen aufgemacht, und alsdenn die Waren an die freie Luft gelegt; einige drei, vier, fünf bis sechs Tage länger oder kürzer nach Beschaffenheit derselben. War diese Operation geendigt, und die bestimmte Zeit der Quarantäne vorüber, so wurde alles in Ballen zusammengepackt, und mit dem Siegel der Kommission wider die Pest besiegelt, damit der Kaufmann die Waren weder ferner berühren, noch etwas hinzutun könnte, und damit sie an dem bestimmten Ort, ohne die geringste Veränderung, ankommen möchten. Alle diese Verrichtungen der Quarantäne waren in einem Zertifikate angegeben; hierzu wurde noch ein Attestat des Arztes oder des Wundarztes beigefügt, worinnen alle Vorsichten, die man angewendet hatte, enthalten waren, und darinnen man für alle Gefahr stand. Mit solchen Zeugnissen versehen, ging der Kaufmann durch alle Quarantänen hindurch, ohne daß man seine Ballen anrührte, und verkaufte seine Waren überall. Da man durch das Attestat versichert war, sie wären von allem Pestgifte frei, so trug niemand Bedenken, solche Waren zu kaufen. Durch dieses Hilfsmittel ging der Handel in allen seinen Zweigen ununterbrochen fort, und keine Stadt wurde durch Kaufmannswaren angesteckt. Dies hat man einzig der Kommission wider die Pest zu verdanken, welche die antipestilentialischen Räucherpulver erfand, und dieselben mit so vielem Erfolge zuerst anwendete. Es ist bekannt, daß diese Entdeckung zuerst in Moskau geschah, und daß man niemals den Handel während der Pest getrieben hatte, dies geschah aber in dieser Hauptstadt ohne die geringste Gefahr für die anderen Städte. Durch diese Hilfsmittel hatte man jederzeit einen Überfluß von Lebensmitteln und der übrige Handel wurde nicht unterbrochen. Ein Glück, welches man vorher niemals genossen, und welches vielleicht selbst bis zur Zeit der Pest in Moskau unbekannt war.

Auf die Art blieb St. Petersburg, der Mittelpunkt aller Staatsgeschäfte, von der Pest befreit. Wie viele Depeschen, Kriegsmunition, selbst Kaufmannsgüter gingen nicht von Moskau während der Pest nach dieser Kaiserlichen Residenz, ohne daß im geringsten ein Ort gelitten, wo solche Dinge durchgegangen sind. Dies ist ein deutlicher Beweis von der Wirksamkeit dieser gebrauchten Vorsichten, und ohne dieselben würde St. Petersburg ganz gewiß von dieser grausamen Plage verheert worden sein.

Was die Kaufmannsgüter aus anderen verdächtigen Städten anbelangte, welche nach Moskau gebracht werden sollten, bei diesen brauchte man an den Orten selbst gleiche Vorsicht. Man legte sie an die Luft, man räucherte sie vor dem Einpacken; man versah sich gleichfalls mit Zeugnissen, welche diese Operationen bestätigten, waren sie einmal zur Hauptstadt gekommen, so wurden sie alle in die Quarantäne gebracht, und einige andere Vorsichten, nach Beschaffenheit des Orts, woher sie kamen, angewendet, um die Bürger, die sie erhielten, in keinem Zweifel zu lassen. Man brachte sie alsdenn ohne Furcht in die Häuser, und man hat auch nicht gesehen, daß diese grausame Plage jemals wiederum zum Vorschein gekommen wäre, welche andere Königreiche drei oder vier Jahre hintereinander verwüstete, weil man die Mittel nicht kannte, ihr unübersteigliche Schranken zu setzen, oder sie zu ersticken.

III.) Natürlich konnte man den Personen die Freiheit nicht versagen, welche man den Waren verstattete. Hätte man anders gehandelt, wieviel Unbequemlichkeiten würden daraus für die Handelsleute entstanden sein. Wie kann man aber wohl aus einer angesteckten Stadt herausgehen, und sich in eine andere unangesteckte, besonders in die Residenz begeben, die schlechterdings frei bleiben muß? Ohne Zweifel wird man mir antworten: Man müsse den Eingang niemand erlauben. Um aber das Reisen nicht zu verhindern, und die Gefahr davon abzuwenden, hatte man gleichfalls verschiedene Vorsichten angewendet

Wenn, zum Beispiel, ein Bürger von Moskau nach der Kaiserlichen Residenz reisen wollte, alsdenn mußte er dem Aufseher des Viertels von seiner Reise Nachricht geben; ihm ein Verzeichnis von seinen Bedienten und von seiner ganzen Equipage mitteilen. Ferner berichtete er ihn, ob in dem Hause, wo er wohnte, ein Pestkranker gewesen, oder nicht: im Fall, daß einer darinnen befindlich gewesen, ob die vierzig Tage seit seiner Heilung oder seinem Tode vorüber gegangen, und ob nicht während der ganzen Zeit andere Pestkranke in dem Hause gewesen wären. Hierauf begab sich der Aufseher mit einem Arzt oder Wundarzt in ein solches Haus, um alles zu untersuchen; das weibliche Geschlecht aber wurde von einer Wehfrau untersucht, die von der Kommission zu einer solchen Verrichtung verpflichtet worden war. Dieser Frau hatte man alle äußerliche Kennzeichen der Pest kennen gelernt, damit sie sogleich dem Arzte der Quarantäne Nachricht geben konnte. Befand man alles in einem gesunden Zustande, so wurde der Kommission wider die Pest ein Bericht abgestattet, die ihn unterschrieb, und zu gleicher Zeit ein genaues Verzeichnis von allem eingeliefert, was man mit sich wegnehmen wollte. Nach diesem begab er sich in die Quarantäne außer der Stadt, wo er fünfzehn Tage blieb, ohne die geringste Gemeinschaft mit einem Einwohner der Stadt zu haben. In dieser Quarantäne befand sich ein Wundarzt und verschiedene Aufwärter, die in dem Innern wohnten, ohne jemals herauszukommen. Der erste mußte das Räuchern vornehmen, und die Gesundheit der Reisenden beobachten; die anderen gaben Achtung, daß niemand heraus, noch hinein ging. Überdies kam täglich ein Arzt hierher, um die allgemeine Aufsicht nach den Gesetzen der Quarantäne zu haben.

Während der Zeit, daß sich ein solcher Mann in der Quarantäne aufhalten mußte, räucherte der Wundarzt sein ganzes Gepäck vier Tage hintereinander, und die übrige Zeit wurde es in die freie Luft gelegt. War die Quarantäne vorüber, so packte man alles zusammen, und versiegelte es mit dem Siegel der erwähnten Kommission, nur die Sachen ausgenommen, welche zum täglichen Gebrauch bestimmt waren. Wenn der Reisende wegging, bekam er ein Verzeichnis von seinen Sachen, welches von dem Präsident der Kommission unterschrieben, und ein Zeugnis aus der Quarantäne, das gleichfalls mit seinem Siegel bekräftigt war. Alles, was nicht eingeschrieben war, wurde in den anderen Quarantänen bei der Durchreise sogleich auf der Stelle verbrannt, und die Eigentümer hielte man an, und sie mußten alsdenn hier die strengste Quarantäne aushalten. Hatte ein solcher Eigentümer kein Zeugnis, daß er anderswo nach allen Regeln die Quarantäne ausgehalten hatte, so konnte er niemals weiterreisen.

Auf diese Art wurde die Freiheit für die Reisenden erhalten, obgleich man einige Schwierigkeiten in dieser Rücksicht machte; doch mit dem Unterschied, daß man diejenigen nicht solange in der Quarantäne verweilen ließ, welche aus gesunden Städten her kamen, als solche, die aus dem Mittelpunkte der Kontagion abgereist waren.

Als die Pest Moskau am grausamsten verheerte, mußte man vier Wochen in den verschiedenen Orten der Durchreise die Quarantäne aushalten, endlich wurde sie auf drei, hernach auf zwei Wochen heruntergesetzt, bis man sie auf die letzte gar aufhob. Man brachte zwar während der Zeit der Pest eine große Menge Güter und Kriegsmunition nach St. Petersburg, und demungeachtet hat man nicht den geringsten Anfall der Krankheit darinnen gespürt,

IV.) Alle solche Ausfuhren geschehen zu Lande, und ich werde nichts von den Vorsichten reden, welche bereits in jedem Königreiche vorhanden sind, um die Grenzen zu verwahren, und worüber kein Reisender noch Güter kommen können, ohne die strengste Quarantäne ausgehalten zu haben. Von der Einfuhr auf dem Meere werde ich einige Vorsichten angeben, weil dadurch viele Gefahr entstehen kann, und weil deswegen die Regierung sehr aufmerksam sein muß.

Wenn ein Schiff in einen Hafen gekommen ist, und ein Zeichen gegeben hat, es führe Pestkranke bei sich, muß man daraus schließen, die Waren wären angesteckt und für die Stadt gefährlich? Muß man ein solches Schiff mit seiner ganzen Ladung verbrennen, oder hat man noch Mittel zu Rettung desselben? Dies ist ganz gewiß ein heikler Punkt, zu bestimmen, ob man die Waren und das Schiff erhalten soll; doch glaube ich, es sei dies ganz wohl möglich.

Es scheint ein vernünftiger Entschluß zu sein, wenn man dem Kapitän befiehlt, sich mit der Equipage in einen von dem Hafen oder der Rhede entfernten Ort zurückzuziehen. Den andern Schiffen muß man verbieten, keineswegs einem solchen Schiffe zu nahe zu kommen, und ein Arzt oder Wundarzt begibt sich mit den nötigen Vorsichten in das Schiff, um nicht das Schlachtopfer seines Eifers und seines Gehorsams zu werden. Diese Vorsichten bestehen darinnen, daß er den Ruderknechten der Schaluppe befiehlt, mit einer Bürste, die in Meerwasser eingetaucht worden ist, alle Orte des Schiffes zu waschen, wo er durch muß, oder die er mit seinen Händen zu berühren hat. Ist er furchtsam, so kann er sich gleichfalls ankleiden, und solche Schuhe und Handschuhe anziehen, wie ich sie für die Wundärzte angegeben habe, welche in den Pestspitälern dienen müssen. Hat er sich so angekleidet, so begibt er sich in das Schiff, befragt den Kapitän und die gesunden Matrosen, ohne ihnen sehr nahe zu kommen, über den Zustand der Kranken, und über die Art, wie sie die Pest bekommen; er erkundigt sich nach ihrer wirklichen Anzahl, nach der Zahl der Toten und der übrigen gesunden. Alsdenn wendet er sich zu den Kranken, erkundigt sich nach ihren innerlichen und äußerlichen Kennzeichen, woraus er schließen kann, ob sie die Krankheit überstehen, oder nicht überstehen werden. Denjenigen zeigt er die einfachsten Mittel an, von welchen er glaubt, daß sie durchkommen werden. Alles dies muß geschehen, ohne daß ein Teil den andern berührt. Alsdenn gibt er den Gesunden den nötigen Unterricht, wie sie sich in Rücksicht der Kranken zu verhalten haben, und benachrichtigt diejenigen, welche hergestellt worden sind, wie sie die Kranken in Absicht der Nahrungsmittel und der Hilfsmittel zu bedienen haben, damit die Gesunden sie zu bedienen und hierdurch sich anzustecken nicht gezwungen sind. Hierauf begibt er sich in der Schalouppe zurück, und damit die Stadt in keine Furcht gerät, so muß man für ihn, als auch für die Ruderknechte, die ganze Zeit hindurch, als ihr Dienst nötig ist, eine Quarantäne errichten. Sie müssen täglich ihren

Dienst nach Beschaffenheit des Falls mit eben der Vorsicht bis zur völligen Tilgung der Krankheit auf sich nehmen, und überdies das Schiffsvolk mit Nahrungsmitteln aus der Stadt, mit den gehörigen Vorsichten, versehen. Alles dies muß so lange dauern, bis entweder alle Kranken gestorben sind, oder bis sie die Pest gänzlich überstanden haben.

Sind sie alle hergestellt, so bleibt das Schiffsvolk noch wenigstens 14 Tage auf dem Schiffe. Ist ein solcher Zeitraum verflossen, und niemand weiter angesteckt worden, so kann man versichert sein, der Keim der Pest sei zerstört.

In diesem Zeitraum muß der Kapitän einen umständlichen Bericht an die Regierung erstatten, darinnen bekannt machen, in welcher Stadt er seine Ladung bekommen, und worinnen sie bestehe; ob diese Stadt angesteckt gewesen oder nicht; wie die Pest unter dem Schiffsvolke ausgebrochen; wer zuerst angesteckt worden; auf welche Art es geschehen; ob dies in eben der Stadt erfolgt, wo er seine Ladung bekommen, oder in einer andern, bei seiner Reise, oder ob wohl nicht seine Ladung die Quelle der Pest gewesen sei. Eine solche umständliche Erzählung wird der Regierung die Befehle erleichtern, welche sich entweder auf die Ladung, oder nicht auf dieselbe erstrecken müssen.

Wenn ein Schiff seine Ladung in einer angesteckten Stadt bekommen hat, und das Schiffsvolk daselbst angesteckt worden ist, so muß man nach geendigter Quarantäne das Innere des Schiffs wohl waschen, die Türen des Verdecks öffnen, und die Ladung an die freie Luft legen. Niemand darf sie berühren, wenn nicht vorher fünfzehn Tage verstrichen sind, oder die freie Luft alle Kammern durchzogen, oder wenn man, zu noch mehrerer Sicherheit, dieselben durchräuchert hat. Sollte alles Schiffsvolk an der Pest gestorben sein, so muß man Freiwillige, durch eine gute Bezahlung, zu einem solchen Geschäfte zu bewegen suchen, und ihnen voraussagen, daß sie alsdenn eine genaue Quarantäne halten müssen. Ein solches Schiff muß gleichfalls wie ein Pestspital, und die Güter wie Dinge, in welchen ein Pestgift enthalten ist, gereinigt werden.

Was die Ladung selbst anbelangt, so wird alles gewaschen, was man untertauchen kann, wenn man glaubt, es sei angesteckt; die andern Güter aber, welche nicht untergetaucht werden können, müssen nach den vorgeschriebenen Regeln geräuchert, und alsdenn eine gehörige Zeit hindurch in die freie Luft gelegt werden. Wenn man mit allen Dingen so verfahren hat, so kann man dieselben hernach zu ihrer Bestimmung anwenden, die Waren kann man ohne die geringste Furcht des Ansteckens verhandeln, und das Schiff zu neuen Reisen brauchen, wenn es innerlich mit der größten Sorgfalt gewaschen und gereinigt worden ist. Übrigens kann der Arzt oder Wundarzt in einem solchen Dienste jedesmal, nach Beschaffenheit der Umstände, verschiedene andere nötige und schickliche Vorsichten für jeden Gegenstand hinzufügen. Welch großer Vorteil ist es nicht nur für den Kaufmann, der seine Güter erhalten sieht, anstatt daß sie sonst ein Raub der Flamme geworden wären; sondern auch für den Staat überhaupt, der beträchtliche Summen verloren hätte, die er durch den Umsatz mit anderen Nationen gewinnt.

Was muß man aber wohl mit den Toten anfangen, die entweder in dem Hafen oder in der Rhede verschieden sind? Muß man sie wohl in das Meer werfen, oder sie auf dem Lande begraben? Ein in das Meer geworfenes Kadaver kann leicht die Speise verschiedener Fische werden, oder es wird an das Ufer geworfen und von den Hunden aufgefressen. Bringt man solche Fische auf den Tisch, werden sie wohl alsdann eine gesunde Speise sein? Kann wohl ein solcher Hund, der den Toten aufgezehrt und berührt, sicher von seinem Herrn angegriffen werden? Dies sind wenigstens Zweifel, aus welchen ich aber keineswegs folgere, die Pest müßte schlechterdings davon unter den Einwohnern entstehen, doch sollen sie uns dazu antreiben, dergleichen tote Körper zu begraben.

Da auf einem Kaufmannsschiff niemals eine große Menge Menschen befindlich sind, so wollen wir annehmen, es befänden sich ein, zwei, oder auch wohl vier Tote darauf, so muß sich der Arzt oder Wundarzt, der sie zuerst untersuchen muß, und der sich in der Quarantäne befindet, sogleich in seine Schaluppe begeben, einen Sarg mitnehmen, damit diejenigen, welche die Pest bereits überstanden haben, den Toten hineinbringen, sobald er Nachricht erhält. Sollte sich niemand auf dem Schiffe befinden, der vermögend wäre, den Körper in den Sarg zu legen, so muß dies von herzhaften, und von der Regierung besoldeten Personen geschehen, welche sich auf die bereits beschriebene Art ankleiden, ehe sie in das Schiff steigen, das Kadaver mit Haken anfassen, auf die Art in den Sarg bringen, und denselben wohl verschlossen und verpicht in der Schaluppe an das Land nach dem Begräbnisorte hinschaffen, wo man ihn tiefer, als sonst gewöhnlich, verscharrt. Wenn diese Personen den Körper dergestalt begraben haben, so müssen sie sich alsdenn in die Quarantäne begeben, keineswegs aber in die Stadt kommen, bis die Zeit kommt, da man das Schiff völlig reinigt. Ich kann mit Überzeugung die Versicherung geben, daß niemals jemand auf die Art bei dem Begraben angesteckt werden wird, wenn er auch selbst den Kadaver ohne Haken anfassen sollte, besonders in dem Falle, wo nicht viele Tote zu begraben sind, wenn man nur die gehörigen Vorsichten braucht, einen Überrock und Handschuhe, die in Weinessig eingetaucht worden sind, mit Harz überzogene Schuhe anzieht, vor die Nase ein Schnupftuch hält, das mit Weinessig angefeuchtet worden ist, und in den Mund einige Gewürze zum Kauen nimmt. Ich gründe mich hierinnen auf wirkliche Tatsachen. In den Zeiten, als die Pest Moskau verheerte, begrub das

Volk die Toten heimlich in den Häusern; damit man nun nicht wegen der Stadt in Furcht sein möchte, wurden sie alle wiederum ausgegraben, und die Anzahl belief sich auf tausend. Da man solche Vorsichten brauchte, wurde niemand angesteckt, obschon man so viele Personen ausgraben ließ.

Ende des dritten Teils.

Abhandlung

über die

Inokulation der Pest.

§. 1. Die Pest ist eine faule, gefährliche Krankheit, wie wir bereits weiter oben gesehen haben. Die Gefahr dieser Krankheit, der die Menschen einzig unterworfen sind, schreibt sich von der Leichtigkeit und der Geschwindigkeit des Ansteckens her: und obgleich sie, wie viele andere gefährliche Krankheiten, geheilt werden kann, so scheint es doch, daß man sie mehr fürchten müsse, weil man sich nicht davor verwahren kann, wenn man nicht das Berühren vermeidet.

Ich weiß nicht, woher man die erstaunliche Geschwindigkeit herschreiben soll, mit welcher sich dieses verderbliche Übel fortpflanzt. Will man sagen, das Pestgift, welches in den Ländern, wo die Krankheit endemisch ist, sei daselbst nicht so wirksam, und verbreite niemals seine schädlichen Teile so geschwind, als in neuen Gegenden, wohin es die Luft zum erstenmale geführt hat; so würde man ein falsches System annehmen, um den Grund von einer beständigen Wirkung anzugeben. Die Luft kann keineswegs bei diesem Ereignis in Anschlag gebracht werden, denn ich habe bereits anderswo gezeigt, daß wir bloß durch das Berühren angesteckt werden. Ich glaube vielmehr, man müsse den Grund von dieser schnellen Verwüstung in der Kleinmütigkeit und Verzweiflung suchen, wodurch die Seele eines jeden zu Boden geschlagen wird.

Man darf sich keineswegs wundern, wenn diese Leidenschaften bei einem Volk plötzlich überhand nehmen, das auf einmal Beschwernisse von einem ganz neuen und unbekannten Übel erfährt, welches seine Städte, seine Länder und seine Dörfer verheert. Ein jeder zweifelt an seiner Wiederherstellung, sobald er angefallen wird; denn er erwartet keine Hilfe, weder von den Verwandten, die ihn fliehen, noch von den Ärzten, die sich nicht getrauen ihm nahe zu kommen, noch von Gott selbst, den er in diesem Augenblicke als ein erzürntes Wesen betrachtet, das seine rächende Hand ausgestreckt hat. Das Schrecken bemächtiget sich aller seiner Sinne, und er wird steif und starr; die Kräfte der Seele und des Körpers verschwinden, und ein solcher, bei welchem das Vertrauen zu den Hilfsmitteln und der Natur den festen Teilen Stärke genug mitgeteilt haben würde, das Gift aus den Wegen des Kreislaufs hinaus zu führen, stirbt ganz gewiß, weil er von entgegengesetzten Leidenschaften getrieben wird, die sich hier zu seinem eigenen Verderben vereinigen.

Der Übergang der venerischen Krankheit in Europa, und der Blattern in einige Länder, wo sie noch nicht bekannt waren, gibt uns ein überzeugendes Beispiel an die Hand, wie sehr Leidenschaften die Gefahr der ansteckenden Krankheiten vermehren können. Wie viele Menschen wurden alsdenn nicht Schlachtopfer der venerischen Seuche, weil das Hilfsmittel davon den Ärzten unbekannt war; weil man sich der Traurigkeit und der Kleinmut überließ, indem man sah, wie schwer solche Personen hergestellt wurden. Sobald das Specifikum in dieser Krankheit einmal entdeckt worden war, und nachdem die wahre Methode bekannt ist, scheinen sich die Liebhaber der Wollüste weniger vor der Krankheit selbst, als vor der Entfernung des Vergnügens zu fürchten, und fast alle werden hergestellt.

Da die Blattern das erstemal in Sibirien eindrangen, überfiel die Völker, welche in den Gegenden von Tobolsk, Irkutsk, Yakutsk usw. wohnten, eine gleiche Furcht, wie die Europäer, wenn sich bei ihnen die Pest einstellt: entstand aber nicht auch eine grausame Verwüstung in diesen Ländern? Um den Mut zu erheben, ließen sich die Kaiserin und der Großfürst die Blattern selbst einimpfen, sie wollten hierdurch ihre Untertanen des Russischen Reichs, und besonders von Sibirien, zu der Einimpfung der Blattern bewegen, weil dieselbe das sicherste Hilfsmittel in dieser Krankheit ist.

Dieses erhabene Beispiel rührte sie, und jetzt läßt man sich in Sibirien ohne Furcht einimpfen; oder wenn die natürlichen Blattern ausbrechen, fürchtet man sich weit weniger davor, und diese Geißel entvölkert Sibirien nicht mehr wie vorher.

Ein Hauptpunkt bei den ansteckenden Krankheiten scheint es also zu sein, daß man Furcht, Verzweiflung und Kleinmütigkeit entferne. Die Kranken werden nicht in so großer Anzahl dahinsterben, wenn ihnen die Anverwandten und andere Personen die nötige Hilfe leisten, sie werden glauben außer Gefahr zu sein, wenn sie sehen, daß man sie ohne Gefahr bedient. Selbst die Ärzte und Wundärzte werden bei sich die Hoffnung zur Wiederherstellung erhalten, wenn sie den Kranken die nötige Hilfe mit einer klugen Dreistigkeit darreichen; nach und nach wird die Verwirrung verschwinden, der vermehrte Kreislauf wird die halberstorbenen Kräfte beleben, daß die angespornte Natur das Gift durch die Ausführungskanäle wegschaffen kann, und die meisten Kranken werden ganz gewiß genesen.

Zu diesem heilsamen Endzwecke wage ich es, dem gelehrten Europa die Inokulation der Pest vorzuschlagen.

Wir leben in einem aufgeklärten Jahrhundert, wo die Wissenschaften und Künste einen höheren Grad der Vollkommenheit erlangt haben. Die Arzneiwissenschaft hat aus dem System der Krankheiten eine Menge Träume verbannt, welche die Ärzte in den vorigen Jahrhunderten angenommen hatten.

Die Natur und der Gang der Pest sind besser bekannt worden, und ich getraue mir zu behaupten, die letztere Epidemie dieser Krankheit in dem Russischen Reiche, und besonders zu Moskau, habe über diesen Teil ein neues Licht verbreitet. Dies kann ich durch ein auffallendes Zeugnis bestätigen, da uns der Gang der Krankheit gelehrt hat, sie befinde sich keineswegs in der Luft, sie könne von einem Ort zu dem andern bloß durch angesteckte Sachen gebracht werden, und die Berührung sei das einzige Mittel, welches die Fortpflanzung des Pestgifts begünstige: sollte es nicht möglich sein, der verheerenden Wut durch ein Hilfsmittel Grenzen zu setzen, das ich zu beschreiben gedenke? Und wenn durch diese Heilmethode eine so schreckliche Krankheit leicht gehoben werden könnte, wovon bis jetzt die wahren Anzeigen nicht bekannt sind, und welcher man noch nicht Hilfsmittel hat entgegensetzen können, die einige Sicherheit versprechen: würde man wohl alsdenn nicht für das menschliche Geschlecht neue Hilfsquellen zur Verlängerung ihres Lebens entdecken?

§. 2. Man wird mir gleich anfangs einwenden, dies sei eine vergiftete Quelle, welche eine erschreckliche Krankheit hervorbringt, ohne daß sie uns in der Zukunft davor schützt. Wirklich behauptet ein berühmter Schriftsteller in einem Werk, das er über die Pest von Moskau geschrieben, diese Krankheit könne uns verschiedene male angreifen. Vielleicht wird dieser Satz durch Beispiele bestätigt: man findet aber keineswegs dergleichen in dem angeführten Werke. Natürlich muß man daraus den Schluß machen, unser Schriftsteller habe diesen Satz bloß nach einem allgemeinen Rufe angenommen, oder wenn ihn ein Gelehrter behauptet haben sollte, so konnte er von der Natur und dem Gange der Pest unmöglich hinreichend unterrichtet sein. Wenn endlich eine Person verschiedene male diese Krankheit bekommen kann, so sei es mir erlaubt zu fragen, warum man keinen Rückfall bei den achtzig Personen gesehen hat, die ich gleich anfangs in dem Spital des Klosters Ougreschinsky im Monat Julius geheilt habe, und die den folgenden Monat mit mir in das Kloster Symonowsky gingen, um Pestkranke daselbst, bis zur völligen Vertilgung dieser grausamen Epidemie, zu pflegen. Zu der Zeit war sie in der größten Wut, und tötete jeden Tag bis auf tausend Personen. Wer sind wohl diejenigen, die am leichtesten zum zweiten male angesteckt werden können, als die Krankenwärter, welche den Kranken die meisten Dienste leisten? Die ganze Hauptstadt ist überzeugt, daß sie keinen Rückfall bekommen, und Moskau hat sie in Freiheit und als Bürger gesehen, womit sie die Kaiserin zur Vergeltung beschenkte, und kann ganz Europa hiervon überzeugen.

Ich will nicht von der Behauptung des Timone (Philosoph. Transact No. 364.) reden, der beweist, die Pest könne uns nur ein einziges mal in dem Laufe der Krankheit anfallen. Bei einem so überzeugenden Beweis muß man doch einen wichtigen Unterschied machen, und die Vorteile der vorgeschlagenen Inokulation nicht gar zu sehr ausdehnen: die Unmöglichkeit eines solchen Rückfalls, den ich hier bestreite, erstreckt sich bloß auf den Lauf eben derselben Epidemie, wollte man die Inokulation als ein Präservativ für das ganze Leben ansehen, so würde man Gegenstände miteinander verwechseln, und mir Begriffe beilegen, die ich keineswegs behaupte. Unterdessen wird dieses Hilfsmittel, einzig unter diesem Gesichtspunkte betrachtet, dem menschlichen Geschlecht sehr wichtige Dienste, zur Zeit, wenn die Pest herrscht, leisten; diese wollen wir etwas näher untersuchen.

§. 3. Nichts ist alsdenn für die Kranken erschrecklicher, als wenn sie der nötigen Hilfe beraubt, und ihrem unglücklichen Schicksal überlassen sind. Wie viele würden nicht in Verzweiflung gefallen sein, und ihr Leben gerettet haben, wenn man ihnen einige Erleichterung verschafft und einigen Trost mitgeteilt hätte! Inokuliert man diejenigen Personen, welche die Pestkranken bedienen sollen, so werden die Kranken nicht verlassen werden, wodurch sie ebensosehr, als von dem Übel selbst leiden, und sie werden in geringerer Menge dahin sterben.

Hierauf schränkt sich aber nicht der Nutzen der Inokulation ein, sondern es können sich auch Personen große Vorteile davon versprechen, die sich um Kranke befinden, welche in Privathäusern darnieder liegen. Es hält alsdenn schwer, das Berühren des Kranken oder einiger Sachen zu vermeiden, die er gebraucht hat. Welcher erschreckliche Zweifel und Furcht unter diesen Umständen! Man vermeidet einander sorgfältig, man scheut einander wechselweise; wie kann man wohl alsdenn diejenigen gehörig bedienen, bei welchen die Krankheit ausgebrochen ist? Die Inokulation soll uns von dieser abscheulichen Ungewißheit und von dieser furchtsamen Entfernung befreien.

Wer inokuliert worden ist, darf sich alsdenn nicht fürchten umzukommen, und wird seine Arme zur Hilfe für all jene ausstrecken, welche dieselbe bedürfen.

Wir wollen weiter gehen, und aus dem Schoß der Familien und der Spitäler uns in die Städte und auf das Land wenden. Was werden wohl die Bewohner der Städte und die Landleute befürchten, wenn sie eine große Zahl Personen sehen, die sich mit frohem Mute eine Krankheit einimpfen lassen, welche man bis jetzt als die fürchterlichste Plage für das menschliche Geschlecht angesehen hat, und wenn sie bemerken, wie leicht solche Personen davon geheilt werden. Beide werden sich ohne Furcht in das Pestspital begeben, und sich darinnen heilen lassen, oder sie werden in ihrem Hause selbst, mit Zuversicht und Bequemlichkeit die Heilung abwarten. Die Furcht unter dem Volk, die Unordnung, eine Folge davon, werden verschwinden: die Gefahr der Pest wird verhältnismäßig mit der Sicherheit, die uns die Inokulation einflößt, abnehmen, und das Pestgift wird nicht so viele Schlachtopfer wegraffen.

Denn ich glaube nicht, daß diese Operation unter der Epidemie weniger günstig sein sollte, von der ich rede, als in dem Augenblicke, wenn die Blattern ihre größte Bösartigkeit äußern. Wenn dieselbe tausendmal die Wut derselben in Asien, in Europa und in Amerika getilgt hat, indem man die tödlichen Vorfälle den einfachsten Hilfsmitteln der Kunst unterwarf; ist es wohl wahrscheinlich, daß sie weniger siegreich bei der andern Krankheit sein würde? Und wie leicht kann man alsdenn ein Übel in der Nähe betrachten, das man gar sehr fürchtet, und mit Zuversicht alle verschiedene Zufälle abwenden, welche den Gang davon abändern.

Es ist wahr, um allen Irrtum zu entfernen, muß die Erfahrung vorher gehen, damit man nicht durch eine Ähnlichkeit verführt werde, welche betrüglich sein könnte.

Welche werden aber wohl die beiden ersten sein, wovon der eine die Inokulation unternimmt, der andere aber die Pest sich einimpfen läßt? Wenn diese Krankheit seine Verheerungen vermehrt, so darf die Regierung nur einen Verbrecher hergeben, der zum Tode verdammt ist, dieser wird sich ganz gewiß mit Vergnügen einer solchen Probe unterwerfen, wenn man ihm das Leben schenkt.

Was den Operateur anbelangt, so zweifle ich nicht, es werde sich unter den Ärzten und Wundärzten einer finden, welcher diese schöne Gelegenheit ergreift, um seinen Namen unsterblich zu machen. Ich schmeichle mir, daß ich die Inokulation ganz gewiß bei einem solchen Freiwilligen unternehmen würde, wenn ich noch jemals Pestkranke zu besorgen bekommen sollte. Ich hatte bereits in dem Spital des Klosters Ougreschinsky diesen Vorsatz, und schlug es den unangesteckten Krankenwärtern vor, das Pestgift in ihre Blutmasse zu bringen, und vermittelst dieser Operation dasselbe zu mildern; weil aber dieser Vorschlag gewagt und neu war, weil sich damit Vorurteile des Volks in Rücksicht der Epidemie und andere Hindernisse verbanden, so konnte ich meinen Vorsatz nicht ausführen, und mußte denselben aufgeben.

§. 4. Zwei glückliche Zufälle erregten in mir den Gedanken von dieser Operation, und brachten mich auf folgende Schlüsse und Mutmaßungen; dies waren die geschwinde Herstellung des Arztes Pogoretsky und meiner eigenen Person. In dem Spital, worin ich eingeschlossen war, mußte ich oft verschiedene Operationen an Pestkranken vornehmen, und besonders öfters Pestbeulen aufschneiden, wenn sie einen gehörigen Grad der Reife erlangt hatten. Wenn ich diese Beule drückte, konnte ich es nicht vermeiden, meine Finger mit dem Eiter zu beschmutzen, welcher herunter lief; und obgleich ich mein Messer mit aller möglichen Vorsicht reinigte, so trug ich es doch jederzeit in meinem Bindzeuge, weil ich es beständig nötig hatte. Ich mußte auf die Art nicht nur das Pestgift oft berühren, sondern trug es auch beständig in meinen Taschen herum. Ich empfand deswegen auch, wie viele andere, Anfälle der Pest; mit welcher Leichtigkeit aber überstand ich dieselben! Wohingegen die Unterwundärzte und andere, welche die Kranke bedienten, in dem sie mit mir zu gleicher Zeit in dem Spital waren, meistenteils verloren gingen, wenn sie diese grausame Krankheit bekamen. Doch waren sie mit mir in einem gleichen Alter, genossen eine gleiche Gesundheit, und hatten fast ein ähnliches Temperament. Wir genossen einerlei Speisen und Getränke, wir atmeten eben dieselbe Luft ein.

Woher schreibt sich wohl der Unterschied der Vorfälle, die bei ihnen tödlich waren, bei mir aber einen glücklichen Ausgang hatten? Muß man nicht mutmaßen, das Pestgift, welches sich in ihre Säfte geschlichen hatte, sei von einer anderen Natur, oder wenigstens weit giftiger, als dasjenige gewesen, welches in meinen Körper hineindrang? Und darf ich nicht glauben, ich habe eine Art einer Inokulation ausgestanden, indem ich meine Finger in dem durch den guten Eiter gemilderten Pestgift, welches es umgab, benetzte, oder indem ich es in den Instrumenten bei mir trug, welche in eben dem Eiter befindlich gewesen waren? Meine Gehilfen hingegen legten die Umschläge auf, und brachten ihre Hände auf halb gebildete Geschwülste, worinnen das Eiter noch nicht verbessert worden war; sie gaben sich also verwegen der ganzen Wut eines Feindes preis, der sie tötete.

Herr Pogoretsky überstand diese Krankheit ebenso leicht und geschwind, als ich. Er bekam dieselbe in einem Spitale, wo er die Pestkranken besorgte, und zu einer Zeit, wo die Pest anfing abzunehmen; er war auf die Art der einzige von allen denjenigen, welche mit ihm zu gleicher Zeit die Pestkranken besorgten. Ganz natürlich konnte zu der Zeit das Pestgift keine so große Fäulnis, noch eine so durchdringende Flüchtigkeit besitzen, er empfand auch weniger heftige Symptome: mußte aber wohl auch nicht die Art, wie das Pestgift in ihn drang, die Symptome gelinder machen? Der Verband von einer Pestwunde war einige Stunden an einem seiner Schuhe kleben geblieben, und dieser Verband teilte ihm die Krankheit mit, so wie er dieses auch in dem Berichte an die Kommission wider die Pest behauptete. Dieser Verband enthielt ganz gewiß mit Gift vermischten Eiter in sich, folglich kein reines Gift, sondern ein eingewickeltes, halbgetilgtes oder fast gänzlich ausgeartetes. Was war wohl in der Zukunft weiter für den Herrn Pogoretsky, nach einer solchen Inokulation, zu befürchten? Mußte er nicht eben so leicht, wie ich, den Gefahren entgehen, welche so viele andere weggerafft hatten?

Man stelle einen Vergleich an, und werfe alsdenn einen flüchtigen Blick auf die Inokulation der Blattern.

Sobald dieselbe in Sibirien, in den Gegenden, von welchen ich weiter oben geredet, eingeführt worden war, verminderten sich die Sterbefälle, die Verwüstungen hörten auf, und diese Völker, die zu Tausenden dahin starben, ertrugen diese Krankheit in jedem Alter, wie die kleinen Kinder in andern Gegenden. Wovon schreibt sich wohl eine so heilsame Veränderung her, wovon bereits so verschiedene Gegenden Zeugen gewesen waren?

Muß man wohl nicht den Eiter, welcher das Blattergift in der Pustel einhüllt, welche man vorzüglich erwählt, nicht als eine ölige Hülle betrachten, welche verhindert, daß bei der Inokulation keine so heftigen Erkrankungen entstehen, als wenn das Gift unter einer flüchtigen Gestalt, und mit seiner ganzen reizenden Kraft in den Körper hineindringt?

Wenn dieser Eiter so traurige Folgen verhütet, in dem die Blattern ganz Sibirien entvölkern wollten, sollte er weniger Kraft besitzen, wenn die Pest gleiche Verwüstungen anrichtet? besonders wenn der Impfarzt eine schickliche Wahl anstellt, wenn er bei diesen schrecklichen Zeitläuften den Eiter bloß von ganz reifen Pestbeulen erwählt, aus welchen unter dem Instrument nur eine weiße, zusammenhängende, gelinde, nicht riechende, mit einem Worte, gutartige Materie herausläuft. Die ganze Ähnlichkeit beider Fälle ist für ihn, und wenn die Natur bei so ähnlichen Scheingründen den Arzt nicht hintergeht, der die Operation unternimmt, so wird die Erfahrung ganz gewiß sein gewagtes Unternehmen rechtfertigen, und seinen Eifer für die Menschheit bekrönen.

§. 5. Da aber ein solcher Ausgang von der letzteren Bedingung mehr abzuhängen scheint, als man wohl glaubt, so wird es nicht undienlich sein, wenn ich weitläufiger meine Gründe in Rücksicht der Wahl der Pestbeulen angebe, wovon man die Materie bei unserer Inokulation hernehmen will.

Wäre dieser Eiter noch nicht völlig reif, fehlte an dieser Bedingung viel, so müßte man das Gift betrachten, als ob es bei seinem Ursprunge noch befindlich wäre.

Es würde jene Schärfe, jene Bösartigkeit besitzen, welche die Natur nach und nach bezähmen muß, indem es dasselbe zubereitet, und sozusagen, mit gutartigen Materien vermischt, welche alle vorigen Krankheitsmerkmale entfernen.

Wenn die festen Teile zu sehr gespannt sind, wenn der Kreislauf zu ungestüm ist, was kann man wohl als denn von dem Gifte denken, welches diesen Sturm erregt und die ganze Maschine in Bewegung setzt? Wird es wohl von einer gutartigeren Natur in einer Pestbeule sein, die entzündet und schmerzhaft ist, als wenn alle diese Krankheitsmerkmale nachgelassen haben, die es erregte, und wenn derselbe in Eiterung übergegangen ist, welche die Ruhe herstellt, und seinem Reize Fesseln anlegt? Man darf deswegen niemals zur Inokulation Eiter von einer unzeitigen Pestbeule hernehmen, und bloß durch eine solche weise Vorsicht wird man die eingeimpften Personen von den gefährlichen Symptomen und den äußerlichen verwickelten Kennzeichen befreien, welche so viele Unglückliche in der stärksten Wut der Pest töten. Eine gleiche Vorsicht muß man beobachten, wenn man diese Operation unternimmt, und hierzu den Eiter eines Karbunkels erwählt, so muß man gleichfalls den Eiter aus einem solchen Karbunkel nehmen, der gutartigen Eiter hergibt, und bei welchem der brandige Teil von dem gesunden Fleische bereits getrennt ist. Ehe diese Bedingungen eintreten, fließt eine scharfe Materie oder ein bösartiger Eiter heraus, welcher die Krankheit noch mehr vergiften muß, die an und für sich schon bösartig genug ist.

Wird man im Gegenteil genau die Methode befolgen, die ich angegeben habe, so werden die Gefahr und die Folgen sehr vermindert werden. Ein aufmerksamer Impfarzt, der die Gattung der Krankheit kennt, die zum Vorschein kommen soll, und der sie bereits unter einer andern Lage gesehen hat, wird sorgfältig den Gang davon untersuchen, die Symptome dem Kranken vorhersagen, so wie er ihm auch die äußerlichen Zeichen angeben wird, die ausbrechen werden; er wird ihm davon selbst den Zeitpunkt bestimmen, und eine solche Vorherverkündigung des Arztes muß ganz gewiß die furchtsame Seele des Kranken beruhigen. Alles wird von beiden Teilen mit der größten Sicherheit unternommen werden: der Kranke wird die Hand des Kunstverständigen nicht scheuen, der den Gang der Krankheit durchaus kennt, und der Arzt wird sich nicht vor den Krankheitszeichen fürchten, die er vorher erwartet, um sie zu bekämpfen. Welcher Ruhm wartet nicht auf den Impfarzt, der zuerst Standhaftigkeit genug besitzt, und die Arzneiwissenschaft mit einer ebenso gewagten, als heilsamen Entdeckung zu bereichern sucht! Welches sanfte Vergnügen muß nicht derjenige empfinden, der dem Vaterlande ein heldenmütiges, freiwilliges Beispiel gibt, indem er sich die Pest einimpfen läßt!

§. 6. Die Bedingungen, welche ich vorgeschrieben habe, werden nicht nur allein erfordert, wenn man sich einen glücklichen Ausgang versprechen will, sondern es werden auch verschiedene Vorbereitungen nötig sein, welche einen sehr großen Einfluß bei dieser Unternehmung haben, und warum sollten sie wohl bei der Inokulation der Pest nicht ebenso nützlich, als bei der Inokulation der Blattern sein? Die Ähnlichkeit spricht ganz für mich.

Sobald sich jemand entschlossen hat, an den Ort hinzugehen, wo er inokuliert werden soll, muß er sich in ein laues Bad setzen, oder den ganzen Körper mit solchem Wasser waschen, um die Haut geschmeidig zu machen, und die darinnen befindlichen Schweißlöcher offen zu halten. Hiermit fährt man nach der Inokulation selbst so lange fort, bis die Symptome der Pest ausbrechen,

Die Bäder unterstützt man mit einem Brechmittel und einigen Laxiertränken, die man von Zeit zu Zeit wiederholt, um den Magen und den Darmkanal von den zähen Unreinigkeiten zu befreien, welche die Wände davon umgeben.

In der Diät muß man sehr strenge sein, man darf bloß leichte Zugemüse, die etwas säuerlich sind, genießen, und Früchte von eben der Natur essen. Das Fleisch muß von dem Tische inokulierter Personen verbannt sein, und sie müssen zu gleicher Zeit mäßig leben.

Wenn eine solche Person vollblütig sein sollte, und wenn aus einer allzugroßen Vollblütigkeit Stockungen entstünden, wodurch die Fäulnis geschwinder entwickelt werden könnte, so muß man alsdenn zur Ader lassen, und die Gefäße von der Menge der Säfte befreien, damit sie geschmeidiger werden, wodurch man die Verstopfungen und die Stockungen verhindert.

Das Alter des Kranken gibt hier dem Impfarzte eine Menge Betrachtungen an die Hand. Die Blattern greifen gemeiniglich Kinder an, und diese inokuliert man am gewöhnlichsten, unterdessen ist man aber doch in diesem aufgeklärten Jahrhunderte so weit gekommen, und man hat hinreichende Kenntnisse über den Gang dieser Krankheit erlangt, daß man auch Personen von einem gewissen Alter einimpfen kann. Dies sind aber diejenigen, welche die Pest gewöhnlich angreift, und beiden selben äußern sich die Krankheitskennzeichen in ihrer größten Wut, und sie sind mit der größten Gefahr verbunden.

Wenn ein genauer Beobachter dieselben erforschte, und sie zu überwältigen lehrte, so würde er die Arzneiwissenschaft mit einem neuen Schatz von nützlichen Kenntnissen bereichern, und ganz Europa würde demselben unendlich verbunden sein.

§. 7. Auf welche Art soll man wohl die Pest inokulieren, muß man den Eiter aus einer Pestbeule, wie ich sie vorgeschlagen habe, auf die Spitze der Lanzette nehmen, und unter das Oberhäutlein, so wie bei der Inokulation der Blattern, bringen? Oder muß man zu der alten Methode zurückgehen, einen seidenen Faden in den Eiter, wovon hier die Rede ist, tauchen, und alsdenn diesen Faden durch einen Verband an der Stelle befestigen, welche man zum Einbringen des Gifts erwählt hat?

Noch mehr, da die Pest im Anfange und am Ende der Epidemie vorzüglich das System der Drüsen angreift, wo sie ihre äußeren Kennzeichen gewöhnlich an den Tag legt, würde es wohl nicht besser sein, wenn man diese Inokulation vorzüglich in Gegenden, wo viele Drüsen sind, vornähme, nicht aber in solchen Teilen des Körpers, an welchen man gewöhnlich die Blattern einzuimpfen pflegt?

Um diese doppelte Frage hinreichend zu beantworten, muß man sich an die Beschreibung, die ich von der Pest gegeben, und an die Art erinnern, wie Herr Pogoretsky und ich angesteckt worden sind. Wirklich, wenn die Pest eine faule und ansteckende Krankheit ist, wie man nicht daran zweifeln kann; wenn sie sich durch das Berühren fortpflanzt und vervielfältigt; ich sage noch mehr, wenn sich das Gift durch jedes Berühren eines Teils unseres Körpers in die Säfte schleicht: welcher Unterschied wird wohl alsdenn aus der Art der Inokulation entspringen? Und sollte die Methode, die man bei der Inokulation der Blattern braucht, nicht ebenso günstig, als jede andere sein? Dies bleibt demjenigen vorbehalten, der zuerst diese Operation macht, und er wird die Zweifel alsdenn entscheiden können, die mir aber nicht sehr wichtig zu sein scheinen. Darf ich meine Meinung sagen, so scheinen mir die Einschnitte sehr unnütze zu sein, und wenn die Erfahrung beide Gattungen der Inokulation rechtfertigt, wovon die eine durch den anklebenden Verband an den Schuhen, die andere aber durch die mit Eiter beschmutzten Finger, oder durch die vergifteten Instrumente, die man bei sich trug, geschah; so scheint jeder Weg zum Eindringen des Pestgifts geschickt zu sein.

Es wird also hinreichend sein, wenn man Eiter von einer völlig reifen Pestbeule erwählt, wie ich weiter oben angeraten habe: dieser Eiter enthält ein nicht so wirksames Gift, und man legt dasselbe auf Charpie, bringt alsdenn diesen durchdrungenen Charpie auf die Gegend des Körpers, wo man die Inokulation der Blattern vorzunehmen pflegt, das ist, auf den Arm, oder eine andere bequeme Stelle, und man befestigt hier denselben durch einen schicklichen Verband, bis die Merkmale der Pest zum Vorschein kommen: dies ist das ganze Geheimnis.

Alle anderen verwickelten Methoden dienen nur dazu, das gemeine Volk zu verblenden, und die Kunstverständigen in den Augen einsichtsvoller Personen zu erniedrigen.

§. 8. Der Verband muß bei dem ersten Ausbruch der Krankheitsanzeichen weggenommen werden. Alsdenn stellt sich für den Impfarzt eine Kette von Betrachtungen ein, und er muß eine Menge Bemühungen auf sich nehmen; es findet sich bei den Kranken kein Symptom, dem er nicht nach den vorgeschriebenen Regeln abzuhelfen suchen muß, das ist, er darf die Ursache und den Grund der Krankheit nicht vergessen, muß aber den Indikationen oder den Bedürfnissen der Natur folgen, und den Kranken die für die Krankheitszeichen schicklichen Hilfsmittel reichen, z. B. Brechmittel, wenn eine Neigung zum Brechen da ist; reizende Mittel, Bähungen, wenn die Kopfschmerzen heftig sein sollten, gelinde schweißtreibende Tränke, wenn die Ausdünstung zu erleichtern nötig scheint; er läßt den Kranken mit lauem, mäßig säuerlichem Wasser waschen, wenn die Haut ausgetrocknet und dürre sein sollte; die China gibt er in Substanz, wenn die Fäulnis ihre ansteckende Kraft entwickelt; endlich, wenn eine außerordentliche Schwäche alle Kräfte hemmt, so ist es alsdenn der Fall, das Reiben mit dem Eise vorzunehmen, wovon ich bereits die Versuche und den glücklichen Erfolg in meiner Abhandlung selbst erzählt habe. Sobald die äußerlichen Kennzeichen auf der Oberfläche des ganzen Körpers zum Vorschein kommen, so bieten sich alsdenn für den Impfarzt neue Beschäftigungen dar. Ist dieses eine Pestbeule, so muß er sie zur gehörigen Reife bringen, einen zeitigenden Umschlag und eben ein solches Pflaster darüberlegen, alsdenn zur gehörigen Zeit die Öffnung machen, und ihn nach den Regeln der Kunst bis zur völligen Heilung reinigen. Sollte ein Karbunkel zum Vorschein kommen, so muß man gleich anfangs antiseptische, und alsdenn die Eiterung befördernde Umschläge brauchen, die Natur aber unterstützen, das tote Fleisch von dem lebendigen zu trennen, und die Wunde zur Eiterung und zur völligen Heilung zu bringen suchen.

Man glaube keineswegs, daß die vorgeschlagenen Bedingungen zur Heilung eines solchen Kranken unnötig sind; beobachtet man sie nicht genau, so glaubt man fälschlich, die Krankheit sei überstanden. Das Gift bleibt in dem Blute, die Krankheit wird ganz gewiß wiederum ausbrechen, und man wird alsdenn mit Unrecht glauben, der Kranke sei von neuem angesteckt worden.

Eine Meinung, die unter dem Volke herrscht, welches Rückfälle einer Krankheit miteinander zu verwechseln pflegt, und die selbst angesehene Männer überredet hat, eine Person könne verschiedene male in dem Gange des Anfalls einer Epidemie diese Krankheit bekommen.

Ich will mich selbst zum Beispiele anführen, um diese irrige Meinung zu widerlegen. Die Erzählung wird anfangs für meinen Satz nicht günstig zu sein scheinen; denn es ist wahr, daß ich dreimal Anfälle der Pest ausgestanden habe: man erwäge aber dasjenige, was mir bei dem ersten und zweiten Anfalle begegnete, und alsdenn fälle man sein Urteil. Ich bekam das erste und zweite mal eine Pestbeule, sie gingen aber keineswegs in Eiterung über, sondern schienen sich auf eine betrügerische Art zerteilt zu haben, und sie hatten auf diese Art einzig ihre Stelle verändert. Meine Säfte wurden durch das Einsaugen von neuem angesteckt, und da das eingedrungene Gift auch bei dem zweiten male nicht völlig ausgeleert wurde, indem meine Pestbeule nicht eiterte, so bekam ich einen dritten Anfall. Sollte ein inokulierter Kranker äußerliche Anzeichen bekommen; hätte man ihn nicht nach der vorgeschriebenen Methode behandelt, und die Pest machte einen Rückfall: so darf man keineswegs einen widrigen Schluß in Rücksicht der Operation fassen; sie wird für das menschliche Geschlecht noch ebenso nützlich bleiben; wenngleich eine einzelne Person nicht die Früchte davon gespürt, weil sie sich den nötigen und vorgeschriebenen Bedingungen nicht unterworfen hat.

§. 9. Meine Gedanken, die ich von der Inokulation der Pest vorgetragen, haben ganz gewiß das Verdienst neu zu sein; werden sie aber auch wohl bei den Gelehrten, die sie lesen, Beifall finden? Überzeugt, wie ich bin, daß sie vielmehr eine Neuigkeit mit Beifall aufnehmen werden, wenn man sie ganz nach der Natur und ohne Ausschmückung verträgt, so habe ich mich danach gerichtet, und übergebe sie der Untersuchung einsichtsvoller Männer.

Ich glaube nicht, daß einer unter ihnen befindlich sein soll, der meinen Vorschlag so ansieht, als ob man hierdurch vielmehr die Pest weiter ausbreiten, als ausrotten könnte; denn ich rate die Ausübung der Inokulation keineswegs zu einer Zeit, wenn das menschliche Geschlecht vor der Wut dieser Krankheit sicher ist. Unter ihren erschrecklichen Schlägen muß man, meiner Meinung nach, inokulieren. Sollte wohl diese Operation alsdenn für das menschliche Geschlecht weniger günstig sein, als jene ehemals in Sibirien, da eine grausame Epidemie die Einwohner in einer erstaunlichen Menge wegraffte? Das Gift von dieser Epidemie wurde durch dieselbe versüßt, veränderte gänzlich den Charakter, wenn man den Denkmälern der Kunst Glauben beimessen kann: sollte dieselbe weniger Kraft besitzen, die Natur des Pestgifts zu verändern? Ich glaube das Gegenteil, und diese süße Hoffnung schmeichelt mich um so mehr, in dem ich drei Anfälle von dieser grausamen Krankheit ausgestanden habe, und es scheint mir, die Vorsicht habe meine Tage verlängert, damit dereinst die Schlachtopfer dieser grausamen Krankheit vermindert würden.

Ende.